EL PODER DE LA CRUZ

TRAVIS THRASHER

CASA
CREACIÓN

La mayoría de los productos de Casa Creación están disponibles a un precio con descuento en cantidades de mayoreo para promociones de ventas, ofertas especiales, levantar fondos y atender necesidades educativas. Para más información, escriba a Casa Creación, 600 Rinehart Road, Lake Mary, Florida, 32746; o llame al teléfono (407) 333-7117 en Estados Unidos.

El poder de la cruz por Travis Thrasher
Publicado por Casa Creación
Una compañía de Charisma Media
600 Rinehart Road
Lake Mary, Florida 32746
www.casacreacion.com

Visite la página web del autor: www.travisthrasher.com

Traducido por: Belmonte Traductores
Diseño de portada por: Lisa Rae McClure
Director de diseño: Justin Evans

Library of Congress Control Number: 2015935833
ISBN: 978-1-62998-805-4

Impreso en los Estados Unidos de América
15 16 17 18 19 * 6 5 4 3 2 1

Creo en el cristianismo como creo que el sol ha salido: no solo porque lo veo, sino porque mediante él veo todo lo demás.

—C. S. LEWIS

PRÓLOGO

Un pastor ora.

Un soldado se rinde.

Un criminal huye.

Una mujer ora.

Una madre hace un gesto de dolor.

Un abuelo hace de copiloto.

Un niño llora.

Un asesino fallece.

Un amigo sufre.

Una enfermera espera.

Un doctor se burla.

Todo ello mientras Dios los cuida, queriendo una sola cosa,
    pidiendo solo una simple cosa…

Todos estamos buscando. Creo eso sin ninguna duda.

La fe, desde luego, es mi vida, mi amor, mi pasión. Pero no hay que ser pastor para buscar significado.

Es tarde mientras escribo esto, y pienso en la ventosa ciudad que me rodea. Este gran corazón que late, colgando al borde de un lago aún mayor. Hay diez millones de personas aquí. Diez millones de almas. Cada una de ellas buscando algún tipo de sentido en su vida.

Pero ¿cuántas en realidad lo encuentran?

Yo conozco la realidad. Algunos creen que lo encuentran en una calle sin salida en la que se meten. Se permiten a sí mismos acomodarse. Otros conducen por las autopistas sin dirigirse a ningún lugar en toda su vida. Algunos de ellos están huyendo; otros, se niegan a pedir dirección.

Es fácil correr o incluso ignorar la verdad. Puede pasarla por alto, incluso cuando está justamente delante de sus ojos.

Como la cruz en lo alto del hospital. La que veo cada día cuando viajo diariamente a la iglesia. Incontables personas pasan por debajo de esa cruz cada día. Pero ¿cuántas la notan? Y quienes sí lo hacen, ¿qué significa para ellos? Si me pregunta, le diré que simboliza perdón y redención. Porque yo sé lo que ha de significar.

Al menos eso es lo que habría dicho hace un mes.

Pero ¿qué significa *verdaderamente* la cruz? ¿Y por qué todos parecemos olvidarla? ¿Y cómo podría Dios, suponiendo que haya un Dios, intentar hacernos recordar?

Lo estoy recordando todo ahora, y cómo todo comenzó esa noche en ese mismo hospital, debajo precisamente de esa cruz.

LACEY

Ella no debía estar aún allí.

Las luces de la ciudad pasaban por su lado desdibujadas. Ya no hacían feliz a Lacey, pero entonces pocas cosas le hacían feliz, de todos modos. Chicago solía ser muy prometedora, pero ahora esos centelleos parecían luces en el árbol de Navidad de un vecino. Podía verlas, pero sabía que no había ningún regalo para ella debajo. Ni siquiera podía entrar para tocarlas.

Lacey se desmayaba, después regresaba a la consciencia, y entonces volvía a desmayarse. La sirena de la ambulancia seguía sonando. No estaba muerta, ¿verdad? La habían estabilizado, pensaba ella. No lo sabía. Parte de ella tenía la sensación de estar flotando, y la otra parte estaba helada en esa incómoda cama sobre ruedas. Lo que sí sabía era que su vecina había entrado en su apartamento en el peor momento posible. Desde luego, Lacey nunca le habría dicho esto a nadie, pero uno normalmente no habla de su suicidio, ¿no es cierto? O en este caso, de su *intento* de suicidio.

"Situación, urgencia médica ochenta y uno a Urgencias del Centro de Traumas, emergencia".

Aunque Lacey tenía una máscara de oxígeno que cubría la mitad de su cara, podía ver al paramédico hablar por el intercomunicador. Era un hombre bien parecido, de cabello oscuro y en buena forma física, y quizá posiblemente tuviera poco más de treinta años. Era hermoso abrir sus ojos y verlo inclinado sobre ella.

"Llevamos a una hembra caucásica en estado crítico, prioridad uno, de veintitantos años", continuó diciendo el hombre. "Experimenta dificultad respiratoria aguda. La constricción de vías respiratorias sigue permitiendo entrada de oxígeno. Empujando cien por ciento a quince litros por minuto. No voy a hacer traqueo a menos que me indique otra cosa".

"Afirmativo, Ochenta y uno", respondió una voz femenina. "Intentemos no cortarla si no es necesario".

Cortarla, gritaba alarmada una voz en el interior de Lacey. *Yo misma lo habría hecho si quisiera seguir esa ruta.*

La incómoda camilla donde iba tumbada se sacudía un poco mientras la ambulancia recorría rápidamente la calle. Ella quería decirle al paramédico que no quería que pasaran por todos esos problemas. Ella no había querido que todo el mundo sintiera pánico por la reacción alérgica que había sufrido a su cena. Pensó en Pam y ya se sintió mal. Su pobre vecina la había encontrado casi inconsciente, incapaz de respirar, sobre el sofá con cuatro cajas de comida china cerca sobre la mesa de cristal. Ella se había desmayado justamente cuando Pam llamó al 911. Lacey ni siquiera pudo tragarse ese último bocado de pollo al estilo General Tso.

El paramédico la miró y sonrió.

"Casi hemos llegado, ¿vale?", le dijo. "Volverá a su viejo yo en nada de tiempo. Solo siga respirando".

Mi viejo yo.

Vaya, la ironía de esa frase. Era un cliché, en realidad. "Volverá a su viejo yo en nada de tiempo". La realidad era que ella no quería regresar a su viejo yo, que no le *gustaba* su viejo yo. Su vieja vida. Su viejo todo.

Tiempo era lo único que tenía, pero contrariamente a esa

vieja canción, no estaba de su lado. No lo había estado durante bastante tiempo ya.

Esa canción le recordaba a su padre. Le imaginaba en ese momento y sentía el lamento en su alma. Esto fue seguido por una imagen de Donny, que cambió ese lamento por enojo. A veces las imágenes eran borrosas, y a veces las emociones se confundían con ellas. Lamento, enojo, dolor, temor, soledad... Había demasiadas, y ninguna de ellas era buena.

La ambulancia giró y comenzó a frenar, y Lacey supuso que habían llegado.

No podía evitar sentir una oleada de decepción.

Toda esa energía y valentía que había necesitado para hacer lo impensable. Y ahora esto.

Ahora estaba aquí, y volvería a comenzar en la casilla número uno. Pero eso no cambiaría los últimos veinticinco años. Nada podía cambiar eso.

La única persona que podía cambiar las cosas era Lacey. Eso era exactamente lo que había intentado hacer esa noche.

Quizá tendría que volver a intentarlo una vez más cuando saliera de allí.

ELENA

Todo puede cambiar en un momento cuando uno está trabajando en Urgencias. Una noche tranquila puede convertirse en una pesadilla con mucha rapidez. Una ráfaga de adrenalina puede llegar en cualquier momento, aunque pudieras estar preparado y listo y pienses que lo has visto todo. Para el personal del Centro Médico de la Universidad de Chicago, al igual que para el personal de cualquier hospital en cualquier ciudad próspera, lo cierto es que nunca lo has visto todo. Cada amanecer y cada atardecer presentan oportunidades de quedar sorprendido, y asombrado, y agradecido por la vida que uno está viviendo.

Elena Wilson comprobó los signos vitales del paciente recién admitido que ahora estaba inconsciente pero estable en su cama. No se sorprendió al ver a una mujer joven en la camilla a esas horas de la noche. Era una joven hermosa, y Elena pensó que había sufrido una sobredosis o había intentado quitarse la vida. Pero no tenía tiempo para intentar pensar en lo que habría sucedido. Su papel era el de asegurarse de que esa joven lograra pasar la noche. Cualquier cosa que hubiera sucedido antes de esto, podía esperar. Llegar a mañana era lo que importaba ahora.

Casi no había visto a Bobby cuando él llevó la camilla y ella se hizo cargo. Elena ocasionalmente se las arreglaba para verle durante las horas de trabajo siempre que tenían que llevar a alguien al hospital. Cuando Bobby había llegado finalmente a ser paramédico a jornada completa, ambos estaban agradecidos por estar trabajando en la misma industria, por estar ayudando a personas diariamente, y por conocer los tipos de estrés que la vida podía producir. En un hospital lleno de tantas personas, y colegas, y tiburones, Elena estaba contenta de tener cerca a Bobby de vez en cuando. A veces, la única ocasión que tenían de verse era en el hospital, al pasar el uno al lado del otro en sus turnos rotativos y aparentemente interminables. Ocasionalmente ella se sentía culpable por eso, y por sus muchachos, que no veían a sus padres juntos con frecuencia.

Pero uno tiene que hacer lo que tiene que hacer.

Esto era lo que ellos tenían que hacer por el momento. Elena se decía eso a sí misma una y otra vez.

Parecía que al doctor le tomaba una eternidad el llegar allí, pero ella sabía quién estaba de turno ahora. No le sorprendería si pasaran otros diez minutos o más. El Dr. Farell era ese tipo de hombre.

En el pequeño espacio para tratamiento, que se parecía a la otra decena en aquel pasillo blanco, Elena estaba de pie y miraba fijamente a la joven llamada Lacey. Era muy joven, y llena de potencial y de vida. Se preguntaba qué habría ido mal, y por qué Lacey estaba allí. Qué decisiones la habrían llevado hasta allí. Quizá, posiblemente, fuera tan solo un accidente. Pero Elena lo dudaba.

No creo en los accidentes. Y no creo en los milagros.

La puerta se abrió, y pudo oler la fuerte colonia incluso antes de girarse. El Dr. Thomas Farell agarró los documentos sin ningún tipo de saludo. Otra enfermera lo seguía. Al doctor por lo general le gustaba llevar un séquito a su lado. O al menos uno que se riera de sus bromas y estuviera pendiente de cada una de sus palabras.

"Comer comida china para llevar con una grave alergia alimentaria. Me gustaría apostar a 'suicida' por doscientos, Alex".

El Dr. Farell hablaba como si estuviera de pie en un podio delante de mil seguidores que le adoraban y escuchaban cada palabra que él decía. La palabra *rimbombante* llenaba la mente de Elena siempre que estaba cerca de él. Tenía solamente cuarenta y tantos años, pero se comportaba como un sabio en la industria de la salud, alguien que lo ha visto y lo ha hecho todo. Su actitud cínica y su porte de caballero tan solo empeoraban las cosas, especialmente al tratar con pacientes como este.

"El técnico de emergencias ya le puso cinco miligramos de epinefrina", dijo Elena.

El doctor comenzó a examinar a Lacey.

"¿Alguien se molestó en decirles que eso es mucha adrenalina para una muchacha de esta talla?".

"Tenían problemas para mantener su respiración", dijo la otra enfermera.

"Por eso se llama *anafilaxis*. Supongo que a ella no podría importarle menos si la salvábamos".

"¿Cómo puede hacer una suposición como esa?", preguntó Elena, sin poder retenerse.

A veces se preguntaba si a médicos como Farell incluso les importaba que *pudieran* salvar a pacientes como Lacey. Ella sabía que para él, eran solamente eso: pacientes. No eran personas, no para él. Eran números, y eran trabajo, y eran inevitabilidades.

Para Elena, seguían siendo almas, como todos los demás. Almas intentando solucionar las cosas en este mundo. El Dr. Farell obviamente ya las tenía solucionadas.

Él la miró, reconociendo finalmente que Elena estaba allí.

La mirada en el rostro del doctor lo decía todo. Engreída, desdeñosa, breve.

Él agarró el brazo de la joven y reveló lo que había estado mirando antes. Ella pudo ver la rojez debajo de varios brazaletes. Era una serie de cicatrices en su muñeca. Había demasiadas para poder argumentar. Elena estaba segura de que cada una de ellas relataba la misma historia triste.

"¿Tiene una mejor teoría que quisiera compartir, enfermera?".

El Dr. Farell conocía a Elena. Habían estado trabajando juntos en este hospital por más de cuatro años. El modo en que él pareció escupir esa palabra, *enfermera*, fue suficiente para que ella se retrajera. Él la usó como un juez que pronuncia una sentencia para un delincuente condenado.

Elena meneó la cabeza y después regresó al trabajo. No era la primera vez que el doctor la había hecho callar rápidamente.

Era una vida irónica cuando hombres como el Dr. Farell eran muy bien pagados por ocuparse de almas heridas como Lacey. Pero así era el mundo hoy. No era justo y algunas veces no era correcto, pero Elena había decidido hacía mucho tiempo que no había nada que uno pudiera hacer al respecto.

Nada en absoluto.

Lo único que ella podía hacer era estar allí cuando esa joven despertara. Quizá para ofrecer algún tipo de ayuda. O quizá tan solo unas palabras de esperanza.

Me encanta lanzar una piedra a la suave superficie de un lago en calma. Las ondas se amplían en todas direcciones, moviéndose, y después separándose. La piedra desaparece, pero sus efectos continúan afectando al agua hasta la orilla, donde yo estoy.

En ese momento, no entendí el impacto que tendría esa llamada en mitad de la noche. Como pastor, recibo muchas. En mi mente, eran parte del trabajo.

La llamada provenía de los Newton, una pareja anciana de la iglesia a quienes conocía bien. Teri me había llamado, preguntando si podía llevarlos al hospital. Se podría pensar que podría haber llamado directamente al hospital, pero J. D. no estaba teniendo un ataque al corazón de modo manifiesto. Tan solo tenía dolores en el pecho, suficiente para que estuvieran preocupados. J. D. se acercaba a los setenta, con Teri probablemente unos diez años más joven. No quería que su esposo condujera, y a ella le resultaba difícil conducir de noche. Así que yo no dudé. Ellos vivían solamente a diez minutos de nuestra casa.

Tomó cerca de una hora el chequeo a J. D. Yo decidí esperar fuera del hospital, leyendo en mi iPhone en el santuario de mi Prius. A veces los hospitales me abrumaban simplemente porque había muy poco que yo pudiera hacer allí. Sí, podía orar, pero a veces tenía la sensación de que había habido demasiadas oraciones sin respuesta en este edificio que tenía delante.

Dios tiene un plan, yo siempre lo he creído; pero también

sé que, en algunos casos, o lo que recientemente he sentido como muchos casos, no llegamos a ver ese plan. Creo que así será el cielo. Una eternidad de reconocer los planes que nunca llegamos a ver y ver las respuestas a las oraciones que pensamos que habían quedado sin ella.

Dejé a un lado mi teléfono en el momento en que vi a Teri guiando de nuevo a J. D. a mi vehículo. Eran una pareja hermosa. Sé que esa palabra se puede usar con frecuencia para niños y ancianos, pero ellos eran realmente *hermosos*. Sé que eran una pareja muy bien parecida cuando eran más jóvenes. J. D. había ido a la iglesia una noche de domingo con la intención de mostrarme unas fotografías Polaroid. Me enseñaron a la pareja cuando eran mucho más jóvenes. Decir que su esposa estaba mortificada sería quedarme corto.

"Sentimos haberle hecho venir rápidamente aquí, pastor", me había dicho J. D. cuando los saludé en la acera.

"¿Todo bien?", pregunté.

"Falsa alarma", dijo él refunfuñando. "Mi marcapasos creyó que la batería estaba baja. Estoy bastante seguro de que yo mismo podría haber conducido".

"No importa, J. D. Mejor prevenir que curar".

Teri sonrió. "Él aún piensa que tiene diecisiete...".

"Mientras que ella está convencida de que tengo ciento siete", respondió J. D. "Personalmente, me gusta más mi mentira".

Teri le lanzó a su gracioso esposo una mirada no tan graciosa, del tipo que yo había visto a mi esposa lanzarme muchas veces.

"¿Te parece gracioso?", le preguntó Teri. "Ya perdimos suficiente. No estoy lista para perderte también a ti".

Eso fue suficiente para hacernos callar a J. D. y a mí. Las mujeres tienen una manera de hacer eso con los hombres. Y en la mayoría de los casos, probablemente sea necesario.

Momentos después, mientras los llevaba a su casa por las calles de Chicago, aún ajetreadas a esta hora, el silencio se sentía un poco espeso en mi pequeño auto. Yo no los presioné. La muerte no era motivo de broma. Ya había visto suficiente para saber eso de primera mano.

J. D. decidió romper el silencio.

"Entiendes que los dos vamos a morir finalmente, ¿verdad?".

Dijo eso girándose y mirando a su esposa en el asiento trasero. Yo no podía ver la expresión de ella, pero me di cuenta de que no le resultó divertido su tono.

"Lo sé", dijo Teri. "Pero si fueras un caballero, dejarías que yo muriera primero".

No pude evitar reírme. J. D. siguió manteniendo la sonrisa en su arrugado rostro.

"Ya lo apunté", le dijo a su esposa.

Me detuve en un semáforo, examinando el cruce. De repente me di cuenta de que había girado en una calle por la que normalmente nunca conduzco para llegar más rápidamente a la casa de los Newton. Y estaba bien, pero el hospital estaba cerca del Parque Washington, y ese no es el mejor barrio en la ciudad.

Quería salir de allí cuanto antes.

Por eso la escena en la acera cerca de nosotros me sorprendió.

Era una muchacha, tenía que ser una adolescente, caminando sola a lo largo de un edificio de ladrillo. En la esquina había una licorería. Más abajo en la calle había un bar, uno de esos que permanecen abiertos las veinticuatro horas. No había tiendas ni edificios de apartamentos o restaurantes cerca. Yo no tenía idea de lo que esa muchacha estaba haciendo en esa manzana.

Por un segundo comencé a pensar que quizá estaba

vendiendo su cuerpo, pero entonces noté algo incluso más sorprendente.

Estaba embarazada.

Ella no miró a nuestro auto y siguió caminando. J. D. y Teri seguían hablando, así que no vieron a la muchacha. Pero yo sí. Durante un minuto.

Entonces el semáforo se puso verde y yo avancé por la calle. Lejos del cruce, del peligroso barrio, y de esa figura que caminaba sola.

Parte de mí quería preguntarle si estaba bien, si necesitaba ayuda, si necesitaba que la llevara a algún sitio. Pero ya llevaba a los Newton en mi auto. Y ya estaba lo bastante lleno con tres personas. Así que simplemente observé a esa figura desaparecer lentamente en mi espejo retrovisor.

Sencillamente seguí conduciendo, haciendo lo que cualquier otra persona habría hecho probablemente.

Pienso en esa muchacha ahora y sé algo.

Solía pensar que lo más importante era observar esas ondas extenderse desde el centro del tiro. Pero ahora ya no creo eso.

Ahora sé que lo más importante es decidir lanzar la piedra al principio, y no preocuparse de lo que suceda y el impacto que tendrá. Uno nunca puede ver tan completamente. Pero siempre habrá ondas que seguirán. Siempre.

JOE

Era obvio que la niñita estaba enferma. Cualquiera en la sala de espera podía decirlo.

Joe Philips había estado observando a la niña por unos minutos, fascinado y entretenido. Ella tenía la cara sonrojada, pero no parecía importarle. Era bonito ver a una niña, de unos cinco o seis años quizá, seguir entretenida usando una pluma morada para dibujar una bonita mariposa en un pequeño cuaderno. Estaba sentada a un par de asientos de distancia de él, y estaba sola. La mujer que había estado sentada a su lado, seguramente su madre por lo que se veía, se había alejado por un momento.

Probablemente para comprobar si había algún médico que estuviera trabajando a esas horas de la noche.

El aire en el hospital se sentía tan cargado que Joe se quitó su chaqueta, pero la niña no parecía sentirse molesta con su abrigo pesado y grande. El abrigo no se veía como comprado nuevo para la niña. Se veía raído, una prenda usada dentro de la cual la niña podría crecer. Joe conocía muy bien los abrigos como ese. Siempre que podía encontrar uno en la tienda Goodwill que fuera tan grande para que le sirviera, lo aceptaba.

"Es una bonita mariposa", dijo finalmente Joe.

Ella lo miró, pero no pareció nerviosa como algunos niños cuando hablaban con él. Joe sabía que los músculos y los tatuajes que no podía ocultar hacían sonar sirenas de alarma para los niños. Pero esa niñita no parecía estar acobardada. Quizá era porque había otros desconocidos también en esa sala de espera.

"Me encantan las mariposas", dijo ella. Entonces señaló a sus brazos, obviamente notando la colorida tinta sobre ellos. "¿Se quitan esos?".

"Me temo que no".

Él sonrió, impresionado de que la niña no se sintiera intimidada al hacer una pregunta sobre sus tatuajes.

"¿Cómo te llamas?".

"Lily".

Ella parecía un lirio, con un amplia sonrisa que se extendía por toda su cara y sus expresivos ojos oscuros. Una flor fuerte y vibrante que estaba tan llena de colores y se abría fácilmente.

"Lindo nombre", dijo él. "El mío es Joe".

"Me gusta mi nombre. Es *diferente*".

Él no podía dejar de sonreír. Aquella pequeña era valiente. Le caía aún mejor. Incluso con una nariz taponada y ojos llorosos, ella aún se veía llena de energía.

"'La modesta Rosa su espina saca; pero más hermoso aún sostengo el Lirio blanco; que se deleitará en el amor del verano...'".

Ella no ignoró esa cita, sino más bien parecía embelesada por ella, mirándolo con curiosidad.

"¿Qué es eso?".

"Es un poema", dijo Joe. "De un hombre llamado William Blake".

"¿Cómo sabes *tú* eso?".

Enérgica. Me encanta.

Él asintió. Era una pregunta sincera.

"Donde yo solía vivir, tenía tiempo para leer mucho".

Mucho examen del alma, también.

La niña cerró su cuaderno por un momento y se bajó de

su silla para sentarse al lado de él. Su presencia y los dibujos en sus brazos no le alarmaban lo más mínimo. Joe comenzó a preguntarle por su madre, pero pasos que se acercaban respondieron esa pregunta.

"¡Lily! ¿Qué estás haciendo?".

Ahí está.

Una mujer atravesó apresuradamente la sala de espera como si Lily estuviera de pie en el centro de una autopista. Sus ojos cansados parecieron ser momentáneamente avivados cuando vio al lado de quién estaba sentada su hija.

"Lo siento", dijo rápidamente Joe a la mujer, pero ella ni siquiera lo reconoció. "Por favor, no se moleste. No fue culpa de ella".

Lily seguía siendo bastante pequeña para que su madre pudiera levantarla y sostenerla en sus brazos. La mujer dio unos cuantos pasos retirándose de Joe, y el enojo y la ansiedad eran obvios en su rostro lleno de preocupación.

"Está bien, no es eso", dijo la madre con un tono agitado y jadeante. "Tan solo... Ella está enferma, y no puedo soportar que nadie ni siquiera la mire".

Esas palabras tocaron una fibra sensible en el interior de Joe. Esta mujer no tuvo que decir nada más. Habían estado allí desde la llegada de Joe, y él ya había estado esperando veinte minutos. La niña se veía débil y enferma, aunque seguía comportándose como si lo estuviera soportando. La madre, sin embargo, parecía asustada.

No solo por mí. Por su pequeña.

"Un momento", dijo Joe, levantándose y dejando a la madre y la hija tranquilas.

Él habría apostado cien dólares (si realmente *tuviera* esa cantidad de dinero para apostar) a que Lily y su madre no tenían seguro médico. También habría apostado a que si las cosas fueran diferentes, si Lily resultara vivir en un código postal diferente y tuviera unos padres diferentes y quizá llevara una ropa diferente, alguien estaría comprobando sus derechos en ese preciso momento. Desde luego, ellas probablemente habían entrado mucho antes. Y habrían ido a algún otro lugar, a alguna clínica familiar en los suburbios, y no al hospital del condado tan tarde en la noche.

El hombre al que había saludado cuando entró parecía completamente aburrido, dando sorbos a una Coca-Cola Light y observando lo que estuviera observando en la pantalla de su computadora. Joe se acercó hasta el mostrador y sonrió, intentando ser cortés y educado.

"Esa niña que está allí está enferma", le dijo al hombre de la Coca-Cola Light.

"Por lo general, ese es el motivo de que vengan personas aquí".

Hace diez años, un comentario como ese habría dado como resultado el que ese hombre se tragara su lata de refresco. Pero Joe mantuvo su compostura. Había aprendido a hacer eso por el camino difícil.

"Es obvio que tiene fiebre. Necesita que la vea un médico".

"Pero no tiene más de ciento tres grados", dijo ese hombre inteligente. "Y el algoritmo de gravedad la sitúa en la lista de prioridad más baja".

Entonces el hombre se encogió de hombros. Un gesto del tipo que dice: *Ah, bien, qué vas a hacer.* Con esa sonrisa de superioridad en su cara delgada y sonriente.

"Así es como funciona", dijo.

¿De veras?

Se inclinó un poco más para que el hombre de la Coca-Cola pudiera echar un vistazo al hombre con quien estaba hablando.

"Entonces ¿por qué no teclea algo que la sitúe *la siguiente* en la lista? A menos que quiera que el algoritmo de lo que sea le ponga *a usted* por delante de ella".

Los ojos de Joe no vacilaron, y su cuerpo no se movió. Él sabía lo que probablemente le parecería a ese enfermero flacucho. Y en ese momento, a Joe le gustaba. Disfrutaba al ver temor en los ojos de ese arrogante. Los inteligentes podían hacerte atravesar muchas puertas, pero seguían sin poder librarse de esos temores de vida y muerte que todo el mundo lleva consigo.

"¿Me está amenazando?", preguntó el hombre que estaba detrás del mostrador, a la vez con incredulidad y preocupación.

"Sí".

La respuesta de Joe fue rápida y repentina. La respuesta del enfermero fue lenta e insegura en sus palabras.

"Voy a llamar a seguridad".

El hombre alcanzó el teléfono a la vez que Joe tan solo meneaba la cabeza y sonreía.

"No llegarán aquí a tiempo", le dijo Joe.

Estaba faroleando, desde luego. No iba a hacer daño a aquel pequeño hombrecillo sin agallas. Pero sí quería infundir el temor de Dios en él.

"Créame", dijo Joe con el tono más mezquino que pudo expresar.

Él había sido un hombre reformado durante algún tiempo, pero eso no significaba todavía que las personas fueran a fastidiarle.

El hombre detrás del mostrador, con gotas de sudor que de repente se estaban formando en su frente, no tomó tiempo alguno para debatir la situación. Tragó saliva y después dejó el teléfono. Entonces se giró y habló a sus espaldas.

"¿Gina? ¿Puedes llevar a esa niña que está allí a la sala tres?".

La mirada de sabelotodo ya no estaba. En cambio, el enfermero volvió a mirar a Joe con expresión de derrota.

"El Dr. Singh estará con ustedes en un momento".

Joe se giró y vio a Lily y a su madre mirándole fijamente. Ellas, junto con todos los demás que estaban en la sala de espera, habían visto y escuchado el intercambio de palabras. Pero los demás no le importaban a Joe.

Durante un breve momento, se quedó mirando fijamente a la madre. Su aprensión ya se había ido entonces. La expresión de cansancio seguía estando ahí, pero también había otra cosa. Y cuando una enfermera abrió una puerta para que entraran Lily y su madre, Joe pudo ver que la mujer le dijo palabras silenciosas cuando pasaba por su lado.

"Gracias".

Él sonrió y asintió.

Joe se sintió mejor de lo que se había sentido en mucho tiempo. Y eso estaba diciendo algo.

ELENA

Encontró a su esposo en la cafetería cerca de la máquina expendedora de cafés, esperando a que su taza se llenara. Él la vio llegar y le ofreció la taza. Elena estaba más que contenta de poder tomarla.

"¿Cómo está?", preguntó Bobby.

"Debería estar bien", dijo Elena, aún frustrada por la arrogante respuesta del médico al estado de Lacey.

Bobby presionó los botones para sacar otra taza de café para él mismo.

"Tiene suerte de que alguien llamara al 911 cuando lo hizo. ¿Vas a estar en casa esta noche?".

Ella meneó la cabeza negativamente y puso una expresión familiar que decía: *Adivina qué.*

"Maribel parece que decidió que es momento de tener gripe, así que voy a doblar el turno".

Pensó en Rafael y Michael, y que desearía poder comprobar como estaban antes de irse a la cama por la noche. Elena no sabía qué haría sin la ayuda de su madre, quien terminaba pasando más tiempo con sus hijos que ella misma.

"¿Otra vez?", preguntó Bobby.

"Oye, tú eres el que siempre dice que necesitamos dinero extra".

Estaba comenzando a verse el color gris en el cabello de su esposo aunque solamente tenía unos treinta y tantos años.

Ella se preguntaba si se debía simplemente a la edad o si era el estrés. Elena sabía por otros técnicos de emergencias que el trabajo fácilmente conducía al agotamiento. Eso o algo peor.

"No", dijo Bobby. "Yo soy quien dice que deberíamos gastar menos para no tener que necesitar el dinero extra".

"Buena suerte".

Ella dio un sorbo a su café y supo que el reloj seguía avanzando para que ella regresara a su turno y a sus pacientes. Siempre había un sentimiento de urgencia para ella en el hospital, y en cierto modo aquella nube oscura e implacable se las había arreglado para estar encima de todos los otros aspectos de su vida también. La educación de los hijos, el matrimonio, su bienestar emocional, la diminuta vida espiritual que ella intentaba tener. Todo parecía urgente, y Elena sentía que no tenía el control de nada.

"¿Cómo está el Príncipe Azul?".

Elena sonrió. "Ah, es su maravilloso yo".

Con frecuencia hablaban del Dr. Farell, ya que ambos le conocían a él y también a su gran ego.

"¿Está contigo toda la noche?".

Ella apretó los labios y asintió con ojos brillantes. Dio otro sorbo de café y entonces se lo entregó a su esposo.

"Tengo que irme".

"Te veré luego", dijo Bobby.

Ella le dio un besito en la mejilla y después se dirigió a urgencias.

Las cosas podrían ser peores. Ella podría estar aquí sola intentando pensar en qué hacer con su vida. Podría estar trabajando aquí mientras que su esposo viajaba por el país o pasaba sus horas en un edificio de oficinas en algún lugar. Aunque sus caminos quizá no se cruzaran durante el día, ya que los días de Bobby como paramédico eran siempre diferentes, seguían viviendo en el mismo universo. Pequeños momentos como este, aunque podrían ser breves y triviales, seguían siendo algo. Al igual que los fugaces momentos que ella tenía con sus hijos de nueve y siete años.

Elena intentaba forzarse a sí misma a apreciar las cosas pequeñas de la vida simplemente porque las cosas grandes siempre parecían pasar por su lado. Hombres como el Dr. Farell vivían en un mundo lleno de grandiosidad. Elena y Bobby estaban nadando con lo poco impresionante. Y eso estaba bien porque al menos se tenían el uno al otro para nadar juntos.

Incluso eso ha comenzado a cambiar últimamente

Se tragó ese pensamiento tan rápidamente como se había tragado el café. Mientras caminaba por los pasillos, pasó al lado de una enfermera que guiaba a una mujer con una joven. Fue a buscar una carpeta, con curiosidad por ver cuál era su historia. La madre y su hija parecía que podrían hacer uso de cierta ayuda. Y ojalá que el Príncipe Azul no les ofreciera ninguna. Era de esperar que las mujeres fueran liberadas de ese médico y de su sonrisa y su falso encanto.

Era de esperar que también Elena fuera liberada durante el resto de la noche.

Observé mientras J. D. y Teri entraban caminando a su casa de dos pisos, y conocía a los demonios que les seguían. Yo había hecho todo lo posible para ayudarles en los momentos difíciles, y con su tristeza, pero también sabía que la tristeza no se desvanecía simplemente. Yo solo podía imaginar cómo se sentirían ellos a veces al vivir en una casa demasiado grande para dos almas. Sabía que las habitaciones estaban cargadas de silencio. De una pequeña manera, entendía ese silencio mejor de lo que ellos pensaban.

A veces uno se duele por el alma que lo dejó atrás, como les sucedía a los Newton. Y otras veces uno se duele por un alma que no ha visto, como nos sucedió a Grace y a mí. Ese niño que tanto habíamos querido y que no habíamos podido concebir nunca dejó nuestras mentes.

Regresé conduciendo a casa por una avenida principal en lugar de por las calles laterales. *Conducir* podría no ser la palabra. Sentía como si fuera flotando, con mi mente perdida en pensamientos, como siempre. A veces oraba durante momentos como este, pero no tenía ganas de orar. Sí, los pastores a veces no tienen ganas de orar, y esta era una de esas veces.

Una oración, sin embargo, me estaba esperando en un semáforo en rojo. Una oración en forma de un hombre que llevaba una cruz.

Al principio no sabía lo que estaba viendo. Mi auto estaba detenido solitario ante el semáforo. El hombre mismo era grande e imponente, pero la cruz que llevaba era aún mayor.

El modo en que la agarraba con ambos brazos dejaba claro que era pesada. Llevaba ropa sucia y desgastada, y se detuvo justamente delante de mí.

La expresión con la que me miró me hizo preguntarme si estaría loco. Sus ojos eran grandes y parecían mirar fijamente como si fueran las luces de un tractor que se aproximaba. El afroamericano parecía serio y abandonado. Simplemente me observaba.

La luz que estaba por encima de nosotros se puso verde, pero el profeta del Antiguo Testamento no se movió. Iba llevando una cruz, y probablemente estaba loco de atar. Yo estaba listo para poner la marcha atrás en mi auto y recorrer la avenida en el otro sentido. Sin embargo, por alguna razón esperé y observé lo que aquel hombre tan grande iba a hacer.

Él se movió y se giró de modo que se puso al lado de mi auto. Esperó a que yo bajara la ventanilla. Incluso antes de poder bajarla por completo, oí al hombre que hablaba con un tono de bajo profundo. Una voz espesa como el café negro.

"El mundo entero corre hacia su destrucción. El diablo ha hecho un gran agujero, y las personas se pelean unas con otras por la oportunidad de ser las primeras en saltar".

Yo esperé mientras el hombre me seguía mirando fijamente.

"Dígame, hijo, ¿cree en la cruz de Cristo?".

Era una pregunta sencilla, y bastante irónica. No pude evitar sonreír.

"Yo soy pastor".

Él no necesitaba más respuesta, ¿cierto? No necesitábamos conversar sobre la cruz porque los dos obviamente la conocíamos. No estoy seguro de haber podido entender todo eso de llevar una cruz de verdad en mitad de la noche, pero no iba a culpar al hombre de ello. Incluso si parecía peligroso. Yo sabía que el peligro llegaba en todas las formas, tamaños y colores.

"No ha respondido usted mi pregunta", dijo el desconocido, con su mirada desgarrándome con su intensidad. "Le pregunté: ¿cree en la cruz de Cristo?".

Era extraño estar en el lado receptor de todo eso. Había sido... bueno, no podía recordar la última vez en que alguien me había testificado. Yo era normalmente el predicador, el evangelista, el que oraba, el que hablaba a otros sobre Dios.

Creo que mi sonrisa había comenzado a desvanecerse.

"Desde luego...", dije, con mi voz apagándose.

No era que yo estuviera inseguro de la respuesta. Simplemente no sabía hacia dónde se dirigía, y por qué me preguntaba eso en mitad de la calle y en mitad de la noche.

Él no parecía ni siquiera acercarse a permitir que me fuera.

"Escúcheme. Creer, creer verdaderamente, y no solo saber sobre ella, o predicar sobre ella...".

El desconocido señaló a la cruz en su brazo.

"No, creer verdaderamente significa aceptar que Cristo llevó esta cruz, fue clavado a esta cruz, murió en esta cruz... ¡todo por usted!".

El hombre que sonaba como algún tipo de predicador sureño que trabaja su magia y obtiene "Aleluya" y "Amén" de la multitud, solamente tenía mi silencio como su audiencia. Yo no sabía qué decir.

Algo en mi interior quería hundirse en mi asiento. No sabía por qué. No podía moverme, no podía hablar.

"Si cree eso verdaderamente, entonces le pregunto...", continuó el hombre, acercándose un poco más, induciéndome con esa expresión de asombro y respeto. "¿Qué está haciendo al respecto, hijo?".

Yo quería decir algo pero no podía. Estaba sin habla. No debido a la sorpresa de lo que él dijo. No. Era el modo en que lo dijo. Con un tono aterrado y urgente.

Yo podría haber respondido, pero justamente entonces otra cosa nos interrumpió.

El ruido de cristales rotos nos hizo a los dos mirar hacia la otra dirección. Ahora sé que no hubo nada al azar con respecto a ello, que el desconocido que entró en mi vida al momento siguiente fue llevado allí por una razón. Esta alma improbable no estaba solamente vagando en la noche. Estaba corriendo hacia mí y sosteniendo un espejo sin saberlo.

Él no podía saberlo, desde luego, ni tampoco yo.

Sin embargo, ahora lo sé.

PRETTY BOY

No hay modo de volver atrás ahora.

Pretty Boy podía sentir el latido de su corazón, pero se alegraba de que nadie más pudiera oírlo. La ventanilla destrozada sonó con más fuerza de lo que debería en el silencio de la noche. Estaban principalmente solos en esta calle de Chicago. Nadie iba a prestarles ninguna atención, en especial ya que era tan solo una camioneta de reparto totalmente blanca, de todos modos. No era como si fuera un Porsche, o un Rolls, ni nada parecido.

Estaban lo bastante alejados de su hogar en Englewood, de modo que los cuatro no tenían que preocuparse por enojar a alguna pandilla rival en la calle. Acostumbrados a eso, estaban divididos por barrios. Pero cuando Chicago comenzó a librarse de los proyectos, todo el mundo se dividió. Ahora había pandillas rivales en las calles una al lado de la otra.

La muerte nunca se detiene, cuerpos se desmenuzan, los obituarios descienden.

Como siempre, los pensamientos en su cabeza salían como si fueran la letra de un rap. Él no podía evitar que llegaran. Tan solo tenían que ir a algún lugar. Esa alma en el interior. Rebosaba y se convertía en mezclas en audio y sesiones de estilo libre, y cuando estaba él solo, hacían eco en el interior de su mente. Especialmente cuando se ponía nervioso.

Pretty Boy vigilaba en la acera mientras el tipo que guiaba

al grupo de cuatro tomaba su pica hielo y limpiaba trozos de vidrio. Su nombre era Criminal. Y al igual que su nombre, no había nada de sutil respecto a él. Pretty Boy a menudo bromeaba con que Criminal era la bestia mientras que él mismo resultó haber heredado toda la belleza. Pero había mucha verdad en eso.

"¡Vamos!", les gritó Criminal.

Criminal se había pasado toda la vida dando órdenes a Pretty Boy, pero eso es lo que hacían los hermanos mayores.

40 Ounce saltó ante la urgente orden y se subió a la puerta trasera que Criminal acababa de abrir. Los tres provenían del mismo barrio. Little B era el único que destacaba. Les gustaba hacérselo pasar mal por no ser negro, pero el muchacho bajito e hispano tenía más gueto en él que los otros tres. Había sido adoptado por ellos después de que su madre y su hermana fueran disparadas unos años atrás. Uno no podía evitar querer a Little B. Era como ese cachorrillo solitario que no se puede dejar al lado de la calle.

Pretty Boy saltó al asiento del acompañante de la camioneta mientras observaba a Criminal quitar la cubierta de plástico de la columna del volante y después comenzar a poner en marcha el vehículo manipulando los cables. El reloj estaba avanzando. Tenían que salir de allí con rapidez. Una ráfaga pura de adrenalina al cien por ciento recorría todo su cuerpo. Esa vez la sentía diferente a las otras veces en que solo había observado. Incluso al haber observado disparos. Esta vez él era parte de ello. Esto podría llevarle a la cárcel.

Y la razón, está la razón de esto, y es la mortal pendiente por la que descendemos.

Pronto la camioneta se llenó de risas; sin embargo, no salían de allí. Pretty Boy estaba sentado, esperando sentir el movimiento de la camioneta. Entonces, ¿por qué no se iban? ¿Cuál era la duda de Criminal?

Una figura se acercó a la camioneta por el lado del conductor. Pretty Boy miró por el parabrisas frontal para ver un pequeño auto esperando con las luces encendidas en el cruce. El auto no se movía, aunque el semáforo arriba estaba verde. El gran hombre negro que se acercaba a ellos no parecía sentir nada de aprensión respecto a acercarse a la camioneta.

El idiota estaba llevando una cruz gigante, también.

Ese tipo va a conseguir estallar.

Criminal maldijo con incredulidad y se quedó mirando al hombre. La voz que hablaba al otro lado de la ventanilla que criminal había abierto era fuerte y profunda.

"Lo que hacen está mal", dijo el desconocido.

Vamos, C, salgamos de aquí, vámonos ahora.

Pero justamente después, Criminal sacó su semiautomática de 9 mm y apuntó a la cara del hombre. Lo bastante cerca para que el cañón tocara la frente del hombre.

Criminal le había dicho una vez que le gustaba una 9 mm porque tenía diecisiete disparos más que un revólver típico, que solo tenía seis. Pero a esa distancia tan cerca, tan solo sería necesario un único disparo.

"Atrás, anciano. A menos que quieras que tu tiempo se acorte".

No estoy preparado para el asesinato, se suponía que iba a ser un robo de un auto, una camioneta, una camioneta sin valor por la que nadie va a preocuparse demasiado, pero no matar, no así, C.

El acto de matar no le disgustaba. Era la repercusión.

El hombre grande que tenía la pistola apuntando a su cerebro sonrió. Pretty Boy no podía creer lo que veía. El tipo realmente estaba sonriendo.

"Estoy listo", dijo el desconocido. "*¿Y tú?*".

Pretty Boy esperaba oír el disparo. Había oído lo suficiente en su vida, pero no quería escuchar esto. Criminal le había contado historias, pero Pretty Boy no quería verlo con sus propios ojos. Podía imaginar el golpe breve y claro. Uno era lo único necesario. A esa distancia no había debate alguno. No había oportunidad.

No lo hagas, no lo hagas, vamos.

El revólver no disparó. Por alguna razón, Criminal estaba siendo bueno.

Apuesto a que lo habría hecho si fuera el Adidas Boys.

El hombre de la cruz no cambió su expresión o su postura. Tan solo seguía mirando a Criminal sin pestañear.

"¿Sabes lo que voy a hacer?", dijo el desconocido.

"¿Por qué no me lo dices?", preguntó Criminal.

Pretty Boy podía ver que su hermano parecía divertirse ahora. También se divertían los dos que se reían en el asiento trasero.

"Voy a *orar* por ustedes. Por todos ustedes".

Se podían oír más risas.

"Sí, haz eso, viejo loco".

Criminal metió su mano otra vez en la camioneta y revolucionó el motor.

"Eso es, soy un loco", dijo el hombre fuera. "Un loco por Cristo. Pablo y yo. Yo y Pablo. Nada más que locos. Ningún agujero va a tragarme…".

La camioneta se alejó antes de que ellos pudieran oír ninguna otra palabra del hombre que estaba en la calle. Pretty Boy supuso que era alguna persona sin techo y loca. Siempre se volvían locos cuando habían estado en las calles por demasiado tiempo. Comenzaban a ver cosas. Las drogas y el alcohol normalmente les convertían en necios. Sin embargo, Pretty Boy nunca había visto a uno que llevara una cruz.

O que no tuviera miedo alguno a morir.

La camioneta se dirigió por el sur hacia su barrio. Los ánimos siguieron avivándose con los muchachos en el asiento trasero maldiciendo y riéndose del hombre loco que acababan de ver.

"¿Era ese viejo '730' o qué?", gritó 40 Ounce entre risas.

Estaban emocionados de que hubiera sido tan fácil. Agarrar esa camioneta no fue nada. Nada en absoluto.

Pero ¿qué viene después, eh, C?

Criminal mantuvo su enfoque en la conducción mientras Pretty Boy ignoraba la frivolidad de escuela en la parte de atrás.

"¿Qué era esa cosa que llevaba?", preguntó Little B.

"Una cruz, tonto", dijo 40 Ounce.

"Esa cosa parecía pesada".

"Esa cosa parecía robada", dijo otra vez 40 Ounce. "Probablemente la consiguió en una iglesia. Ellos irán el domingo y verán que no está. Ese loco estará por ahí predicando a un lado de la carretera"

Pretty Boy miró en el espejo, pero nadie les perseguía. Nadie lo haría, tampoco. Este fue un trabajo sencillo que habían salido a hacer. Y sin embargo, ese hombre. En un segundo, si Criminal hubiera tomado una decisión diferente, habría sido todo distinto. Criminal podría haber estado de mal humor. Podría haber estado enojado como le pasaba algunas veces.

Las calles por las que pasaron se sentían desiertas y solitarias mientras Pretty Boy las miraba.

"Tú, horrible silencioso", dijo Criminal. "¿En qué estás pensando?".

Su hermano mayor siempre estaba ahí. Algunas veces cuidando de él, otras veces mostrándole amor duro, y otras veces le superaba. Tenía miedo de Criminal, pero al mismo tiempo no conocía otra alma de la que estuviera más cerca.

Debiendo mi vida a la misma vieja historia clavada con el cuchillo...

No se preocupaba por la pregunta de su hermano. No

ahora que la excitación en su interior comenzaba a apagarse. Pretty Boy sintió una oleada de alivio y a la vez de temor que le llenaba.

"Ese hombre estaba listo para morir", le dijo a Criminal. "¿Viste su cara, sus ojos? ¿Y si él tenía razón? ¿Sabes? ¿Y si vamos contra Dios mismo?".

Las palabras divirtieron a Criminal. Esa noche estaba de buen ánimo. Sonrió.

"¿Me estás diciendo que Dios trabaja para el Malvado?", bromeó Criminal.

Los otros se rieron. Pero Pretty Boy meneó su cabeza, pensando en la expresión del hombre. Era valiente. Inflexible.

Él no parecía loco, aunque sus acciones sin duda lo parecían.

"Olvídalo", dijo sin mirar atrás a su hermano. Tenía un sentimiento de desasosiego, y no estaba seguro de dónde provenía.

No era por robar esta camioneta. Era algo más. Un temor en el interior de que algo estaba fuera de control. Que esta carretera por la que se dirigía con esos muchachos era equivocada, y que finalmente terminaría flotando y sin respiración en el interior del oscuro lago que no estaba muy lejos de ellos.

Quería, no, necesitaba, salir de allí. Sus canciones iban a hacerlo también. La escena musical en Chiraq era real, y la música seguía llegando, y todos le decían que podía hacerlo.

Todo el mundo excepto Criminal.

Pretty Boy pensó en su madre por algún motivo. Entonces en su abuela.

Tú sabes por qué.

Quería borrar los pensamientos y los recuerdos, pero aquel hombre los había traído de regreso. Su madre con sus demonios y su abuela con su cruz y sus versículos de la Biblia y su Dios.

Su Dios.

Era un cuento de hadas, pero aún podía recordar las palabras que le encantaba decir a Abue. Antes de que todo el infierno se desatara y se quedaran solos.

Como las aceras, y las calles, y las sombras que pasaban. Completamente solos.

Sólo una carretera, sin mirar atrás, mostrando a Pretty Boy las chimeneas humeando.

Sí.

Miraba fijamente hacia adelante y mantenía atados los pensamientos.

Sin mirar atrás.

Amén a eso.

JOE

Aún estaba esperando cuando la cansada mujer y su hijita enferma regresaron a la sala. Esta vez la madre no desvió su mirada ni parecía preocupada por Joe. En vez de eso, fue directa hacia él.

"Gracias por su ayuda", dijo efusivamente en una cascada de palabras. "Tan solo quería disculparme. Por lo de antes. Tan solo... no era mi intención".

"No se preocupe", le dijo él.

Él conocía su preocupación. Él también se habría preocupado si alguien con su mismo aspecto estuviera hablando a una niñita como Lily. El mundo era un lugar enfermo. Joe había conocido algunos tipos realmente enfermos.

"¿La niña está bien?", le preguntó a la madre.

"Sí. Una infección sinusal. Nos dieron antibiótico. Por fortuna tenían algunas muestras para darnos".

Joe se imaginó que quería decir que no tenían dinero para pagar una receta.

Ella miró alrededor de la sala casi vacía. Joe pudo ver que sus ojos se fijaron en el reloj de la pared. Era más de medianoche.

"¿Está bien?", le preguntó él.

Ella asintió, con su mente obviamente pensativa, sus brazos cubriendo a Lily mientras estaba de pie detrás de ella.

"¿Tiene un lugar donde quedarse?".

34

"Estamos bien. Tenemos un auto". Sus palabras reflejaron la tensión de su rostro.

"¿Un auto?".

"El albergue está cerrado...", dijo ella, a modo de explicación.

La niña aún tenía un aspecto pálido y no muy bueno. Sus ojos estaban cansados ahora. Necesitaba un lugar cómodo donde dormir, y lo necesitaba ahora.

Joe aún estaba esperando que el doctor le viera, pero esto era más importante. Intentó actuar de manera tranquila.

"Si me permite decírselo, no creo que eso sea una buena idea. Ella tiene que estar calientita".

La madre asintió, pero a la vez parecía haberse quedado sin respuestas y no muy segura de dónde buscarlas tampoco.

Me pregunto cuánto tiempo habrán estado en la carretera.

"Escuche", dijo Joe. "Sé que esto va a sonar un tanto extraño, pero solo vivo a un par de manzanas de aquí. Si quiere, pueden pasar la noche ahí".

La mujer no dijo nada. Joe lo entendió. Recibía miradas como esas diariamente. Siempre que iba a algún lugar, la gente miraba su aspecto físico. Parecía rudo y no podría enternecerlo por mucho que lo intentara. Dios le había hecho así. Algunas de las cicatrices y los colores que llevaba con él... bueno, se las había arreglado para hacérselos él mismo y tampoco podía deshacerse de ellas. Pero pocos veían la nueva criatura que había en su interior.

Lo único que podía ofrecer era una sonrisa amigable.

"Sé el aspecto que tengo. Pero no es lo que parece... Ya no".

La madre aún seguía sin decir nada. Lily le miró con una sonrisa débil pero bonita.

"Pueden quedarse ahí las dos", añadió Joe. "Yo tengo otros sitios donde quedarme".

"Mire, agradezco la oferta", dijo la mujer, sacudiendo la cabeza. "Realmente lo agradezco, pero no creo...".

"Está bien, mami. Joe no nos hará daño. Es nuestro ángel de la guarda. ¿A que sí lo eres, Joe?".

Él sonrió y asintió, y después esperó la respuesta de la madre.

Algo se rompió dentro de mí. Quizá fue por esos mafiosos que se llevaron la camioneta esa noche, pero creo que esto venía de antes. Creo que fueron las palabras de un hombre al que no conocía, un hombre al que sigo sin conocer.

¿Crees en la cruz de Cristo?

No me lo preguntó una vez, sino dos. Pero eso fue quizá porque no le había dado una respuesta satisfactoria.

Pero no fue esa pregunta la que me perseguía. Fue la pregunta de después.

¿Y qué está haciendo al respecto, hijo?

Después le había visto cruzar caminando descaradamente el cruce hacia la camioneta que los delincuentes estaban robando y mantener una conversación con el conductor. No pude saber lo que estaban hablando y no quería saberlo tampoco. Esperaba, y me preguntaba si llamar a la policía, preguntándome si incluso tenía tiempo de llamar a la policía, pero entonces la camioneta desapareció en la noche. Y el hombre de color que llevaba la cruz hizo lo mismo, caminando hacia la acera y luego siguiendo por su camino.

Me sentí como si me hubiera cruzado con algún ángel de la guarda que quería darme un mensaje. Que *necesitaba* darme a mí un mensaje.

Esto me llevó a hacer un cambio de sentido y dirigirme de nuevo en la otra dirección. Porque...no sé.

Por algo que vi antes.

Creo que fue una corazonada. Pero después, de nuevo, cuanto más lo miro ahora, creo que era el Espíritu Santo trabajando. Acordaré que como pastor, la parte de la Trinidad que menos he entendido es el Espíritu de Dios. Entiendo en teoría lo que dice la Biblia al respecto, pero ha habido veces en que no lo he entendido. Me he preguntado. Sin embargo, creo que en ese momento, después de que el profeta-ángel me hablara junto a la carretera, sentí un estímulo en mi alma. Quizá era el espíritu. O quizá era solo mi culpa por haber conducido de largo sin hacer nada.

Hasta la fecha, sigo sin saberlo.

Quizá era el momento de comenzar a *hacer* algo.

Así que comencé a conducir de vuelta al hospital, de regreso por las mismas calles por las que había ido con los Newton.

Cerca del área donde la había visto, reduje la marcha y miré por las aceras y callejones. Durante quince minutos conduje a unos diez kilómetros por hora, con los autos adelantándome e incluso haciendo sonar sus bocinas, preguntándose qué estaría yo haciendo. No sabían que estaba intentando ayudar. Buscando a alguien que podría necesitar a alguien.

Incluso oré a Dios que pudiera encontrarla. Él oyó mi oración y respondió.

Encontré una silueta en un callejón junto a un contenedor de basura. Era una silueta que llegaba al contenedor, realmente podría haber sido cualquier persona. Cualquiera que necesitaba una mano amiga. Pero detuve mi auto y bajé la ventanilla, y cuando la silueta atravesó el contenedor, el rostro sucio reveló la verdad.

Era la joven que había visto antes caminando por la acera. Aún estaba sola. Aún embarazada. Y aún tenía esa mirada de desesperación en su rostro.

"¿Estás bien?", pregunté.

Era una pregunta estúpida. Por supuesto que no estaba

bien. Nada de esta situación *parecía* estar bien, sin embargo, yo simplemente intentaba ser amigable y no indiferente. No quería asustarla diciendo "pareces estar al final de una larga y desesperada cuerda, hambrienta, embarazada adolescente". Así que hice la pregunta tonta.

La mirada que me puso dijo lo obvio.

¿Usted qué piensa, hombre estúpido de *mediana edad?*

"Estoy estupenda", dijo ella.

Me tomé eso como una buena señal porque demostraba que aún quedaba algo de fuego dentro de ella.

La chica comenzó a mirar de nuevo al contenedor, dando por terminada su interacción conmigo por el momento, sin importarle seguir rebuscando comida en la basura.

"Mira, sé que no me conoces", le contesté, esperando que ella me oyera. "Pero…¿necesitas algo?".

De nuevo, haciendo la pregunta obvia y tonta. Pero de nuevo intentando sonar inocente y ayudador, y sobre todo *seguro*.

"¿Qué es usted, algún tipo raro?".

Ella era dura. Supe enseguida que esta chica no era alguien con quien meterse. A pesar del aspecto que pudiera tener.

"No, mira, por favor", comencé a decir. "Soy solo alguien que quiere ayudar".

Yo no parecía amenazante. Eso es algo que no creo que pudiera hacer en mi vida. Parte de ser pastor, parte de lo que la gente me ha dicho durante los años, era que tenía un rostro amigable y una gentil disposición. Muchas personas me habían dicho que era alguien con quien resultaba fácil hablar, que les escuchaba cuando hablaban, que parecía un buen tipo. Una vez bromeé con mi esposa diciéndole que no quería parecer un buen tipo, que quería parecer peligroso y el héroe oscuro que llegaba y se abalanzaba sobre las mujeres.

Pero ese no era yo. Yo era Matthew, el buen tipo. Y en este momento de mi vida, sinceramente esperaba que esta chica pudiera ver eso.

¿Acaso la mayoría de los asesinos en serie no parecen también el vecino que parecía un buen tipo?

Intenté desechar ese pensamiento. Quizá esta joven no conocía esa desafortunada realidad de nuestro mundo. Con suerte no lo sabría.

La adolescente se detuvo y me miró fijamente durante un buen rato, considerando mis comentarios. Quizá estaba sopesando sus opciones e intentando decidir qué hacer.

Yo esperaba. Quizá el espíritu aún estaba trabajando ahí. Y de ser así, quizá ayudaría a avivar también el alma de esta chica.

VEINTE MINUTOS DESPUÉS, necesitaba ese mismo espíritu para intentar calmar a mi esposa.

Grace siempre ha sido el ancla de nuestra relación. Sé que puede parecer un cliché, pero vivir conmigo probablemente ha sido un poco como acordar navegar por el Pacífico cuando el capitán realmente no sabe hacia dónde se dirige.

No siempre he sido pastor. Y hay muchos días que me despierto y me pregunto qué estoy haciendo y hacia dónde me dirijo, y si realmente voy a seguir siendo pastor, simplemente porque me preocupo un poco por *todo.* Entonces Grace llega a mi lado, y se sienta y me toma de las manos, y me dice que todo va a estar bien.

Sin embargo, a esas horas de la noche, horas después de salir de casa inesperadamente para llevar a los Newton al hospital, le había despertado con otro problema en nuestras manos. Bueno, realmente, estaba en *mis* manos, y ella estaba intentando saber en qué había estado yo pensando.

"No puedes hacer esto", dijo Grace con incredulidad, de pie en el pasillo de nuestro salón.

"La chica necesita un lugar donde quedarse".

Grace abrió las cortinas y pudo ver el Prius estacionado en nuestra entrada, aún en marcha, con las luces encendidas. El nombre de la chica era Maggie. Estaba sentada en el asiento del acompañante esperando. Esperando y seguramente preguntándose qué estaba sucediendo.

"Entonces *llévala* a algún lugar", dijo Grace. "Pero no aquí".

Comencé a intentar exponer mi caso, pero Grace me detuvo antes de que pudiera intentarlo.

"Lo prometiste. Este es nuestro hogar, Matt. Yo también necesito un refugio. Un lugar *fuera* de la tormenta".

No necesitaba preguntar de qué estaba hablando. Lo sabía muy bien. Demasiado bien, de hecho.

Me acordé de nuestro décimo aniversario el año pasado. Cómo la celebración había ido en declive. Fue ahí cuando se lo prometí a Grace. Yo también tenía que cumplir esa promesa.

Exhalé. "Lo sé, lo sé. Debería haber llamado primero. Pero no podemos negarle la entrada".

Grace solo sacudió su cabeza y desvió la mirada. Esta había sido mi decisión y ahora era mi responsabilidad. Yo no quería que la chica de mi auto tuviera que esperar más. Sabía que tenía que hacer algo al respecto y rápido.

"Pensaré en algo, ¿de acuerdo?", le dije a Grace.

Ella se alejó de mí antes de que yo pudiera darle un abrazo o un beso.

Lo primero que hice después fue ver si Maggie quería algo de comer. De nuevo, realmente no me pregunté si de hecho ella tenía hambre o no. Sabía que así era. El punto era ver si estaba lo suficientemente cómoda para dejarme comprarle la cena. El White Castle que pasamos bastaba para esa tarea.

Tardamos unos diez minutos en llegar al motel. No

estaba en un área mala de la ciudad y no parecía demasiado deteriorado. El motel Starlite estaba muy cerca de nuestra iglesia, y conocía a algunos que habían estado allí.

Mientras estacionábamos, pensé en lo que eso pudiera parecer. Mitad de la noche. Un tipo de cuarenta años entrando con una adolescente hermosa y embarazada llevando una pequeña mochila rosa. La mujer que dirigía ese lugar sabía que yo era el pastor de la iglesia local, pero el tipo del mostrador no lo sabía. Quizá recibiría algunas miradas y algunos juicios. Quizá también podría recibir la visita de la policía. Así que decidí conseguir la habitación del motel yo solo mientras ella esperaba en el auto.

No me sorprendió ver que Maggie ya había terminado con sus cuatro mini hamburguesas y las patatas. Quería preguntarle cuándo fue la última vez que comió, pero no lo hice. Otros cientos de preguntas llenaban mi cabeza respecto a ella. Especialmente ¿qué está haciendo una joven como ella en la calle?

Pero era tarde y no era el momento de conseguir repentinamente la biografía de esta chica. Ella necesitaba un lugar donde quedarse. Un lugar *seguro* donde estar.

Abrí su puerta pero me quedé fuera.

"Mira, he pagado dos noches", le dije. "Regresaré mañana o el lunes y veremos qué hacemos".

Se apartó el cabello espeso y rizado que escondía su rostro inocente e inmaculado. Ella aún estaba intentando conocer mis intenciones, aún intentando tener cuidado con cada paso que estaba dando. No me había dicho mucho desde que accedió subir al auto. Yo tampoco la culpaba de ello. Pero finalmente ella abrió una ventana en sus pensamientos.

"Mentiste. *Eres* un tipo raro".

"¿A qué te refieres?", le pregunté.

"Nadie ayuda a la gente solo por ayudar".

Había un tono adulto en su voz. No correspondía con su rostro y su edad. Pero para algunos, ser un niño no significaba que fueran tratados como tales. Para algunos, Dios tenía otros planes.

"Sí", dije, conociendo su sentimiento de incredulidad. "Bueno, soy cristiano".

"También lo son la mayoría de las personas que me ignoran".

Ella tomó las llaves y luego entró en la habitación del motel. Cerré la puerta y luego oí que echaba el cerrojo. Me quedé ahí un momento, tan solo mirando fijamente el pomo desgastado y erosionado.

Dios, por favor está con esta joven. Y está con el hijo que lleva.

El viaje de regreso a casa me pareció más largo de lo habitual. Quizá era porque estaba conduciendo a paso de caracol. No me preocupaba llegar a casa a un oscuro silencio. Estaba más preocupado por Maggie.

Hace una hora ni siquiera conocías su nombre o si la volverías a ver.

Sí.

Pero ahora Maggie era mi responsabilidad, lo cual estaba bien, pero este era el tipo de cosas de las que Grace y yo habíamos hablado.

Era otro peso que llevar. Otra carga por la que orar y preguntarse. Y Dios sabía que ya había tenido suficientes. Solo mi iglesia tenía suficientes personas con problemas a las que atender.

Hola, Matt. Santiago 1:27 te está llamando. En serio. Es casi tan popular como Juan 3:16.

Dije las palabras en voz alta. A veces era bueno hacer eso. No para demostrar que podía memorizar versículos de la Biblia sino para oírlos de una manera fresca y única.

"La religión pura y sin mácula delante de Dios el Padre es esta: Visitar a los huérfanos y a las viudas en sus tribulaciones, y guardarse sin mancha del mundo".

No pensaba que el mundo me hubiera manchado aun. Lo intentaba. Sí, Señor, lo intenta cada día. Me golpea e intenta romperme, pero esto no significaba que necesitase olvidarme de una de las peticiones más obvias y fáciles que Dios les había hecho jamás a sus hijos.

Así que ahí estaba Maggie en su aflicción. Oré que yo pudiera hacer algo por ella y la vida que llevaba en su interior. Pero por ahora, yo había dado el primer paso. No necesitaba seguir preocupándome. Tenía que confiar en Dios.

JOE

Él llevaba la bolsa de ella, que parecía pesar muy poco, y les dirigía por una acera hacia la entrada. La madre le seguía detrás llevando a su hija en brazos.

Joe podía ver que Samantha tenía dudas respecto a esto. Finalmente él se aprendió su nombre. Al menos su primer nombre. Pero había sido un comienzo. Y también lo había sido que ella aceptara ir a su apartamento.

"Sé que no es nada parecido a Disney World, ni nada de eso, pero tampoco está demasiado mal", dijo Joe. "Y no se preocupe. Voy a dejarle la llave. La única llave".

Se habían ido del hospital sin que él entrase para que le revisaran. Pero no importaba. Ya había pasado bastante tiempo en el hospital de todas formas. Seguramente no iban a decirle nada nuevo. No es que él estuviera lleno de preguntas y nuevas preocupaciones. Volvería en otro momento. Esto era mucho más importante.

Abrió la puerta y luego les guió por las escaleras y por un pasillo hasta que llegaron a su casa. Abrió la puerta y encendió la luz para ver el pequeño apartamento. Escaso y sencillo. Parecía un lugar que uno acaba de rentar y aún no se había mudado a él.

Un lugar en el que no vas a estar durante mucho tiempo.

"Este es", le dijo él, dejando su bolsa en la entrada.

No había mucho que enseñar. El salón era también el

dormitorio. El sofá era también su cama. Había una pequeña televisión plana en la pared. Una pequeña cocina con un refrigerador y una estufa.

Joe arregló la cama y luego Samantha acostó a Lily en ella. Encontró una manta extra para que la niña la usara.

"Siento no tener otra cama".

Ella tan solo movió su cabeza. "Tiene las cosas muy limpias".

Eso era una sutileza. Él siempre había prometido en la cárcel que si alguna vez volvía a tener un lugar, a pesar de cómo fuera ese lugar, Joe lo mantendría en un orden impecable. Y no era que él tuviera mucho que *mantener*, pero por lo menos estaba limpio. Desde el retrete a los fogones de la cocina pasando por los contenedores del congelador.

Pudo ver a la mujer mirando a su desgastada Biblia en la mesa junto a la cama. Esa Biblia había estado con él desde que el pastor se la había dado en prisión. Sin embargo, a Joe no le importó dejarla con ellas. Quizá podría hacerles mucho bien. Ciertamente así había sucedido con él.

Se llama la Biblia viviente por algo.

"¿Está *seguro* de que su amigo le dejará entrar a estas horas?", preguntó la mujer.

Él se lo había explicado a Samantha después de que inicialmente hubiera rehusado su oferta de quedarse allí.

"Seguro", dijo él. "Esta es la llave".

Él observó las oscuras marcas debajo de sus ojos. Pero había bondad en esos ojos. Podía saber cosas así. Ella parecía una buena persona. Tan solo cansada y preocupada por su hija. Y sí, también cansado.

Joe comenzó a irse pero la voz de Lily le detuvo.

"No olvides tu cepillo de dientes, Joe".

Él se giró y sonrió a la niña en la cama. Había supuesto que ella ya estaba durmiendo.

"Buena idea, Lily".

A él le gustaba pronunciar su nombre. *Lily.* ¿A quién no? Pronunciarlo le hacía feliz.

Las pequeñas cosas ahora importaban en la vida. Había aprendido esto hacía mucho tiempo cuando le quitaron cada una de sus cosas.

No todo.

Joe hizo lo que dijo Lily y fue a buscar su cepillo de dientes, que estaba colocado en orden en la repisa detrás del espejo. Antes de salir, miró fijamente a Samantha.

"Cierre cuando salga", dijo.

Ella asintió.

"Les veré mañana", dijo Joe. "Duerman bien".

El pestillo entrando en el cerrojo le dio las buenas noches.

De nuevo en la fría noche, pensó por un momento a dónde iría. Después se dirigió al parque, un lugar donde sabía que podría encontrar algún espacio.

Joe no tenía auto, así que tendría que establecerse en el parque. Pero sería solo una noche. Eso es lo que se decía a sí mismo.

Había un banco de cemento libre. Dos de los bancos que había revisado ya estaban ocupados, así que se sentó al final de uno de los bancos que había en la sombra. El otro lado estaba a vista de la luz de la calle.

Pues aquí estoy, Señor.

Una ráfaga de viento le hizo apretar sus brazos alrededor de su cuerpo. Tiritaba y se subió el cuello de su abrigo. Era el abrigo más grueso que tenía pero realmente no abrigaba mucho. Era de sangre caliente.

¿Y qué planes tienes, Señor?

No era una pregunta concluyente. Realmente quería saberlo. Y Joe creía que Dios también se lo mostraría. Dios a menudo le mostraba las cosas de las formas más sorprendentes.

Cuando has estado en la oscuridad durante mucho tiempo,

la luz te parece muy refrescante. Te quieres quedar ahí. Seguir corriendo hacia ella con todo tu corazón y tu alma.

¿Por qué habrás traído a la dulce Lily y a su mamá a mi vida?

Había una razón. Joe lo sabía. Quizá era simplemente dejarles el apartamento para una noche. Pero Joe pensó que podría haber más.

Muéstrame por qué, Señor. Muéstrame qué hacer.

La oración que ofrecía cada mañana al despertarse y cada noche cuando se iba a dormir.

Irse a dormir esta noche podría resultarle un poco más duro de hacer, pero la palabra *duro* era un sinónimo de su vida. Iban de la mano. Estaba acostumbrado a ello. Incluso le dio la bienvenida en este punto. Siempre y cuando estuviera haciendo lo correcto.

LACEY

La habitación estaba tranquila. Nada se movía dentro. Nadie hacía ni un ruido. La luz tenue cerca de la entrada estaba encendida, pero aparte de eso Lacey no podía ver otra cosa. De vez en cuando las enfermeras entraban para revisarla, pero ahora que era pasada medianoche habían dejado de entrar tan a menudo.

Había estado sola cuando finalmente se decidió. Y después de toda la conmoción por llevarla al hospital, Lacey estaba sola. Otra vez.

La calma. *Todavía* seguía con ella. Había intentado escapar de la calma una y otra vez. En las fiestas, y los clubes, y los dormitorios. En medio del ruido y los ajetreos de la vida en la ciudad, pero nada había funcionado. Nada.

Estás deprimida. ¿Te estás tomando las medicinas?

Le diría alguna amiga.

Tienes que superarlo y continuar.

Le diría su ex.

Tienes que crecer ahora y ser adulta.

Le diría su padre.

Todas las palabras que se podrían decir, y a la vez…no escuchaba ninguna de ellas. Nadie estaba ahí para ofrecérselas. Nadie estaba en su habitación y junto a su cama.

Porque no tengo a nadie.

Era la pura verdad. No estaba diciendo eso para sentir pena de sí misma. La vida era una historia llena de dolor.

Por eso había tomado la decisión en un principio.

Estar rodeada no significa que tengas personas en tu vida. Tener conexiones en línea no significa que estés conectada a otros.

Una ciudad tan grande con tantas personas se le hacía muy fría. Al final del día, Lacey se veía sola y desconectada, y sin rumbo.

La próxima vez ellos no me encontrarán.

Lacey quería estar fuera de este lugar, lo sabía. Lejos de todas estas personas que seguramente le juzgarían, estos extraños que revisaban e investigaban y prescribían, y volvían a revisar.

Se preguntaba qué diría su padre si llegara a enterarse de esto. Esa era la gran pregunta. Y no quería pensar en ello porque lo único que hacía era deprimirle más.

Lo mejor que podía hacer era estar furioso, conducir para ir a verla y castigarla, para finalmente compadecerse.

Yo no lo hice por él. No estoy aquí por él.

Ella lo creía y quizá era cierto en verdad. Pero Lacey seguía sabiendo que su único padre disponible aún tenía demasiada influencia sobre ella. Aunque no estaba a muchos kilómetros de distancia en su cuerpo, su espíritu estaba a muchos, muchos kilómetros.

La imagen me poseía. Las palabras convincentes.

No estoy seguro de cuánto había estado ahí, mirándolo. Solo mirando fijamente como si fuera a saltar y atacar. O quizá solo huir corriendo.

No podía dormir. Después de todo lo que había ocurrido esa noche, había llegado a casa lleno de preocupación y asombro. Solo había quedado una luz encendida, lo cual era un detalle de Grace. Simplemente podría haber ido a la habitación y luego pasar la siguiente hora con los ojos abiertos en la oscuridad pensando las cosas. Pero en cambio me fui a mi oficina.

Pensé que podría escribir algunas notas para mi sermón mañana.

Pero después de quince minutos, lo único que pude hacer fue hacer un dibujo y escribir una frase.

Mi papel tenía una cruz cubriendo la mayor parte del mismo.

Debajo estaban las palabras en mayúsculas:

¿CREES?

Yo seguía mirando a la cruz, pensando en las palabras y el hombre que las había dicho. Me preguntaba dónde estaría ahora mismo. Entonces pensé en Maggie y cómo estaría.

¿Qué puedo hacer? ¿Qué debo hacer?

Estaba perdido en un mar de pensamientos con cosas que quería decir y cosas que pensaba que quizá necesitase hacer.

¿Crees, Matt?

Y yo respondí con un *por supuesto que sí.* Porque era pastor.

Por supuesto... el pastor Wesley.

No fue tan simple y fácil, no fue una golosina.

Pensé nuevamente en las palabras de aquel desconocido grande.

"¿Qué está haciendo al respecto?"

Ni siquiera oí abrirse la puerta detrás de mí.

"¿Qué es eso?", preguntó la silenciosa voz.

Me di la vuelta y era Grace. Sus ojos estaban medio abiertos y estaba abrigada en su bata.

"Mi sermón", dije, sorprendiéndome a mí mismo.

Hay algo que voy a hacer. ¿Qué te parece?

"¿Quieres compartirlo?", me preguntó mi esposa.

"No. Al menos... aún no".

Ella asintió y luego me animó a acostarme pronto. Era tarde, y ella sabía que me podía quedar despierto preocupándome y luchando con mis demonios interiores. Le dije que iría en breve.

De repente había decidido cambiar mi sermón. Lo cual estaba bien. Eso no era nada nuevo.

Pero ¿sobre qué iba a hablar exactamente?

La cruz. ¿Cierto? Pero ¿no era eso de lo que hablaba o a lo que aludía cada vez que hablaba? ¿Cierto?

Me preguntaba cuánto tiempo había pasado desde que di una charla honesta y abierta sobre esa cruz. Estaba Semana Santa, claro, pero los servicios en esas fiestas podrían estar muy sobrecargados, como las comidas que normalmente les siguen.

No, ¿cuándo fue la última vez que hablé de la cruz? El evangelio. Jesucristo y lo que Él hizo por mí y por ti.

¿CREES?

Dibujé alrededor del borde de la cruz y luego subrayé esa sencilla palabra.

En cierto sentido, era la pregunta suprema que cualquiera podría hacernos.

Realmente, la única pregunta que vale la pena hacer.

Se me vino una idea a la mente. Una bastante buena también.

Decidí hacer algo un tanto diferente.

Voy a hacer algo un tanto distinto, amigo mío que portabas la cruz.

Sonreí antes de salir de la oficina y finalmente di por terminado el día.

ELENA

Parecía que el auto iba conduciendo solo. Elena pensaba que si algún vendían esos autos que conducen solos, ella definitivamente se compraría uno. Era un viaje de veinte minutos desde el hospital hasta su casa al sur de la ciudad, y lo había hecho tantas veces a las horas más extrañas que casi tendía a quedarse dormida al volante. No estaba segura de que existiera un término, pero a las cuatro de la mañana podía usar su propia terminología mientras el auto avanzaba a paso firme por las vacías calles de la ciudad.

Habían vivido en el barrio de Blue Island durante un par de años ya. Les había costado mucho comprar su propia casa, aunque sabían que se habían extendido bastante. Era fácil conseguir un préstamo hipotecario simplemente porque los intereses eran muy bajos, así que accedieron aunque apenas tenían dinero para dar una entrada. La deuda que habían sostenido durante años y los trabajos siempre cambiantes de Bobby y los préstamos de estudios eran suficiente para mantenerles realmente paralizados. Aún sentían que andaban renqueando económicamente. Y eso era *con* los dos trabajando en el hospital.

La casa estaba bien guardada en medio de una calle cerca de hogares unifamiliares similares. Era realmente bonita aunque la casa de ladrillo se había construido en 1926. Los anteriores propietarios la habían renovado con suelos de madera y ventanas nuevas. Había tres peldaños de cemento que daban a un pequeño porche a un lado del frente, mientras que tres nuevas ventanas daban al otro lado. Tenía un segundo piso pequeño, y la habitación de los niños y su dormitorio estaban arriba.

A veces cuando ella pasaba por los barrios más acaudalados, soñaba con lo que sería tener una casa más grande. No una mansión, sino un hogar donde no estuvieran apiñados. Siempre que invitaban a la familia, lo cual parecía ser con bastante frecuencia, parecía que iban a reventar. Por fortuna, la piscina sobre el nivel del suelo en el jardín posterior y el porche que daba a ella les permitía tener algo de espacio, al menos durante los días calurosos del verano.

Pasará mucho tiempo hasta que volvamos a usar la piscina de nuevo, pensó ella. El frío noviembre parecía que había llegado para quedarse. El fino abrigo que tenía sobre su bata del hospital no le calentaba mucho. Elena enseguida estaría en casa y no tenía sentido dormirse, ya que los niños tenían que levantarse a las seis.

Entrando en el acceso de su casa, las luces del auto alumbraron las bicicletas de los niños tiradas en la hierba. Obviamente a la abuela se le había olvidado decirles que pusieran las bicicletas en el garaje. O quizá ellos no le habían prestado atención (algo que ocurría con bastante frecuencia). Casi estaba lista para apagar las luces del auto cuando vio la silueta en los peldaños del frente. Elena saltó. Pero enseguida vio la silueta de la cabeza y lo supo.

Carlos.

Su hermano había vuelto.

Un alivio recurrió su cuerpo al encontrar un poco más de energía dentro de ella para salir rápidamente del auto e ir a saludarle.

"¡Carlos!", gritó mientras se acercaba rápidamente a él y le abrazaba.

Él no expresaba mucho sus emociones, pero ella también sabía que él se alegraba de verla.

"No puedo creer que hayas vuelto", dijo ella, intentando ver su rostro bajo la tenue luz de la lámpara que colgaba del porche. "¿Por qué no me llamaste?".

La alta y delgada silueta solo se encogió. "Lo siento. Ya me conoces".

Ella vio su bolso marinero esperando en el porche.

"¿Por qué no has llamado a la puerta? Mamá está dentro con los niños. Bobby también está en casa".

"No quería despertarlos", dijo.

Él hablaba con un tono bajo y lento. Carlos parecía tan cansado como se sentía Elena.

Ella quería decirle que dejara de estar loco, que él era familia y bienvenido a su hogar en cualquier momento, que tenía que darle una llave. Bobby llevaba en casa desde poco después de medianoche. Y Elena era fácil de localizar.

Él también lo sabe.

Ella no quería hacérselo pasar mal. Eso era lo último que necesitaba su hermano.

"Mírate", dijo ella, moviéndose para conseguir una vista mejor.

La sonrisa de su rostro era hermosa. Ella la había extrañado. En todas las fotografías que él le había enviado desde Afganistán, se le veía muy serio, muy adulto. Ella entendía un poco lo que significaba ser un Marine; Carlos ciertamente había intentado decirles a ella y a los demás lo que eso significaba. Pero ella extrañaba su sonrisa. *Le* había extrañado mucho.

"¿Es en serio esta vez?", preguntó ella, temerosa de la respuesta. "¿No te van a volver a enviar?".

"Los despliegues se han terminado. Mi servicio activo se ha terminado y he pasado a la reserva activa individual. Lo cual significa... que vuelvo a ser civil nuevamente".

Ella suspiró. "Gracias a Dios. *Por favor,* dime que no te vas a dejar ese corte de cabello".

No había tanto cantidad como para poder llamarle corte de cabello. Carlos se rió.

"¿Qué le pasa a mi corte de cabello?".

"Tu cabeza se parece a un melón cantalupo".

Una hermana mayor, siempre será una hermana mayor. Incluso aunque alguna vez llegara a casarse, Elena sabía que siempre podría decirle las cosas sin reparos a su hermano pequeño. Este hombre grande y fuerte siempre sería Carlitos. Ella siempre había intentado protegerlo, incluso aunque la adulta dentro de ella sabía que era una causa perdida como tantas otras.

Encontró las llaves de la puerta. "Ahora entra, entra. Debías haber llamado al timbre, ya sabes. A Bobby no le importa".

"Ya te he dicho que no quería despertarle. Ni a los niños. Sé que es un poco... repentino".

"No seas tonto".

MOMENTOS DESPUÉS, ELENA entró de puntillas en su dormitorio, intentando evitar la grieta en el centro de la habitación que siempre solía crujir y despertar a uno de ellos. La ropa de cama estaba en su armario, doblada detrás de la ropa y las toallas. Algo que Elena no tenía eran dotes de organización. No había tiempo de ser limpia y ordenada en esta casa cuando ambos trabajaban tanto y pasaban el tiempo que tenían sacando por ahí a los niños. Cuando llegó al salón, encontró a Carlos con una camiseta verde y sus pantalones cortos del cuerpo de Marines.

"¿Tienes *algo* de grasa en ese cuerpo?", le preguntó.

Él estaba muy delgado y tonificado, más de lo que nunca lo había estado en su vida. Carlos siempre había sido atlético, pero ella aún se sorprendió de lo fuerte que parecía.

"Vigilo lo que como", dijo él con una sonrisa.

Ella sabía que hacía algo más que eso. Mucho más.

"Un serio aviso: los niños dejan sus piezas de Lego por cualquier parte, así que ten cuidado porque estás descalzo", dijo Elena mientras preparaba su cama provisional. "Y este sofá es nuevo, así que intenta no babear mientras duermes".

"¿En serio?", preguntó Carlos.

"*Sí*, en serio. Es de piel".

Él saltó al sofá y luego tomó la almohada que ella había preparado y la intentó ahuecar.

"No te preocupes. No me quedaré mucho tiempo".

"¿Ah, sí?", preguntó Elena. "Lo estarás si puedo hacer algo. *Tú eres familia*".

Carlos no respondió. Ella sabía que eso estaba bien. Había muchas cosas que ella no sabía de su hermanito. De algún modo había estado perdido mientras estaba sirviendo en Afganistán esos años pasados. Las veces que había estado en casa, Carlos no siempre le había contado cosas. Ella sabía en su interior que las cosas probablemente habían sido difíciles para él simplemente porque no había dicho nada. Su silencio le había preocupado mucho esos años pasados.

Pero Carlos ahora estaba en casa y quizá podrían pasar un poco de tiempo juntos. Para volver a conocerle de nuevo. Los niños apenas le conocían, así que les encantaría ver al tío a quien adoraban. El héroe del que ellos a menudo hablaban como algún personaje de una película de acción.

"Espero que puedas dormir un poco antes de que los niños salvajes te despierten", le dijo Elena.

Su oscura piel reflejaba la expresión más oscura incluso

de su rostro. Carlos forzaba una sonrisa, pero ella sabía que simplemente estaba queriendo ser educado.

"Gracias", fue lo único que le dijo antes de que ella apagara las luces.

Ahora Elena sabía que no iba a dormir nada. Ver a Carlos había sido como dar un trago de una taza de café muy cargado. Su mente iba a toda velocidad, preguntándose cuánto tiempo se quedaría y cómo reaccionaría Bobby, y si ella necesitaría o no tomar unos días del trabajo, y donde se quedaría él si al final se quedaba una temporada.

Frena.

Ella inspiró. Se metió en su cama e intentó descansar o relajarse, o al menos cerrar sus ojos por unos momentos.

Carlos estaba finalmente en casa.

¿Qué traía con él?

Esa era la gran pregunta. Una para la que no habría una rápida respuesta. Ella era consciente de eso.

Quizá, solo quizá...

Elena tenía que parar todo esto. No podía permitirse pensar en exceso las cosas o hacerse demasiadas esperanzas. Ya le había pasado antes. Había aprendido por las duras que no debía volver a hacerlo.

LACEY

No había nada que le gustase a Lacey de este doctor. Sabido, solo había estado con ella dos veces mientras estaba despierta, pero en esas dos veces le había parecido arrogante y despectivo. Lo único que odiaba más que a un tipo engreído era uno que fuera engreído *e* inteligente. Él era doctor, así que sí, obviamente era inteligente. Pero no tenía por qué tratarla como si fuera una niña pequeña. O peor, como algún tipo de mascota extraviada que tan solo podía mirarle con ojos indefensos.

Unos minutos pasadas las ocho de la mañana de ese domingo, el Dr. Farell había llegado a su área de examen, abriendo la cortina bruscamente y poniéndose manos a la obra de inmediato sin tan siquiera decirle buenos días. Llevaba un iPad al que miraba más que a Lacey.

"Consciente, receptiva y alerta".

Ella se sentía atontada y resacosa.

Consciente. Sí. Alerta. No tan segura.

Pero ella no iba a discutir con el doctor. Él seguía mirando a su iPad, haciendo que ella se preguntara si quizá estaba revisando su cuenta de Facebook para ver lo que ocurría. Quizá tenía una página de seguidores del Dr. Farell que ella podía empezar a seguir.

Y estoy segura de que al menos tiene cuatro o cinco personas que le siguen.

"De acuerdo, así es como funciona", le dijo el doctor, aún sin pronunciar el nombre de Lacey. "Te hago una pregunta sencilla, y si te quieres ir a casa, dices 'sí'. ¿O tan solo asientes? ¿Lista?".

Su tono era una mezcla de molestia e impaciencia. Ella asintió con la cabeza y se preguntaba si su tono de piel era real o ficticio.

Durante unos momentos, le hizo preguntas básicas. Su nombre, su fecha de nacimiento, todo cosas estándar. Después hizo la gran pregunta.

"Tu ingesta de un alérgeno previamente conocido fue *accidental*, ¿cierto?".

Ambos se miraron.

Tú sabes tan bien como yo la respuesta a eso.

Lacey simplemente dijo: "Sí".

El Dr. Farell siguió mirando el iPad, pasando información, luego pasando un poco más.

"De acuerdo, te puedes ir", dijo, finalmente mirándola. "En el futuro, quizá sea bueno que tengas un poco más de cuidado…A menos que tengas interés en ver cómo tu nombre aparece en un certificado de defunción".

Eso fue todo. Ni un *me alegro de que estés mejor* y ningún *cuídate*. No era que Lacey quisiera o esperase tener a la Madre Teresa de doctora, pero este tipo podía haber sido un poco más compasivo. Casi se muere la noche anterior. Sin embargo, había terminado ahí, seguía siendo una paciente y merecía que le tratasen con dignidad y respeto.

¿Cuándo fue la última vez que alguien pensó en esas palabras cuando *se acercó*?

Él era tan solo otro hombre actuando como lo hacían los hombres. Menospreciando, juzgando y desanimando.

Media hora después, Lacey se dirigía a casa.

Parte de la normativa del hospital era que tenía que salir en silla de ruedas. Ella podía estar de pie y caminar bien, pero la enfermera le obligó a hacerlo de todos modos. Ella intentaba no mirar a nadie con quien se cruzaba en el pasillo o la zona de enfermeras, o incluso en la sala de espera de Urgencias. Lo único que Lacey quería hacer era regresar a casa y olvidarse de que había estado allí.

Fuera del edificio del hospital, con el sol de la mañana brillando en el cielo, Lacey le hizo a la enfermera una pregunta que había evitado desde que llegó.

"¿Llamó usted a mi padre?".

"Sí, pero no conseguimos hablar con él. ¿Hay alguna otra persona que pudiera venir a recogerte?".

La enfermera era empática. Lacey negó con su cabeza y sonrió.

"Estoy bien. Muchas gracias".

Ella se levantó y después asintió a la enfermera.

Mire, estoy bien y no tengo ningún problema, y realmente no intenté quitarme la vida anoche. Fue tan solo un accidente menor.

Lacey comenzó a caminar por la acera, insegura de si iba incluso en la dirección correcta. Tenía su teléfono con ella, así que ya se le ocurriría algo.

La gente que está sola siempre sabe cómo resolver algo.

Ese domingo por la mañana mientras me dirigía al motel para preguntar por la joven que acababa de conocer, no tenía ni idea de lo que estaba a punto de suceder. Había estado trabajando en mi sermón para nuestro servicio de la tarde, el que siempre predicaba, y el mensaje estaba llenando mi corazón. Sentí algo distinto ese día. Algo estaba sucediendo ahí. Algo que no sabía pero podía ver ahora a la distancia.

Durante demasiado tiempo pensé que había estado haciendo lo correcto. Pero es fácil ver todas señales que apuntan a los destinos correctos cuando uno va por el camino incorrecto.

De repente sentí que me habían dado la vuelta. Mirando hacia el sur. Viendo el sol.

Algo tenía que salir corriendo. Soltar el freno y correr libre. No sé lo que era. Comenzó cuando vi la señal de la cruz esa noche. Pero creo que era más que eso. Creo que se abrió una puerta y finalmente crucé el umbral. Me sentía más ligero que en muchos años.

Pienso que el espíritu estaba comenzando lentamente a bullir por la sangre que lentamente corría por mis venas. Diciéndome y estirando el significado de un poco de todo.

Es el tiempo, se dice. Ha llegado el tiempo.

Imagino que ya había esperado suficiente.

Quizá los pecados de mi pasado finalmente iban a romperse como hielo que se derrite finalmente dejando que un barco comience a navegar.

Quizá finalmente estaba saliendo de la Antártica. No sé.

Aún no lo sé.

Solo sé que sentía este espíritu volando y aumentando dentro de mí, y que ellos no dijeron nada acerca de mí pero dijeron todo acerca de Él.

Esta imagen en la que había estado enfocado durante tanto tiempo. Durante toda mi vida.

Esas manos clavadas en ese madero.

Los pies atravesados.

El pecho que intentaba que el aire pasara por él.

El rostro que alzaba la vista a un cielo silencioso.

No era solo una imagen, como el cuadro de algún museo. Derramó los colores sobre mi piel. Pintó los colores dentro de mi alma. Y cada respiración y cada paso que había dado fue por ella. Para ella. Para encontrarla.

La cruz. Plegándose en el tiempo y el espacio en las diminutas grietas de cada una de las cosas malas que yo había hecho.

Jesús viendo todas esas cosas que yo intentaba ocultar y dejando que reposaran sobre sus hombros.

Por un momento. El momento más glorioso de la eternidad. El ser creado que se apartó finalmente fue hecho libre.

Eso era.

Eso fue para todos y para mí.

Y mis ojos finalmente lo habían visto y finalmente lo habían entendido.

Quería correr como loco y quería contárselo a todo el mundo. No seguir siendo un predicador, sino ser algún tipo de señal apuntando hacia el lugar al que necesitaban ir.

Está bien.

Es todo lo que quería decir.

Jesús dice que está bien.

Eso es todo.

Cree. Pide perdón. Y conoce esas manos, y pies, y pecho, y hombre que lo llevó todo por ti.

Eso lo es todo.

Cada una de las heridas que le hicieron.

Cada uno de los caos levantados con las manos y lanzados.

Cada uno de los dolores que lanzaron jamás a tu rostro y tu futuro.

Cada una de las cosas que partieron y lastimaron tu corazón y tu alma.

Todas esas cosas podían ir ahí. La cruz. Esta cosa que era real y cierta.

Creo que mi fe había sido un poco perezosa durante bastante tiempo. Creo que había olvidado por completo la urgencia de hablarle a la gente del mensaje de la cruz.

Eso es lo que quería compartir la tarde de este domingo, como algún tipo de chispa que da comienzo a los fuegos artificiales el día de Año Nuevo en Nueva York.

Más grande y mejor.

De alguna forma un tanto loca, estaba preparado.

JOE

Comenzó a toser de nuevo justo antes de dirigirse al McDonald´s. Se quedó fuera, sabiendo que haría mucho ruido durante unos momentos. Era ruidoso y molesto, y por lo general hacía que las cabezas se girasen porque sonaba muy duro. Oye, era un tipo muy grande, y tenía unos pulmones grandes. La gente tenía que relajarse. Pero Joe también sabía que no necesitaban que rugiese como un león y llenase el aire de gérmenes mientras ellos se comían sus tortitas y las Mc-Muffins de huevo.

Él sabía que estaba empeorando. No tenía que ser médico para saberlo. La visita de anoche no había sido para ver qué estaba mal. Fue simplemente para ayudarle a mejorar momentáneamente.

Momentáneamente.

Un término que había oído decir a una enfermera. Le gustó porque eso era básicamente lo que cada vida en esta tierra parecía ser. Todos éramos almas momentáneamente vivas en estos cuerpos fallidos y deteriorados, momentáneamente intentando hacer conexiones mientras vivimos nuestra vida. No importaba si alguien momentáneamente vivía cien años o si sufría una tragedia a los doce. A la luz de la eternidad, cada cosa podía estar bajo el término *momentáneamente.*

El café sabía súper increíble esta mañana. Noviembre no debía ser *tan* frío pero nuevamente, había pasado mucho tiempo desde la última vez que pasó la noche a la intemperie. Hacía muchos años, tenía un combustible extra que le ayudaba a estar caliente. El whiskey suele hacer eso. Y no podía llamar dormir a lo que solía hacer. Era más acertado decir sopor etílico.

Diecisiete años.

Ese es el tiempo que había pasado desde que dio el último trago. De hecho, diecisiete años y cinco meses y veinte días. Lo sabía con exactitud. No pasaba ni un solo día sin que pensara en el tipo que solía ser. Pero ahora, después de casi echar un pulmón por la tos, solo podía pensar en la versión del Joe cuando era joven. La versión más saludable que él había intentado destruir de cualquier manera posible.

Dios no dejó que Joe terminara el trabajo. En su lugar, Dios decidió actuar y ponerle fin.

Acabar conmigo.

Este cuerpo era algo temporal que cedía un poco cada día que pasaba. Pero Joe sabía eso y estaba tranquilo al respecto. Estaba agradecido por cada mañana que podía despertar con él. Por cada día con el que Dios le bendecía.

Es lo que haces con esos días lo que importa.

Rápidamente terminó el café para calentarse y deshacerse de la neblina de su cabeza. Después pidió un desayuno para llevar y se dirigió de nuevo a su apartamento.

Joe se preguntaba qué estarían haciendo Lily y Samantha en este momento. Si han buscado en la nevera y en la despensa algo de comida, se habrán desilusionado mucho. Él no pasaba mucho tiempo en su apartamento. Y nunca se preocupaba mucho por planear sus comidas. Muchas veces su comida era o bien en la iglesia o con algún otro de los ministerios a los que ayudaba.

Cuando donas tu tiempo y tu servicio, la gente te alimenta bien. Joe y su estómago sabían bien eso.

Llamó a la puerta y esperaba que aún estuvieran ahí. Era domingo por la mañana temprano, pero aun así, uno nunca sabe. Pero sí, la puerta se abrió y Samantha estaba ahí de pie asegurándose de que fuera él.

"Servicio de habitación", dijo, enseñándole la bolsa.

La tos regresó, y él intentaba contenerla como podía. Tosió solo unas cuantas veces, aguantándose la respiración e intentando impedir el picor.

"No tienes buen aspecto", le dijo Samantha.

Él le ofreció una sonrisa sencilla y amigable.

Por lo general cuando duermes en el banco de un parque, te despiertas con este aspecto.

"Estoy bien", dijo mientras le seguía y entraba en su apartamento. "¿Tienen hambre, chicas?".

Lily gritó un sí al ver la bolsa en su mano.

"Apuesto a que no les gusta McDonald's, ¿no es así?", bromeó él mientras abría la bolsa. "Bueno, no sabía bien qué es exactamente lo que les gusta, señoritas, así que traje una selección. Tenemos McMuffin de salchicha; pastel de beicon, huevo y queso; un postre helado de fruta; algo de avena".

"Realmente no tenía que haber hecho esto", le dijo Samantha.

Él le echó una mirada que decía: *Pensé que ya habríamos superado eso.*

"Joe, ¿sabes qué?", gritó Lily junto a él.

"¿Qué?".

La niña corrió a toda velocidad a la habitación donde habían dormido y trajo de vuelta su jarra de cristal llena de monedas y billetes.

"Lo siento", dijo rápidamente Samantha, pareciendo avergonzada. "Solo estaba buscando algo de cereal, algo para desayunar, y Lily descubrió eso".

"Está bien", dijo Joe, mirando a la niña. "Es mi 'jarra del deseo'".

Los ojos de Lily se abrieron por completo. "¿Para qué es?".

"Bueno, eso es lo que tienen los deseos. Se supone que no se deben contar, o de lo contrario no se cumplirán".

"Quizá debas esconderlo mejor".

Él no pudo contenerse la risa.

La sinceridad de los niños.

"Sí, quizá debiera".

La risa le hizo empezar a toser de nuevo, y esta vez no pudo contenerla. Puso su mano para cubrirse y después tosió en su brazo. Parecía un camión conduciendo por su garganta y despellejando su pecho. No podía detenerlo, y lo único que pudo hacer fue verlo pasar y dejarlo ir desenfrenado.

"¿Estás *seguro* de que estás bien?".

Él asintió.

La mamá con su niña y ningún lugar donde quedarse me está preguntando si estoy bien.

"No se preocupen por mí. Estaré bien".

Joe no estaba tan solo diciéndoselo a la ligera. Lo decía de veras.

Encontró algunos platos y le ofreció uno a Lily.

"Entonces qué, ¿comemos?".

Lily tomó el plato. "¡Sí!".

La pequeña mesa rectangular encajada entre la cocina y el salón/dormitorio no era gran cosa, pero todos se sentaron alrededor como pudieron. Joe no se acordaba de la última vez que se había sentado a comer en esa mesa. Hacía mucho tiempo.

Era fácil darle gracias a Dios esta mañana antes de dar el primer bocado a su bocadillo. No se acordaba de haber comido con alguien en este pequeño espacio. Así que esta era una primera vez.

Una primera vez muy bienvenida.

PRETTY BOY

Pretty Boy fue el primero en despertarse, pero eso no era algo extraño. Le gustaba ser el único despierto, ser el primero en usar el único baño que tenían, estar preparado antes de que su abuela y su hermano se despertasen. Ambos le regañaban de formas distintas. La abuela era la única madre que habían tenido, así que ella intentaba desempeñar su papel de la mejor forma que podía. Criminal se molestaba con él solo porque, bueno, porque su hermano mayor se molestaba con mucha facilidad.

Esta mañana se sentía distinto y sabía que debería ser así por lo que hicieron la noche pasada. Esa *debería* ser la razón, pero en su interior él sabía que no se debía a eso. Se fueron con una aburrida camioneta que no merecía mucho la pena la noche pasada. No tenía una razón para sentirse orgulloso o culpable por ello. Aún no sabía cómo sentirse por la camioneta o incluso *por qué* la habían robado, para empezar. Pero sus pensamientos seguían yendo al tipo con la cruz, el que literalmente había retado a Criminal a dispararle.

Todo podía haber salido distinto.

Se preguntaba qué se sentiría si se despertara sabiendo que había ayudado a matar a un hombre. No apretando el gatillo, pero siendo testigo del asesinato. ¿Cómo los llamaban a esos? Un cómplice. Eso es lo que habría sido por estar sentado junto a su hermano. Él lo estaba viendo pero no intentó detenerlo. Pretty Boy no dijo ni una palabra ni hizo nada.

La camioneta no era nada comparado con lo que *podría* haber ocurrido.

La sangre en la cruz perteneciente al hombre equivocado no pueden llevar mi culpa, no tiene dominio.

Pretty Boy se preguntaba sobre escribir esos pensamientos, pero los dejó ir. Si las frases realmente eran buenas volverían a él.

El sueño de convertir esas mezclas en algún tipo de realidad era simplemente un sueño, especialmente debido a que no quería destacar el sexo y la violencia. Si había algo que su abuela detestaba era la "boca sucia", como ella lo llamaba. Él y Criminal hablaban como todo el mundo, pero cuando estaban con ella tenían que mantenerla limpia. Así que el pensamiento de hacer música rap como los otros raperos de Chicago la estaban haciendo...no era posible. Abue le perseguiría, rodando en su silla de ruedas y con una pistola encima de ella.

Fue a la cocina y sacó unos huevos del frigorífico. A la abuela le gustaba tener un gran desayuno antes de ir a la iglesia. Seguía siendo religiosa con lo de ir a la iglesia, pero ¿no se supone que debería serlo? Pretty Boy a veces la seguía llevando aunque a veces había intentado no hacerlo. Pero la abuela necesitaba ayuda con la silla de ruedas, aunque a veces se preguntaba si ella estaba usándolo solo como una excusa para hacer que uno de ellos le acompañase.

Él fue a enjuagarse las manos y observó el goteo que salía del grifo. Era como si estuviera escupiendo en vez de corriendo. Era ridículo. Lo cerró y luego miró a la pequeña cocina y la mesa redonda del rincón.

Una cruz colgaba encima de la mesa en la pared. Había estado ahí durante años, ignorada como las demás sencillas decoraciones de la abuela. Su Biblia y sus imágenes de Jesús y sus ángeles. Pero ella creció en una era distinta y en otro tiempo. Cuando a Chicago no se le llamaba Chiraq, cuando no era la capital del asesinato del mundo, cuando no se mataba a los niños.

Abue decía que ellos necesitaban la sangre de Cristo, pero Pretty Boy ya había visto demasiada sangre en toda su vida.

Pero no anoche.

Estaba de pie mirando la cruz en la pared un poco.

Yo esto listo, ¿y tú?

A veces su piel parecía apretarle demasiado, su alma demasiado inquieta. Pretty Boy sabía algo. No estaba listo. De ninguna manera. Ni siquiera estaba cerca de estar preparado. Había un gran mundo ahí fuera, un lugar en el que le podía ir bien. Un lugar donde podría hacer algo, crear algo, incluso *ser* algo. Tan solo necesitaba irse de este lugar. Chicago y el agujero negro dentro de él. Ya lo habría hecho, hacía mucho tiempo. Pero no pudo, no con su abuela y su hermano aún ahí. Nunca les dejaría.

Pero un día lo haría. Él sabía esto del mismo modo que alguien puede creer en el significado de esa cruz.

Su padre los había abandonado y su madre había muerto, y así era como les iba la vida. Su abuela hizo lo único que podía hacer. Se quedó allí y los crió. Así que Pretty Boy iba a hacer lo único que él podía hacer. Y eso era quedarse en ese pequeño ataúd en el barrio hasta que ella muriese.

Probablemente va a vivir hasta los cien años y nos va a superar a Criminal y a mí.

Oyó arrastrar los pies en la habitación de atrás, y sabía que era la abuela. Otra razón para levantarse pronto era ir allí a ayudarle. Esas piernas y caderas que ella tenía seguro que no llegarían hasta los cien años. Ya le habían abandonado ahora que tenía ochenta y cinco.

Finalmente todo le abandonaría. Con el tiempo.

Pretty Boy sabía que aún no era su tiempo. Él tenía mucho más que aún le faltaba hacer. Muchas más canciones que componer. Mucho más corazón que meter en algunas historias. Y todo eso estaría a mucha distancia de este lugar.

SU HERMANO COMÍA como un caballo, como normalmente hacía. Todos esos músculos y mala energía necesitaban combustible para seguir funcionando. Por supuesto, la comida no era lo único que los mantenía. Criminal también tenía otras ayudas. Formas que Pretty Boy había evitado hasta ahora en la vida. Seguía intentando evitándolas también. Esas eran las cosas que hacían que Criminal fuera impredecible, incluso para alguien que había estado con él durante veintitrés años.

"¿No tienes hambre?", preguntó Criminal mientras mojaba sus huevos con más kétchup.

"Me duele el estómago de verte comer", bromeó Pretty Boy.

"¿Por qué no haces un rap con esas palabras?".

"Sería mejor que cualquier cosa que saliera de ti".

Criminal terminó enseguida de engullir su comida. Le esperaba un día ajetreado, y Pretty Boy seguro que iba a ser parte de ello también. Su hermano empujó hacia un lado la silla y luego le dio a su abuela un beso en la frente.

"Te veré después, Abue", dijo Criminal.

Las arrugas y los tiernos ojos no significaba que la abuela fuera un monigote. Nada de eso.

"¿Qué tal si recoges la mesa antes de irte?", le preguntó.

Criminal miró a Pretty Boy.

No, no.

"Yo lo hice anoche".

"Entonces ya tienes experiencia", dijo Criminal.

Comenzó a dirigirse hacia su cuarto. La abuela le dejó dar unos cuantos pasos hasta que le detuvo en seco.

"Joseph, regresa aquí y recoge esos platos si sabes lo que te conviene".

Pretty Boy estaba de pie, riéndose mientras veía a su hermano regresar a la cocina como un niño en la escuela a quien envían a la oficina del director. Le lanzó a Criminal una toalla.

"Casi lo consigues", le dijo a su hermano.

No importaba lo mayores que fueran. Mientras la abuela estuviera cerca, siempre eran los niños y les encantaba vivir bajo su techo, aunque tuviera goteras; ellos también vivían bajo las reglas de Abue. A veces eran anticuadas. Pero nuevamente, quizá eso les había evitado meterse en más problemas.

Pretty Boy pensó en todas esas oraciones que la abuela hacía por ellos. Quizá eso les ayudó. No estaba seguro.

Voy a orar por ustedes. Por todos ustedes.

Las palabras jugaban en la mente de Pretty Boy.

Ahora tenemos dos personas locas orando por nosotros.

La pregunta que se hacía, una y otra vez, la que siempre ponía ese gran signo de interrogación en su corazón y su alma era esta:

¿Quién oye esas oraciones? Y ¿qué ha pasado con ellas?

Sí. Esa era la pregunta. La que esos predicadores y esos tipos justos y su abuela y los zelotes en las calles nunca respondieron. Porque al final, no *tenían* una respuesta.

Disparan sus oraciones, pero se quedan vacías como los casquillos que quedan después.

Pretty Boy estaba cansado de los disparos y de las oraciones. Tenía que haber un camino mejor.

JOE

Uno se puede acostumbrar a una vida en decadencia mientras no dejes que esta te atropelle.

Joe creía eso. Había estado corriendo toda su vida, pero en su juventud había acelerado hacia los problemas. Siempre yendo por el mal camino y siempre encontrando dolor al llegar al final del mismo... pero desde que encontró a Jesús en la cárcel y finalmente le pusieron en libertad, había estado huyendo lejos de esos demonios. Los que querían tentarle y torturarle. No era fácil, pero se las arreglaba.

Sin embargo, mientras Joe hablaba con Samantha al terminar de tomar su desayuno, se preguntaba si ella se las estaría arreglando. Él pensaba que no. Quería ayudar como pudiera, pero también sabía que tenía que ir despacio. Ser cuidadoso. Tenía que respetar tanto a Samantha como a Lily.

Por fortuna, la madre se había sentido suficientemente cómoda para comenzar a contar su historia. Él no estaba seguro de si la terminaría. Cuando Lily terminó de hablar de sus peluches, y que le gustaba el queso, y cómo se sabía la letra de todas las canciones de la película *Frozen*, la niña de cinco años se había ido al salón para jugar con un par de peluches que debía tener en su bolsa. Después Samantha había hablado de su esposo, que había muerto hacía un año.

"Solía creer que eso fue lo que precipitó todo esto, pero la verdad es que ya estábamos mal hacía años. Mike seguía intentando sacarnos de la deuda, pero no duraba en los trabajos y le despedían continuamente, y luego encontrar formas de conseguir dinero. Las inversiones y las tácticas para hacerse rico, y todas esas cosas. Tenía un gran corazón como su hija, pero el corazón no pudo soportar el estrés de las cosas, imagino".

"Lo siento", dijo Joe.

Ya no tenía hambre, pero se esforzó por terminarse su sándwich mientras escuchaba a Samantha.

"Lily acababa de cumplir cuatro cuando murió. A veces me preocupa que ni tan siquiera le recuerde".

Por un momento, miró a Lily, que estaba manteniendo una conversación entre sus dos animales de peluche. Joe se pudo imaginar las aguas en las que Samantha estaba inmersa con esa mirada lejana. Él mismo había pasado muchos años intentando aprender a nadar en ellas.

"Fue muy difícil", continuó ella. "Sencillamente no estaba preparada...ya sabes, para tanto dolor, para recoger los pedazos, para nada de ello".

Su voz se apagaba, obviamente intentando impedir que Lily lo escuchara. El enfoque de Joe nunca oscilaba. Él permanecía callado, dejando que ella hablase. Él se había acostumbrado a oír horribles relatos de personas destrozadas y luchando en prisión. A veces acudes a alguien en prisión porque necesitas protección. Con Joe, personas acudían a él porque necesitaban consuelo.

"Tuve un trabajo por un tiempo, pero no funcionó", dijo Samantha. "Tomé prestado todo lo que pude tomar prestado, intenté todo lo que se me ocurrió. No teníamos ningún tipo de seguro de vida ni tan siquiera una familia en quien confiar. Finalmente llegó el día; el dueño se hartó, imagino. Llegué a casa y encontré todas nuestras cosas, toda nuestra vida, ahí en el pasillo apiladas en un montón. Ropa, platos, los juguetes de Lily...Era un miércoles".

Joe asintió. "Odio los miércoles".

Ella finalmente le volvió a mirar, esta vez con su rostro iluminado.

Tienes un aspecto mucho mejor con esa sonrisa en tu bonito rostro.

"Imagino que nunca pensé realmente en cómo le sucede a la gente, ¿sabes? Pero de repente ahí estaba, sin hogar. Sin nadie a quien acudir. Sin un lugar a donde ir".

Él volvió a asentir. Quería que ella supiera que le entendía, que él había pasado por eso, pero tampoco quería ser condescendiente o decir que conocía su sufrimiento. Había estado solo en la calle. No se podía imaginar lo que sería tener que cuidar de una niña también en la calle.

"No es así como pensé que acabarían las cosas, de verdad te lo digo", dijo Samantha con un suspiro.

"Oye, no está todo acabado. Te lo dice alguien que sabe que las cosas pueden cambiar. Dios tiene una forma de hacer que las cosas malas sean para bien".

Los hombros y el cuerpo de ella, y su rostro, le dieron un gigantesco encogimiento del tipo *no ocurrirá.*

"¿Qué?", preguntó él. "¿No crees?".

"¿En Dios?", dijo ella, pausando y volviendo a ponerse oscura y melancólica de nuevo. "Mi esposo solía llevarnos a la iglesia *cada* domingo. Mira dónde nos llevó eso".

Entonces quizá él está en un lugar mejor. Un lugar donde ya no ocurren cosas malas.

Él podía haber dicho más, pero no lo hizo. Samantha podía haber dicho cualquier cosa, y Joe entendería los sentimientos que había tras eso. De nuevo, ella no estaba encallada sola. Tenía una hija, y Joe sabía que estaba intentando desesperadamente encontrar algo para Lily primero, y después para ella misma.

Él estrujó la servilleta y luego se la tiró como haría un niño en la escuela.

"Entonces, ¿me estás diciendo que estos no son los mejores huevos y sándwiches de queso que te has comido jamás?".

Ella se rió mientras le daba otro bocado.

"Están buenos", dijo ella amablemente.

"¿Ves? Las cosas ya están mejorando". Joe se giró hacia Lily. "Bueno, con una niña como esta, seguro que estás haciendo algo bien".

Samantha se tocó su largo, meloso y despeinado cabello y le dio una tímida sonrisa. Él se dio cuenta de que se estaba sonrojando. Una mujer como ella podría ser una estrella de cine en el lugar correcto y la vida correcta. Ahora, su belleza natural era lo único que tenía para llevar, y estaba escondida debajo del agotamiento, la preocupación y la tristeza.

De repente apartó su mirada y volvió a mirar a su hija.

"Deberíamos irnos", le dijo ella. De repente se levantó y se acercó hasta su hija. "Lily, cariño. Vamos".

"¿Ir dónde?", preguntó Lily, sin moverse ni un ápice.

"Son más que bienvenidas a quedarse aquí", les dijo Joe. Esperaba no haber dicho nada equivocado.

Lily alzó sus cejas y sonrió, pero Samantha solo movió su cabeza negativamente.

"No podemos".

Él iba a intentar explicar que no era ningún problema, que no se entrometería en sus vidas, que las cosas se arreglarían, que el apartamento podría ser solo un lugar temporal para quedarse mientras se arreglaban las cosas.

Dale su espacio, Joe.

Pero se calló y escuchó a su voz interior. A veces lo que oía era su propio razonamiento. Otras veces verdaderamente creía que era el Espíritu Santo hablándole, susurrándole que dijera algo en el momento oportuno, otras veces dándole un codazo para que mantuviese su boca cerrada. Esta era una de esas veces.

"Está bien", fue lo único que dijo Joe.

No estaba bien, una madre y una niñita que volvían a la calle. Pero muchas cosas en la vida no están bien, y lo cierto era que Joe no iba a poder cambiar eso.

A veces hay que dejar tranquilas las cosas.

ÉL ACOMPAÑÓ A las señoritas hasta su auto. Realmente no era un auto. No se puede considerar a un AMC Pacer color naranja vómito un auto. *Cómo* es posible que pudieran tener ese auto era la gran pregunta. Joe normalmente se hubiera reído y bromeado con el propietario del auto. No para hacerle sentir mal, pero *vamos*. Estas cosas eran antiguas y en el nivel de los peores autos que jamás se hicieron. No había visto ninguno circulando en muchos años.

Guárdate las bromas para ti porque ni siquiera tienes quien te lleve, ¿verdad?

Samantha abrió la puerta sin tener que quitarle la llave. Nadie querría robar esa cosa, para empezar. Lily le dijo adiós de manera informal, y sonó como si le fuera a ver en unas horas.

"Realmente no se tienen que ir", les dijo Joe.

"Gracias", dijo ella. "Aprecio todo, pero…no quiero que ella se acostumbre a un lugar en el cual no pueda quedarse. Eso solo empeora las cosas".

Él asintió con la cabeza, después le puso gentilmente la mano en su espalda mientras ella le daba un abrazo un tanto tibio. Joe lo entendía. Él era un tipo grande que le doblaba en tamaño. Apreciaba que ella lo hubiera intentado.

Había cosas que él podía haber dicho. *Estaré orando por*

ustedes. O este es mi número en caso de que necesiten algo. O incluso sé que Dios tiene un plan.

Pero Joe se mantuvo en silencio. Esta mujer no necesitaba culpa, o juicio, o que alguien le predicase. A veces el cumplido más pequeño puede herir a alguien. Uno nunca sabe. En su situación, ella no solo llevaba el peso de una vida de cinco años sino también la vergüenza de dónde se encontraban.

"Cuídate", le dijo Samantha mientras se subía al auto.

"Tú también", dijo él.

De algún modo, el Pacer arrancó y se alejó despacio por la calle. Lily le saludaba por la ventanilla, con su rostro triste. Él le saludó y sonrió, y no mostró su decepción. Pero su sonrisa desapareció en cuanto lo hizo el automóvil.

Joe soltó un suspiro y sintió el cansado picor en su garganta. Su estómago se tensó y luego dejó salir unas toses bajas en la palma de su mano. Hacía frío fuera pero él sentía calor, y ahora mientras tosía también se sentía atontado.

Es solo porque pasé la noche durmiendo a la intemperie y muy poco abrigado.

Volvió a toser, y después finalmente pudo dejar de hacerlo. El viento parecía levantarse a su alrededor mientras estaba de pie y quieto en su sitio. Sentía su mano húmeda, así que miró para revisarla y vio las rayitas de sangre.

No le sorprendió. Ya había tosido sangre antes. Joe solo sabía que no era un buen síntoma.

A veces uno no puede escapar de todo. Joe también sabía eso. Tan solo podía esperar y orar, y sobrellevar las cosas día a día, momento a momento.

J. D.

El dolor era como el viento. A veces llegaba fuerte, a veces parecía estar completamente quieto, pero siempre estaba ahí. Rodeándolos. Soplando en cualquier momento. No podían escapar de él, y ningún meteorólogo podría predecirlo.

Su esposa no hablaba mucho durante el viaje. A veces hacía comentarios solo por decir algo. Mencionaba el tráfico o un recado que tenía que hacer, o algo que alguna amiga había dicho recientemente. Pero hoy permanecía en silencio al igual que J. D. Quizá era porque ambos estaban cansados por lo de anoche. Quizá era por el susto del ataque al corazón que ambos habían tenido.

Él había visto algunas cosas en su vida. Algunos horrores. Cosas que le perseguían siempre incluso en los mejores días, pero aún así nada en comparación. Nada. No había palabras en este trayecto. Subiendo y caminando por la hierba. Viendo todos los nombres. Navegando entre tantas piedras.

Quizá algunos dicen que uno lo superó, que trató con cosas, que Dios puede ayudarte a seguir adelante, pero J. D. les diría que estaban equivocados. Habían pasado muchos años, y aun así…

Seguía a Teri, con un brazo sobre sus hombros. No se había puesto un abrigo suficientemente grueso como para quitarle el frío, pero al menos la gorra le cubría el poco cabello que le quedaba en la cabeza. La edad sin duda no era algo bonito. Pero muchas cosas en la vida no son bonitas.

Él sabía que uno tiene que aferrarse a los buenos momentos lo más fuerte y duradero que uno pueda. Pasan rápido. Les gusta volar lejos.

Pronto se detuvieron en el lugar indicado. El mismo lugar en el que habían estado de pie durante más de veinte años. Teri colocó las flores debajo de la lápida. La miraban fijamente como si fuera la primera vez. Como si les fuera a responder.

Amada Kathleen. Nuestra hija, nuestro ángel, nuestra niña

Los dos habían hecho una promesa años atrás. No dejarían de venir aquí. No enterrarían el pasado y continuarían. Así que esto era algo semanal. Venir a recordar. A meditar. A orar. A respirar.

Mi nombre. Si pudiera haber sido mi nombre lo que estuvieran mirando.

Él no podía dejar de pensar eso. Teri a menudo había dicho lo mismo.

Ella había sido su primera y única hija. La princesa. La sonrisa. El espíritu. Los gritos exultantes.

Kathleen había sido la que había acallado el ruido en su alma inquieta. Para nublar los recuerdos que llevaba desde Vietnam. La historia que había terminado con una saga y había comenzado otra.

Pero ella se había ido, y Teri y J. D. aún estaban ahí. La niña había cerrado sus ojos pero mamá y papá aún estaban mirando.

J. D. no le dijo nada a Teri. Tan solo mantuvo su brazo alrededor de ella, dejándole saber que él estaba ahí, que siempre estaría ahí. Pero también sabía que no bastaba, que nunca sería suficiente.

Dios...

Pero se detuvo ahí. No quería. No quería ni intentarlo.

No habría oraciones suficientes que les devolvieran a esta pequeña. Quizá Jesús y sus apóstoles habían sanado a gente, pero ya no estaban ahí. La gente había matado a Jesús, pero Él volvió solo por un ratito.

J. D. deseaba que Jesús regresara una vez más. Solo para poder preguntarle por Kathleen. Solo para poder conseguir alguna palabra de esperanza.

Solo para asegurarse de que su hija sabía que la seguían amando y preocupándose por ella y recordándola cada día de sus vidas.

Esta bola de bolos avanzando por el pasillo estaba en su corazón. Los bolos contra los que chocaba eran recuerdos. Sin embargo, nunca conseguía un pleno. Nunca.

El concepto de que Dios es omnisciente sigue fascinándome. Saber todo y verlo todo…¿sería una bendición o una maldición? Imagino que en el caso de nuestro Padre celestial, así son las cosas. Ni una bendición ni una maldición, sino tan solo un hecho.

Al menos un hecho en el que pongo mi fe.

Pensaba en Maggie en su pequeña habitación en el motel mientras conducía hacia allí. Pensaba invitarle a la iglesia esa tarde, esperando que ella me dijera que no y que una vez más estaba loco. Quizá *estaba* loco. Quizá sea una locura creer en todo esto llamado esperanza, pero es una clase muy bonita de locura, si me preguntan.

Es probablemente fácil decir que es una locura cuando uno tiene miedo y está cansado y solo.

Una parte de mí aún no estaba segura de poder hacer algo por ella. Algo con valor eterno, más bien. El motel y la cena y la invitación a la iglesia eran cosas fáciles. Pero ¿qué podría decirle? ¿Qué podría hacer para mostrar que podía confiar en mí, que quizá yo podría ser distinto de algunas personas en su vida?

A veces como pastor uno simplemente tiene que pedirle a Dios que le dé las palabras, las acciones y la fe para que Él pueda obrar a través de ti. Pero seguía sin estar seguro. No había sentido a Dios obrando a través de mí desde hace mucho tiempo. Quizá me estaba cansando de predicar el mismo mensaje a la misma gente. Quizá tan solo me estaba cansando de querer que Dios apareciera de alguna manera.

Este día, no obstante, sabía que diría cosas distintas. Y sentía que había algo diferente dentro de mí.

Me había parecido diferente desde que había visto al desconocido en la calle. Sentí convicción de una forma que no había sentido en muchos años. Sé que a veces la gente no piensa que los pastores sean pecadores a menos que sean sorprendidos en alguna vergüenza pública. La parte difícil de que a uno le paguen por predicar semanalmente es practicar las palabras que uno imparte.

Tuve el cuidado de llamar despacio a la puerta de Maggie para que no se asustara. Fueron necesarios varios intentos antes de oír cómo se abría la cerradura y se entreabría la puerta. La luz en la sala era tenue comparada con el sol que hacía fuera. En la puerta vi su diminuta silueta con los grandes rizos de su cabello que sobresalían de su cabeza como si fuera una palmera.

"Buenas tardes", dije. "¿Estás bien?".

Vi su rostro con más claridad, con esos ojos abiertos aún con aspecto de desesperación y soledad.

"Sí".

Se supone que la voz de una adolescente no debería sonar así. Gruesa y agotada. Corta y abrupta.

"Quería decirte que voy de camino a la iglesia. Quería ver si te gustaría venir".

"Está bien", dijo ella sin tan siquiera pensarlo. "Estoy bien".

"Es un sitio seguro, Maggie. Con muchas buenas personas ahí. No es una iglesia grande. No es una de esa en las que te pierdes".

Ella se encogió de hombros y movió su cabeza. "De verdad, estoy bien aquí".

"De acuerdo". Esperé un minuto, mirando al pasillo en cada paso, oyendo el sonido de automóviles y camiones de fondo. "¿Necesitas algo? ¿Puedo traerte algo?".

Ella respondió con un no, moviendo su cabeza negativamente y mirando al suelo.

Todo dentro de mí quería levantar su barbilla y obligar a la muchacha a mirarme. Para que viera que podía confiar en mí. Para que viera que lo único que quería era ayudarles a ella y a su bebé. Eso era todo. No quería nada más.

Pero no podía tocarla, lo sabía. Ya estaba caminando por una fina línea aquí, y debía tener cuidado de cada acción y paso que daba.

"Tienes mi número, ¿verdad? Si sucede algo, tan solo llámame. ¿De acuerdo?".

"Sí", dijo ella en una voz apenas audible.

"Te veré después".

Me fui sin saber la duración de ese después, sin estar seguro de si ella estaría aún ahí, sin tener claro cuál debía ser el siguiente paso. Así que de camino a la iglesia le pedí a Dios que me mostrara el camino. No fue una oración formal o pública. Fue tan solo una de las muchas conversaciones que tenía con Dios.

Oí una vez que a Billy Graham le preguntaron por su disciplina espiritual, y dijo que la mantenía orando sin cesar y escudriñando las Escrituras. Esas palabras siempre me han motivado, aunque mis pausas entre los tiempos de oración a menudo habían sido demasiado largas y mis búsquedas en la vida a menudo habían sido fuera de la Palabra de Dios.

Pero en el auto en los breves momentos antes de llegar a la iglesia, le pedí a Dios que ayudara a Maggie y que me permitiera intentar hacer lo mismo. De la forma que yo pudiera. Grande o pequeña.

MAGGIE

No había nadie en la recepción del Starlite Motel, y si hubiera habido alguien probablemente tampoco se habría percatado de ella. Maggie estaba sentada en la apretada esquina frente a un escritorio con una computadora bastante antigua. Esta era su versión del WiFi gratuito. Al menos podía conectarse unos minutos.

Moviéndose en un asiento duro del que sentía que se iba a caer, Maggie tomó el panfleto doblado del bolsillo de su abrigo y lo volvió a leer. Se parecía a cualquiera de las demás decenas de panfletos que había en un mostrador justo a su lado. La mayoría de los que había en la recepción eran de autocares de aerolíneas y restaurantes locales. El que tenía en su mano era un poco distinto.

Asociados para la planificación familiar
Trabajando para las mujeres desde 1973

Ella había leído estas líneas durante horas, viendo la fotografía de distintas mujeres con aspectos felices con sus bebés. Viendo parejas y viendo siluetas de una madre con su hijo. Había un número al que llamar y una página web para ver.

Una niña de dieciséis años no debería estar planeando algo, especialmente una familia.

Quería echar un vistazo a la página web, pero Maggie sabía lo que diría. Seguramente habría consejos y preguntas y respuestas, y más rostros de mamás felices con sus hermosos hijos. Incluso mamás jóvenes, pero seguramente estarían felices y contentas. No tendrían bolsas en sus ojos debido al miedo y la falta de sueño. No estarían solas y asustadas y completamente aterradas.

Maggie suspiró y presionó el botón de regreso en el teclado. Después borró el nombre que había escrito en la línea de búsqueda y comenzó a escribir otra cosa.

¿Es ocho meses demasiado tarde para abortar?

Rápidamente pulsó el botón de regreso antes de seguir pensando en ello.

La lista de páginas web a las que podría ir parecían interminables. Pero todas confirmaban lo que ella ya sabía. Lo que en lo más hondo de su ser realmente creía.

Pero quizá...

No había quizás. Ya no más. El periodo de tiempo para haber tomado la decisión era hace meses.

Se interesó por una página llamada "Desarrollo fetal" y comenzó a leer.

32 semanas...

El bebé mide 43 centímetros y pesa 2 kilos...

El diámetro de su cabeza es casi de 10 centímetros...

Las uñas de los dedos de sus pies y manos ya están completamente formadas...

Completamente formadas.

El sentimiento jadeante no se debía a su vientre en su interior. Era por ese temor paralizante a hacer lo incorrecto o hacer lo correcto de la forma totalmente incorrecta. Quizá debería haberse parado a escuchar a sus padres. Quizá sencillamente debía haber sido más inteligente.

Quizá esa Biblia Gedeón que había en su habitación tiene algunas respuestas preparadas.

Cerró las páginas web y luego se puso en pie. Maggie buscó la papelera más cercana y tiró en ella el folleto de la planificación familiar.

Sus padres vinieron a su mente otra vez.

Quizá sea el tiempo de dejar de correr y llamarles de nuevo.

Ellos no iban a romper la ley, pero tampoco la iban a dejar ser una mamá con dieciséis años. Maggie se preguntaba si incluso vería al bebé si dependiera de su padre y de su madre. Probablemente no.

Quizá eso sea lo mejor.

De regreso a su habitación del motel, su mano se dirigió a su vientre y descansó sobre él. Se había convertido en algo natural hacer eso, incluso aunque nada de esto fuera natural. Pero correr también le había parecido lo mismo.

Maggie no quería lo que supuestamente era lo mejor para ella. Pero no quería seguir corriendo. Finalmente, no habría más tiempo *para* correr.

Las palabras del pastor llenaban su mente.

"Si sucede algo, tan solo llámame. ¿De acuerdo?".

Solo llamar.

Más fácil decirlo que hacerlo.

Si, algo viene. Tiene dos kilos con una cabeza de diez centímetros y uñas en manos y pies totalmente formadas.

Se preguntaba qué diría el pastor de eso. Seguramente sería como el resto de los adultos de su vida. Tendría algún plan y algunas indicaciones que darle, después simplemente querrían derivarle a otra persona.

Maggie estaba cansada de que la mandaran de un lado a otro. Al menos ahora, aquí, ella podría pasar a la acción por sí misma. Podría tomar las decisiones. Podría parar y elegir lo que necesitase hacer.

Quizá, más pronto o más tarde, descubriría lo que debía hacer.

PRETTY BOY

Cualquier cosa se puede romper y luego vender y enviar. Pretty Boy había aprendido eso hacía diez años cuando fue adolescente por primera vez. Lo sabía ahora. Los sonidos a su alrededor, desgarros y sierras, incendios y golpes, hacían eco en el insulso espacio comercial que se había transformado en un garaje improvisado. No era un gran espacio, y era solo temporal. Todos sabían que lo mejor que se podía hacer era estar en un lugar durante un corto periodo de tiempo, quizá un mes como máximo, antes de moverse para evitar la detención de los policías.

Pretty Boy se sentaba en una incómoda y desgarrada silla en la esquina del garaje viendo a los demás trabajar. Había un par de autos de lujo ya preparados. Un Mercedes sedán y un Audi SUV. Este último había sido un gran logro. Tenía un día de antigüedad y tenían que sacarlo de ahí rápidamente. Entre ellos estaba la camioneta blanca de anoche, que parecía algún tipo de los suburbios metido en medio de Englewood.

Sin embargo, no estaban desmontando la camioneta. Estaban soldando algunas barras de acero en el paragolpes frontal y la parrilla, además de añadirle barras de soporte que llegaban hasta el motor. Pretty Boy había ayudado con algo de eso hacía unos momentos, pero ahora estaba viendo trabajar a los chicos, viendo cómo Criminal lo supervisaba todo.

Criminal había supervisado esta operación durante años.

La camioneta era algo único. La mayor parte del tiempo cuando conseguían autos comenzaron a quitarles cosas personales y matrículas, destruyéndolas. Un soplete de acetileno ayudaba a cortar el techo y el suelo después de quitar el parabrisas, las puertas y los asientos. Era sorprendente lo fácil que resultaba desmontar un auto una vez que uno sabe cómo hacerlo.

Pretty Boy no estaba seguro de cómo vendían todas las piezas. Criminal a menudo los llamaba los "NIV", deshacerse de los "NIV" y renumerarlos. Estos eran los números de identificación del vehículo, y todos los autos los tenían. El motor en el auto, la transmisión y el chasis estaban todos etiquetados con un NIV. Criminal reemplazaba el NIV completamente si querían vender el auto intacto, pero era más fácil y por lo general pagaban mejor si simplemente lo vendían por piezas.

"Así que ¿finalmente vas aprender a hacer esto?", le dijo Criminal mientras se acercaba.

"Quizá algún día", dijo Pretty Boy, sin querer decir una palabra de ello.

"Oye, vuelves a tener ese aspecto de soñador".

Criminal a menudo hablaba de Pretty Boy y sus sueños. Quizá cuando parecía distante y quizá cuando hablaba de sus canciones o componía sus ritmos.

O quizá cuando estoy mirando a la esquina de una calle sin salida cada vez con menos puertas que abrir.

Un grito de 40 Ounce llegó desde el otro lado de la tienda. Pretty Boy miró y los vio a él y a Little B haciendo lo de costumbre: jugando y sin trabajar. Estaban de pie sobre un futbolín gritando y riendo, y siendo totalmente improductivos.

"¿Merece la pena tu dinero con estos dos?", preguntó Pretty Boy.

"No están aquí por los autos. Están para otras cosas".

Miró a su hermano, y sabía de lo que estaba hablando. La

camioneta era solo una herramienta, como lo eran 40 Ounce y Little B. Como el soplete de acetileno y la sierra. Como la pistola que tenía guardada Criminal en los pantalones.

Yo no soy la herramienta de nadie, nadie me dirige, yo domino.

Las palabras aleatorias estallaban como un disparo. Criminal continuó mirándole fijamente con ojos inquisitivos.

"¿Estás seguro que estás hecho para esto?".

Pretty Boy sacudió su cabeza y luego se puso en pie. "Te dije que lo estoy, y eso es todo lo que necesitas".

"Ellos se lo preguntan, eso es todo".

"¿Quiénes?".

"Little B y 40 Ounce".

No pudo impedir soltar una risa ante Criminal. "Ellos saben que soy un experto".

"Te lo digo claro, ellos no lo preguntan. *Yo* lo pregunto. Y te pregunto ahora".

"Soy sincero".

Criminal no se movió pero seguía mirándole. "¿Aún dejas que ese viejo siga enredando en tu mente?".

"No, estoy bien", dijo Pretty Boy, actuando como si no supiera de lo que estaba hablando su hermano. "Mira, me voy a separar. Vete a casa un rato. Revisa como está Abue".

Su hermano no dijo nada y le dejó ir. No quería enfrentarse a Criminal y hablar con él demasiado tiempo. Pretty Boy finalmente mostraría todas sus cartas. No tenía una cara de póquer, no junto a Criminal.

Sí, el viejo aún estaba enredando en su mente.

No podía dejar de pensar en ello. Como si fuera una señal de Dios de que las cosas iban a salir mal.

Llegan los últimos tiempo. Esa cruz y ese tipo viejo y su cara y su falta de temor.

Se subió a su auto y lo arrancó, una canción de Kanye West sonaba en la radio, ya a medio terminar.

"Estoy perdido en el mundo, desanimado toda mi vida".

Ya a medio terminar...

¿Estaba él ya comenzando, o casi terminado?

Pretty Boy no lo sabía, pero sentía frío y miedo. Algo malo estaba llegando y algo le decía que no detuviera el auto. Que no dejara de conducir durante mucho tiempo.

LACEY

Veintisiete peldaños.

Conocía bien el número. Esos eran los peldaños necesarios para llegar a su piso en la tercera planta. Catorce peldaños desde la puerta de entrada hasta el descansillo del segundo piso, después trece peldaños para llegar a su puerta. Por qué había discrepancia, Lacey no lo sabía. Le faltaba un peldaño. No sabía cuántas veces había pensado en ese peldaño perdido, pero se le venía a la mente con más frecuencia de la que debía.

Como ahora, mientras abría la puerta que se había olvidado de cerrar con llave la última vez que estuvo aquí. Quizá era porque sus brazos estaban cargados con cajas de comida china para llevar. Quizá fue porque en su interior quería que alguien acudiera a su rescate.

Quizá es solo la aleatoriedad de la vida. Como estar aquí sola.

Sí, quizá. Igual que el peldaño veintiocho. Estaba en alguna parte por ahí y ella podía pasar el resto de su vida buscándolo.

La luz del día se estaba apagando fuera, pero ya estaba casi oscuro en su casa. El lugar que su padre le había ayudado a comprar, el lugar por el que se sentía en deuda con él. El dinero no el problema, pero Lacey deseaba que él no tuviera esto para hacerle sentir mejor. Le había ayudado a ella con este piso, con el auto, con los pagos de la universidad. Y quizá eso le permitía ayudarle a justificar estar fuera de su vida. ¿Qué más quería ella? Quizá eso es lo que él estaba pensando. Lacey no estaba segura. Probablemente ella nunca lo sabría de cierto.

Encendió las luces que colgaban en la cocina, después se apoyó en la encimera y vio el número de él en su teléfono. Enseguida comenzó a sonar y enseguida oyó una voz familiar respondiendo de una manera familiar.

"Soy Rich. Deja tu mensaje".

Parecía como si fuera a toda prisa por el aeropuerto demasiado ocupado incluso para dejar un mensaje de voz. Entonces de nuevo, quizá ese había sido el caso.

"Hola papá. Soy yo…".

Tu niñita que acaba de intentar suicidarse anoche.

"Hace mucho que no te veo, y estaba pensando en si podíamos vernos".

Ella hizo una pausa, y no estaba segura de qué más decir. No le gustaba dejar mensajes. Muchos de ellos no recibían respuesta alguna.

"Solo llámame si puedes", dijo ella. "Me gustaría mucho hablar".

Lacey puso el teléfono en la encimera y luego miró el sofá en el que se había sentado la última vez que estuvo aquí. El aire dentro parecía espeso, el silencio sofocante. Nunca se iba.

No tenía ganas de quedarse allí, pero había evitado todo el día regresar. Necesitaba comenzar a vivir de nuevo. Quizá podría llamar a una amiga. O quizá podía salir a intentar encontrar a alguien.

¿Para qué molestarse?

Estas tres palabras eran como auriculares en cada oído. ¿Para qué molestarse? Una y otra vez la respuesta a las ideas que tenía era: ¿para qué molestarse? Quizá una amiga *le* podía llamar. Quizá alguien llegaba a verle.

Tu vecina lo hizo y salvó tu triste vida, Lacey.

Pero eso fue casualidad. Cuántas veces no había venido Pam, se había olvidado de las cosas, había organizado fiestas y no se había molestado en decírselo.

Lacey sabía que su padre probablemente no devolvería la llamada, que nadie llamaría esta noche, y que este armario de piso permanecería oscuro y aparentemente abandonado. No había cantidad suficiente de reality en la televisión que pudiera permitirle intentar escapar. No había cantidad suficiente de distracciones que pudieran desviar su atención de lo obvio.

Estoy sola.

Abrió el refrigerador y miró dentro, luego lo cerró. Encendió la televisión pero enseguida la apagó también. No tenía hambre y no le interesaba ni tenía ganas de hacer nada.

El mundo avanza.

Sentada de nuevo en el mismo sofá, Lacey salió súbitamente de su laberinto con el sonido de su teléfono. No lo podía creer, incluso cuando lo tuvo en su mano y el identificador de llamadas decía PAPÁ.

No habían pasado ni tan siquiera diez minutos.

"¿Lacey?".

Parecía tener más interés de lo habitual. O quizá estaba más preocupado.

"¿Estás bien?", preguntó.

"Sí", dijo ella, fingiendo su estado de ánimo.

"¿Qué ocurre?", preguntó él.

"Me preguntaba si… sería bueno verte".

"¿Ocurre algo malo?".

La vida. Eso es lo malo. ¿Qué te parece?

"Estoy, no sé. Me aburro en la ciudad. Quizá podrías venir aquí de vez en cuando. O incluso yo podría ir a visitarte".

Su padre vivía a una hora, cuarenta minutos si no había tráfico. Burr Ridge estaba al oeste de la ciudad, pero no era como si él viviera en la costa oeste.

"Ah", dijo él. "Bueno, ya sabes cómo es Violet".

Su padre estaba saliendo con una mujer llamada Violet. Eso era un color, no un nombre.

"No te estoy hablando de ella", dijo Lacey.

"Sabes que ella estaría aquí si vienes".

No estaba segura de cuánto tiempo Violet había estado viviendo con su padre, pero era bastante tiempo. Suficiente para mantener a Lacey lejos de un lugar al que ella una vez dijo que nunca le gustaría regresar. Las últimas dos veces que había vuelto a casa de su padre, la experiencia había sido insoportable. Todo por la rubia de treinta y tantos años que había atrapado a su padre.

"Quizá puedo escoger una hora en la que ella no esté ahí".

"Lacey…".

"O quizá tú puedes venir aquí. *Sin* ella".

"Ya hemos discutido esto antes", dijo él.

No, ni siquiera hemos empezado a pasar por esto. Lo hemos evitado. Hemos vivido con ello.

"Hay cosas que tienen que arreglar entre ustedes", dijo él.

"No hay nada que arreglar", dijo Lacey, ahora frustrada como siempre le pasaba con su padre. "No es como si necesitásemos consejería de pareja o algo así. Sé que no le caigo bien. Y a mí realmente ella tampoco me cae bien. Pero yo soy tu *hija*. ¿Eso no sirve de nada?".

Hubo una pausa y un suspiro en el teléfono. Después una maldición.

"Sabes bien cómo hacer que alguien se sienta fracasado", dijo él.

"No, no es eso… no estoy intentando hacer que nadie se sienta culpable".

Cien escenas de repente se cruzaron por su mente como algún tipo de disparo de una escopeta. Las palabras, el silencio, los gritos, la maldición, el irse, el deshacer… todo le sacudió como siempre le pasaba. El dolor siempre lavaba la costa cada vez que ella estaba en la arena de su padre.

"Pero ¿por qué siempre tú te pones de su lado?", continuó Lacey, sin intentar esconder su enfado. "Sería bonito si al menos *una* vez pudieras pensar en cómo me siento".

Ella esperó pero no llegó nada. Entonces enseguida el teléfono alertó de que se había cortado la llamada.

Fin de llamada.

Pero Lacey no quería que terminase. Nunca quiso que terminase. Nunca quería que *algo* terminase. Pero las cosas sencillamente se terminaban.

Cuando mamá les dejó, Lacey sabía que podía ocurrir cualquier cosa.

La gente siempre ponía fin a todo, y nunca regresaban.

Durante un momento estuvo ahí de pie, sosteniendo el teléfono. Después lo puso sobre la mesa, y esperó sin hacer otra cosa para ver si él volvía a llamar. Su padre perdía los nervios casi tantas veces como ella. Ella se parecía a él en eso. No era algo de lo que ninguno de los dos se sintiera orgulloso.

Ella esperó y esperó, y luego supo que no iba a volver a llamar.

Ahora es seguro.

Las lágrimas regresaron. Puso sus brazos alrededor de su cuerpo e intentó abrazarse. Pero sabía que no podía. Durante bastante tiempo, Lacey había comprobado que esto era imposible.

Estaba cansada de que todo terminase simplemente sin que ella tuviera nada que decir en todo esto.

Sencillamente ya estaba cansada.

PRETTY BOY

Respira hondo. Exhala. Bien.

La camioneta blanca acababa de estacionar y esperaba ahora enfrente de su casa. Pretty Boy podía verla a la luz tenue de la noche. Esperando con sus luces vigilando. Esperando adentrarse en la noche y hacer su trabajo.

Aún hay tiempo.

Todo su cuerpo estaba tenso, como si tuviera varas en su espalda y sus piernas.

Un ruido de ropa le hizo girarse. Era Criminal poniéndose su chaqueta.

"Creo que es hora", fingió con voz de tipo duro.

Su hermano tan solo le miró durante un segundo. "Oye, Pretty Boy. Ven aquí".

Él no se acercó, así que su hermano se acercó hasta él y le miró fijamente sin parpadear y sin moverse.

"¿Estás nervioso?", le preguntó Criminal.

"¿Eh? No. Estoy bien".

Pretty Boy miró a lo lejos, pero de nuevo, no podía engañar a Criminal. No podía aparentar ni intentar hacerse el valiente.

"Oye, mírame".

Él miró a Criminal.

"Está bien estar nervioso", le dijo a Pretty Boy.

Muy seguro, muy despreocupado, muy duro. Muy cuadrado, muy musculoso, muy hostil.

"Sí", Pretty Boy.

Su piel parecía tener electricidad y sus respiraciones seguían olvidándose de llegar, y tan solo quería correr a algún lugar lejos de aquí.

La camioneta blanca espera que el ataúd blanco vele el montículo blanco que lleva el hombre blanco.

Su hermano le asió del brazo, forzándole a enfocarse y mirar y entenderlo bien.

"Esta es nuestra oportunidad. Sacamos a Nepharious, va a ser un mundo totalmente nuevo, hermanito. Todo cambia para nosotros. Así es como lo hacemos. Así cuidamos de los nuestros".

La silla rota y desgastada parecía saludarle con sus brazos aplanados. Abue estaba en su sillón ya durmiendo y perdiéndose el resto de la noche. El salón estaba vacío pero desordenado, con bolsas de comida rápida arrugadas y vasos de plástico vacíos. Una de esas antiguas televisiones cuadradas que parecía un gran bloque de metal en una ligera mesa en el rincón. Una mesa llena de baratijas que la abuela había acumulado durante los años.

Él quería salir de este agujero y de esta vida. Quería avanzar, y quizá esta era la única manera. Los comienzos de los gánster. Después podría tener credibilidad en la calle y conseguir hacer y tocar sus propias canciones.

Le asintió a Criminal. Pretty Boy no quería pensar en Nepharious. No quería ir ahí y ponerse nervioso. Aún era tan solo el respaldo y desempeñaba la parte de un accesorio. Igual que la noche pasada.

La cebolla en el aliento de Criminal era un poco fuerte. Su hermano le hacía seguir mirándole.

"Escucha, Pretty Boy. Lo vamos a hacer bien. Sin dudas. ¿Estás conmigo?".

Por supuesto, ¿de qué estás hablando?

"Sí".

"¿Confías en mí?", preguntó Criminal.

"Claro".

"Vivimos juntos, morimos juntos, ¿verdad?".

El latido del corazón y los temores se iban desvaneciendo, y la cabeza asintiendo. "Vivimos juntos, morimos juntos".

"Ahora hagamos esto".

Criminal tomó un bolso marinero y se dirigió a la puerta. Pretty Boy le siguió y le vio subirse para ponerse al volante de la camioneta. Cruzó la calle y abrió el BMW negro. El auto de Criminal. Era algo raro que él lo condujera. Pero todo lo que ocurría esta noche era raro, y Pretty Boy quería que siguiera siendo así.

Quizá las noches como estas se terminarían mañana.

ENGLEWOOD SE CONVERTÍA en tierra de nadie al oscurecer. Estaban rodeados de páramos que no podían ver. Grupos en la esquina, caminando y bloqueando los carriles. Pretty Boy conducía su auto enfrente de la camioneta, casualmente, intentando aparentar que pertenecía a ese lugar. La música le ayudaba a intentar no pensar en nada más. Para todos los de fuera, Chiraq era un término pero para ellos era una sombra. Una forma de vida no era la expresión adecuada porque no había vida ni manera. Era Chiraq, la capital del asesinato donde el miembro de una pandilla ya no abatía a otro miembro. Era matar niños y disparar a extraños y prender fuego en la noche para matar a madres y padres y no dejar a nadie seguro.

Las caras miraban, cuanto más se acercaba a la casa de Nepharious. Rostros sospechosos aunque pudieran ver al conductor. Algunos quizá le reconocieran, y otros conocían el auto. Él podía ver las luces de la camioneta que le seguía. La camioneta modificada. La camioneta arreglada para la acción.

La calle tenía su parte de casas insulsas. La cuarta no parecía distinta por fuera, pero Pretty Boy sabía lo que había dentro. La blanca deteriorada de dos plantas con las ventanas tapadas y un césped marcado. Dentro, tres, cuatro, quizá más hombres esperaban, todos portando pistolas. Todos sentados el día entero esperando a los clientes. Blancos y negros, varones y mujeres, jóvenes y ancianos. Algunas supermamás sin nada que hacer por aquí venían simplemente para comprar una pequeña bolsita blanca de heroína. Algunos drogadictos expertos desesperados por hacer *cualquier cosa* solo por conseguir una dosis.

Pistolas para proteger el dinero que dan las drogas que dan las mafias.

Las pistolas no eran el único problema. La puerta frontal estaba reforzada con acero. Lo sabían porque Little B lo había visto con sus propios ojos. Este era el problema que tenían, que *Criminal* tenía, intentar entrar.

Nadie entraba a menos que Nepharious quisiera que entrases.

Hasta hoy.

El BMW recorría la calle y luego giró y dio la vuelta en una glorieta para volver a dirigirse hacia la casa. Pretty Boy aún podía ver las luces de la camioneta de cerca.

Después la derecha difícil. La gran bestia blanca salió corriendo como alguna nevera desenfrenada rodando cuesta abajo hacia la casa. Chocó y botó contra el bordillo de la acera y por el césped muerto que había antes de atravesar el frente de la casa. Hubo un sonido de un choque acompañado de una explosión de cristal y metal que se resquebrajaba.

De repente, un cuarto de la casa parecía haber desaparecido. Pretty Boy vio la camioneta engullida, como una ballena tragándose a Jonás. El auto deportivo negro se detuvo en seco y Pretty Boy se enfocó en el agujero en la pared que había hecho la camioneta. Todo el vehículo estaba ahora dentro de la casa.

Una luz. Otra ráfaga de luces.

Están fuera.

Él oyó los disparos. Fuego automático que podría pertenecer a Criminal y Little B y 40 Ounce, o podría pertenecer a los otros.

Venga, venga, vámonos.

Por un momento, Pretty Boy dejó de respirar. Lo único que podía hacer era mirar y esperar. Su mirada giró hacia detrás de su auto, después a todas partes, después de nuevo a la casa. Todo mientras más segundos iban pasando.

Estaba listo para salir zumbando y alejarse, pero ahora mismo lo único que podía hacer era estar sentado y esperar. Una voz dentro de él le dijo que tuviera paciencia y estuviera enfocado.

Se produjeron más disparos, y Pretty Boy casi abre de un tirón la manivela de la puerta. La figura emergente entre las sombras de la casa le detuvo.

Vamos, Criminal.

Pero no era él.

La comadreja que salía cojeando de la casa era Nepharious. Alto y delgado y pensando que es el rey del mundo, solo que ahora este rey estaba sangrando de un costado de su cabeza. Nepharious parecía mareado, confuso y débil, intentando escapar del caos tras él. Tal como lo haría cualquier comadreja.

Fue tambaleándose hacia el BMW y después se desmayó en un césped cercano, desplomándose solo a unos metros del lado del conductor. Su rostro parecía ido, derrotado, pero aún desafiante.

Hazlo, termínalo.

Pretty Boy tan solo permanecía sentado ahí. Tenía una

parte que hacer pero no iba a salir del vehículo, y sin duda alguna no sería él quien terminase con *nadie*. Ni hablar.

Pretty Boy tuvo que apartar la mirada.

Tenía que actuar como si no hubiera visto a Nepharious.

En la distancia, las sirenas daban vueltas por todas partes. Después el sonido de una moto que se acercaba.

Sabía que debía irse. Pero no podía dejar a Criminal.

En el momento justo, su hermano salió del agujero redondo en la casa, portando la bolsa deportiva, llena y pesada y goteando dinero. Seguía mirando atrás, con la pistola en su mano, asegurándose de que nadie le seguía. Pretty Boy abrió su puerta, y Criminal se zambulló y entró de golpe.

"¿Viste a Nepharious?", dijo su voz. "¿Le viste?".

"No".

Obviamente, Criminal no le había visto en el césped a su lado del auto.

"¿Qué hay de 40 Ounce y Little B?".

"Es el precio por hacer el negocio, hermano".

Pretty Boy apretó el acelerador y se echaron para atrás en sus asientos cuando el auto salió a toda prisa por la carretera, dejando el daño y la muerte detrás.

Sin embargo, él no sería capaz de dejarlo detrás. Pretty Boy estaba seguro de eso.

A *llá vamos.*

Pues…los atletas profesionales no son los únicos que sienten una ráfaga de adrenalina antes de empezar la carrera o los partidos. Los pastores pueden sentir lo mismo. Eso era lo que yo estaba sintiendo antes del servicio de la tarde de ese domingo. Mi corazón estaba lleno y quería compartir algunas cosas. *Muchas* cosas.

Esa noche, a medida que la gente entraba en la iglesia, le di un regalo a cada persona que entraba por las puertas del santuario y se sentaba en un banco.

Habíamos comprado el edificio de la iglesia después de que su congregación fundadora hubiera menguado y decidieran cambiarse de lugar. Se habían ido a algo más moderno con una cancha deportiva que servía de lugar de adoración. Habíamos tenido suerte, para ser sincero, y seguimos siendo bendecidos por todos los que venían y se sentaban en esos tradicionales asientos. A veces me pregunto cuántas personas de menos de veinte años sabían siquiera lo que significaba la palabra *banco*. Al menos unos cuantos, gracias a la iglesia el Buen Pastor.

Yo veía la congregación en fila de a uno como siempre, saludándoles en el vestíbulo junto a las dos puertas que llevaban al santuario. Los Newton fueron de los primeros en llegar esa tarde. Les había preguntado cómo estaban, y especialmente cómo se *sentían*. Estaban bien. Sin embargo, al mirar a través del cristal de la puerta que daba al santuario, pude verlos sentados en la fila de siempre, y después observé a Teri poniendo la cruz que le había dado en el asiento junto a ella.

Bobby y Elena Wilson llegaron sin los niños, diciéndome que el tío Carlos estaba cuidando de ellos. Bobby no parecía estar muy seguro de eso, pero Elena parecía estar muy emocionada por el regreso de su hermano. Esperé hasta que parecía que todo el mundo estaba ahí. Puede que hubiera un total de unas cien personas, y los rezagados llegarían durante todo el servicio. Sucedía siempre, y siempre les daba la bienvenida.

El equipo de música comenzó con unas canciones. Había un guitarrista y un batería y un par de cantantes, y derramaban sus corazones en las contemporáneas canciones que cantaban. Nos gustaba cambiar las cosas, haciendo algo tradicional una tarde y lo contrario a la siguiente. Me encantaba la variedad. Y a algunos, la mayoría, de nuestros miembros también les gustaba.

Sé que es imposible agradar a todos.

Sé que estaba nervioso mientras cantaba y veía tocar a la banda en la plataforma delante de la gran cruz de madera que había en el fondo. Normalmente yo iba después con un saludo y les pedía a todos que saludasen a los que tenían cerca. Pero esta noche, decidí hacer algo diferente.

Subí los peldaños y luego me acerqué a la cruz. En el piso a su lado había un bote de pintura. Tomé una gran esponja y la sumergí en el líquido, y luego la alcé por encima de mi cabeza hasta uno de los brazos de la cruz.

La franja roja goteaba mientras la aplicaba en el lugar donde habrían clavado las manos de un prisionero en la cruz. Podía oír los gritos ahogados y el murmullo silencioso detrás de mí. No miré atrás, sino que mojé de nuevo la esponja y pinté el otro lado de la cruz con una mancha carmesí.

Me di la vuelta y luego me dirigí al frente de la plataforma, con el micrófono inalámbrico encendido en mi oído. Miré a todos no como miembros de una iglesia sino como a amigos y familiares a los que quería hablar desesperadamente esta tarde.

"Buenas tardes. Me alegro de verles a todos en esta tarde".

No dediqué mucho tiempo a los saludos. No di anuncios. Ni siquiera mencioné la cruz que les había dado a cada uno. Lo haría a su debido tiempo.

"Voy a hacerles una pregunta que me hicieron a mí anoche ya tarde", comencé. "Es una pregunta sencilla, pero por alguna razón me afectó profundamente, tan *profundamente*, que quería compartirlo con ustedes".

Hice una breve pausa, mirando a distintos rostros de todos los que me miraban a mí. Rostros jóvenes, vibrantes; almas avejentadas; distintos colores, formas y aspectos. Todos tan distintos, y a la vez queriendo el mismo tipo de cosas en la vida.

Esperanza.

"La pregunta que me hicieron fue: '¿Crees en la cruz de Cristo?'".

Esperé para que todos pensaran en ello. Después les hice de manera informal un gesto encogiendo mis hombros.

"Eso debería ser fácil de responder, ¿verdad? Por supuesto que creo. Y a la vez, mientras pensaba en esto anoche muy tarde ya, esta pregunta me perseguía".

Girándome de nuevo para contemplar la cruz, apliqué más pintura roja en la parte alta de la cruz, donde la corona de espinos debería estar. Después abajo, en los pies de la cruz. Después mojé la esponja y unté la mancha en el lugar donde habrían atravesado su costado.

Cuando me volví a girar, pude ver a Grace en la fila del frente preguntándose qué era lo que yo estaba haciendo y hacia dónde quería ir.

Bueno. Conseguí captar la atención de todos. Igual que él lo había hecho conmigo la pasada noche.

"¿Qué significa creer?", les pregunté. "Recuerdo oír una vez que la verdadera creencia es una *acción*. Así que si creemos que Cristo murió por nosotros, debería hacernos no solo ponernos de rodillas, sino poner a nuestros pies en acción".

De nuevo pude ver al gran tipo negro que venía en dirección a mí llevando esa gran cruz vieja. Ciertamente estaba usando sus pies, sus brazos y sus músculos, y saliendo ahí fuera.

Señalé a la cruz que tenía detrás.

"La cruz es un regalo. El mejor regalo de todos. Es perdón, redención, vida nueva. Y se pagó con sangre. No obstante, cuando la mayoría miramos a la cruz, queremos que la sangre se haya *ido*. Nos da vergüenza. *La sangre que mis pecados, y los suyos, requería como pago por nuestro rescate*".

Aún tenía la esponja en mi mano, aún goteando en el piso, y así continué asegurándome de que todos me siguieran el hilo. Viendo y escuchando.

"'Pero pastor', me podrá decir. 'Jesús ha *resucitado*. La sangre se ha *ido*. Ahora es solo un recuerdo'. Pero les digo que es tan real hoy como lo era en ese primer viernes santo. Es tan *real* como si acabase de fluir, caliente y roja, de las venas de su Salvador, Jesucristo".

Mis palabras cada vez eran más fuertes, más altas. No estaba allí este domingo para condenar a nadie. Todos estábamos condenados. Pero este símbolo detrás de mí y el color que tenía significaba que había algo hermoso que podíamos hacer con esa condenación.

Pero todos necesitábamos saber. Necesitábamos que nos lo recordasen.

Así que ahí estaba yo diciéndoles cómo e intentando recordárselo.

A ellos y a mí mismo.

PRETTY BOY

Los edificios pasaban rápidamente. Conduciendo por un bloque, girando y dirigiéndose al norte, alejándose, saliendo de ahí. El BMW corría y se olvidaba de las señales y los semáforos de las calles. Pretty Boy solo se aseguraba de que el cuentakilómetros siguiera subiendo.

Los dos autos de policía salieron de la nada. *De la nada.* Como si lo supiesen

La moto.

Tenía que ser. Pretty Boy no podía pensar en otra persona. Pisó los frenos y oyó los neumáticos chillando en el asfalto. Criminal soltó una maldición a su lado mientras Pretty Boy miraba por el espejo y veía más ruedas apresurándose hacia ellos por la carretera. En la última intersección que habían pasado, otros dos autos de policía salieron por ambos lados.

No había absolutamente ningún lugar a donde ir.

A la cárcel no, yo no voy a la cárcel de ninguna de las maneras.

Criminal estaba junto a él, sacando un par de pistolas de la bolsa y listo para la guerra. Pretty Boy ya había visto suficiente. Había tenido bastante.

Suficiente.

Casi rompe la manivela al abrir la puerta.

"¡P. B., el dinero! ¡No te olvides del dinero!".

Criminal no solo gritó. Prácticamente rugió. Miró fijamente

a la bolsa que había entre ellos y pensó en contra, sabiendo que no era algo bueno y sabiendo que…

Pretty Boy la tomó.

Su mano sintió calor al tocar la bolsa pero no importaba. La tomó y salió corriendo.

Había algo en lo que era bueno además del rap, y era correr. Había hecho algo de deporte cuando aún había algo de tiempo en la vida para esas cosas, y siempre ganaba a los demás chicos. Atletismo, baloncesto y fútbol. Podía correr, hermano, y eso era lo que estaba haciendo.

Cada segundo esperaba oír los disparos de las pistolas de Criminal a sus espaldas. Pero no se produjeron. Quizá Criminal decidió que había demasiados. Quizá estaba corriendo, como Pretty Boy.

La bolsa de deporte era pesada pero no importaba. El terror recorría cada lugar de su alterada sangre. Pretty Boy iba a toda prisa por la calle. Encontró un callejón y corrió como un rayo, después llegó a una valla, arrojó la bolsa por encima y la trepó en cuestión de segundos.

Corrió.

Por una calle y hasta un vertedero desierto. Lejos de las luces y el ruido. Lejos de ellos.

Sin vuelta atrás y sin detenerse.

Ni cárcel ni tiempo ni sangre ni delito.

Llegó a otro conjunto de casas. Pretty Boy tenía una idea de dónde estaba, pero no conocía exactamente el vecindario. Oscuro, casi desierto, casas pequeñas, casas antiguas, olvidadas después de la gran burbuja inmobiliaria.

Llegó hasta un taller de chapa y pintura que le parecía conocer, entonces cruzó la calle, frenando un poco, respirando e intentando saber hacia dónde dirigirse.

Un auto de policía estaba al otro lado de la calle, el policía durmiendo, pero de repente se despertó con sus pasos.

Él volvió a maldecir.

Vaya suerte.

Dios me está juzgando y les está enviando a por mí, ¿verdad, abuela?

Cien peldaños le llevaron hasta otro callejón oscuro, y no dudó en recorrerlo. Las luces de las patrullas le perseguían. Entonces oyó una puerta que se abría y pasos, y una luz intentando encontrarle.

El final del callejón estaba a unos cincuenta metros delante de él.

No se detuvo.

No se podía detener ahora.

Sus ojos revisaron la parte trasera del callejón, apenas iluminado con las luces de los apartamentos a ambos lados.

Ahí.

En un lado pudo ver la escalera de incendios que llevaba al segundo piso.

Tan solo intentarlo, nada que perder.

La luz seguía persiguiéndole mientras los pasos detrás de él continuaban y la voz seguía ordenándole que se detuviera.

Un edificio, una pared y ninguna escapatoria. Ahí es donde llevaba este callejón.

Tu patética vida en pocas palabras, P. B.

Mientras aún estaba corriendo, Pretty Boy arrojó la bolsa de dinero a la escalera de incendios, después saltó un cubo de basura y saltó hasta un contenedor. Gracias a Dios que tenía tapa.

Aún moviéndose de una forma que enorgullecería a LeBron James, se lanzó hacia las escaleras de metal que había encima de él.

Sus manos encontraron el óxido de los rieles y se anclaron y no se escurrieron. Tardó un segundo en impulsarse para subir.

El policía le seguía persiguiendo. La luz aún se movía

alrededor. Echó un vistazo a las escaleras y ya había comenzado a subirlas, cambiándose la bolsa de mano y subiendo.

Pero era como un defensa de fútbol americano pensando a mitad de campo antes de recibir el balón.

La bolsa marinera se le escurrió de su mano, cayéndose al callejón, aterrizando con un golpe seco detrás del contenedor.

Maldijo y la miró fijamente sin creérselo aún.

Ve, ve, ve, ve, ve.

Respirando con dificultad ahora, pensó en ello, pero lo sabía. No había forma. El policía venía...

Siguió subiendo las escaleras de metal hacia el tejado. Después atravesó un espacio plano hasta que llegó al otro lado del edificio. Otra escalera de incendios le esperaba.

Escapar del fuego, eso es.

Ahora en el otro lado del edificio y en otra calle pudo oír el sonido del helicóptero buscándole. Quizá buscaban a Criminal. Quizá buscaban el cuerpo de Criminal porque un policía lo había llenado con media docena de balazos.

Pretty Boy ni siquiera se dio cuenta del cartel por el que pasó mientras se apresuraba al estacionamiento hasta que llegó a las puertas frontales y miró atrás.

Primero pudo ver un auto de policía revisando el estacionamiento.

Después vio el cartel con colores brillantes y destacados.

Iglesia el Buen Pastor

Suficientemente bueno para mí.

Abrió la puerta y se metió dentro del edificio.

Mientras yo hablaba, vi a Joe dando la bienvenida al desconocido. Me encantaba eso de este gran tipo. Que una figura tan imponente pudiera ser un alma tan amable para los que llegaban a la iglesia por primera vez.

Hacía mucho Joe había sido uno de esos. Dios ya le había salvado, pero él aún estaba buscando una casa, un lugar seguro.

Estoy contento de que lo encontrara aquí.

Y ahora el enjuto joven de color que parecía casi como si estuviera sudando estaba hablando con Joe mientras yo continuaba dando mi mensaje enfrente de todos. Hablaron brevemente y luego el hombre fue por el centro del pasillo hacia un asiento en mitad de una fila.

El joven se sentó y miró a su alrededor, y luego a mí. Yo sonreí incluso a la vez que daba mi mensaje, esperando que se sintiera bienvenido.

Tenía algunas palabras fuertes que eran para el cansado de corazón. Pero el corazón necesitaba estar abierto para oírlas.

Quizá este joven era una de esas almas cansadas.

JOE

Él ve los problemas al cruzar por la puerta sin tener si quiera que ver su rostro. Joe lo sabe enseguida. El temor, la desesperación y el agobio cubren a este muchacho negro. Es tan solo un niño. Un joven vándalo, obviamente en problemas.

Hola, amigo fracaso. Estoy aquí para ayudarte, hermano.

Joe se acerca y extiende una mano. El tipo la toma y la agita con fuerza y muchos nervios.

"Hay un asiento para ti aquí", le dice.

El tipo de color se limpia la frente y respira con dificultad, y mira tras él a la puerta de entrada.

Está pensando en largarse. Lo puedo ver.

Hay algo más, no obstante. Joe lo sabe.

¿De qué huyes, hijo?

"No vengo a quedarme", dice el recién llegado.

"Creo que deberías", le dice Joe.

Las ventanas del vestíbulo dejan ver bastante de lo que está ocurriendo. Joe puede ver los autos de policía y ya ha oído el helicóptero sobrevolando la zona. Mira al chico e intenta discernir si está en peligro, pero Joe está seguro de que no lo está. Tan solo está desesperado y se siente solo.

Sé lo que es eso.

El chico le busca con valor en sus ojos. *"No me conoces".*

Joe no parpadea ni debate sobre la respuesta. "Claro que sí.

He visto a donde vas, y créeme, la única manera de salir que encontrarás *jamás* está aquí mismo".

Están de pie en medio del vestíbulo donde cualquiera puede verlos. Es muy obvio y el chico parece saberlo, mirando de nuevo a las puertas de entrada, sabiendo lo que le espera detrás de ellas.

El chico asiente y deja que Joe le encuentre un asiento.

El pastor está encendido esta noche y Joe lo sabe. Quizá porque Dios sabía que este chico iba a entrar aquí. Quizá porque otros necesitaban un poco de fuego.

Empezando por mí.

Él le dirige hacia el medio del santuario a un lugar lleno de gente. Estará rodeado de otros. Es un lugar donde puede pasar desapercibido. Quizá.

Si Dios quiere que lo esté.

PRETTY BOY

retty Boy mira dos veces antes de sentarse. Hay algo en el asiento en el banco. Algo que le recuerda a Abue y su lugar en casa.

Una cruz.

Toma la pequeña cruz de madera y luego se sienta.

Por un momento, mira todo lo que hay a su alrededor. Hay personas mirando y preguntándose. La mayoría personas blancas, principalmente familias, la mayor parte preguntándose qué estará haciendo él aquí.

Me estoy escondiendo, amigos, así que ayúdenme un poquito, ¿podrían?

Después mira al pastor que está predicando. No se acuerda si se sentó en una iglesia como esta con un pastor blanco hablando. El tipo parece común, un hombre de familia, un tipo regular. Pero él ve a Pretty Boy y le sonríe. Pretty Boy no puede evitar mirar hacia abajo, y entonces mira la cruz en su mano.

Mírame, abuela.

"La Biblia dice en Romanos 6:23 'porque la paga del pecado es muerte'", dice el pastor, sosteniendo él mismo una cruz. "Y ya que todos somos pecadores, la muerte es lo que merecemos. Pero la cruz nos ofrece una salida. La única salida...".

La ironía no está perdida en Pretty Boy.

La única salida. Eso es, hermano, predícalo.

Quiere no prestar atención a las palabras y simplemente quedarse ahí y que no le vean, pero no puede dejar de escuchar.

Tiene miedo. Miedo como nunca antes ha tenido.

Miedo a que le descubran y le metan en la cárcel y le encierren una temporada.

Los rostros de 40 Ounce y Little B aparecen como si estuvieran sentados en un banco frente a él, mirándole.

¿Dónde estabas?

Eso es lo que le preguntan.

¿Dónde estabas P. B.?

En algún lugar sus cuerpos seguían sangrando aún, quizá aún sin descubrir. Y como basura, finalmente serán arrojados y se olvidarán.

El pastor sigue hablando y Pretty Boy no puede dejar de escuchar.

"Cuando uno acude a la cruz, lo hace con arrepentimiento. Y 'arrepentimiento' significa *cambiar* la manera de vivir. Apartarse de los pecados, y acudir a Cristo. La cruz de Jesucristo dice: 'Yo te salvaré. Te perdonaré. Te daré vida nueva'".

Abue está ahí ahora mismo. Justo a su lado. Sosteniendo su mano, asintiendo y diciendo: "Amén". Él lo sabe. De algún modo, de alguna manera ella está ahí.

Es lo mismo que ella les ha estado diciendo toda su vida. Este Jesús. Esta cruz. Estos pecados. Este perdón.

"¿No me cree?", pregunta el pastor. "Entonces créale a Dios cuando dice a través del apóstol Pablo en Romanos 10:13: 'porque todo aquel que invocare el nombre del Señor, será salvo…'".

¿Cómo sería eso? Se pregunta Pretty Boy. Estar a salvo y no despertarse sintiendo el indigno estado en el que se está viviendo. De hecho, no llegar a sentir ese nudo espantoso dentro de su corazón. No sentirse culpable.

Eres un buen chico.

Las palabras de la abuela que él nunca ha creído.

Ve algo moviéndose detrás de él y detecta al policía. Hay otro entrando en el otro lado de la sala.

Pretty Boy se hunde en el banco un poco.

Me van a arrestar ahora mismo. Estoy acabado. Se terminó.

Los sueños de escaparse y vivir una buena vida. Sus canciones. Su futuro.

Se acabó.

Pretty Boy se aferra a la cruz con ambas manos y luego cierra sus ojos.

Una oración de última hora. Un Dios te salve María. Un llamado en el lecho de muerte.

La culpa abrazando y encerrando su corazón.

"Por favor Señor, sálvame".

Es una oración para todo. Absolutamente todo. Para este lugar y para su lugar en casa y para su vida y para todo y todo lo que tiene.

SÁLVAME.

Apretando esa cruz, con los párpados cerrados, el corazón abierto, las heridas abiertas.

No está seguro de cuánto tiempo pasa. Quizá cinco segundos o un minuto, o más. Pero cuando abre sus ojos, los policías se han ido.

Así de fácil.

"Gracias, Jesús", susurra. "Gracias".

El pastor, como a una señal, toma la cruz y la sostiene delante de él para que todos se enfoquen en ella.

"Les desafío a todos esta noche: lleven esta cruz consigo. Que sea un recordatorio del regalo que Cristo nos dio. Que le inspire a vivir su vida como Jesús vivió".

El pastor alza la cruz ahora por encima de su cabeza.

"Esto no es tan solo un símbolo, ni solo una idea. Es la

verdad. Y si *creen* esta verdad, entonces dejen que sus acciones lo demuestren".

La música comienza a sonar y Pretty Boy respira hondo en el banco.

No está lleno de incredulidad o alivio, sino en su lugar está lleno de algo extraño que no ha sentido... bueno, quizá nunca.

Esperanza...

ELENA

Bueno, eso estuvo fuerte.

Elena se subió al asiento del acompañante del SUV aún sosteniendo la cruz. Había sido un servicio atípico, cuanto menos. El pastor Wesley había sido más apasionado que nunca antes, y lo que hizo con la cruz fue una buena ilustración.

Bobby cerró la puerta y puso en marcha el vehículo.

"Quizá lo puedo colgar de mi espejo retrovisor", le dijo ella mientras examinaba la pieza de madera.

"No creo que eso fuera exactamente lo que él tenía en mente", dijo Bobby. "El punto fue que no es un objeto de decoración".

Vaya.

Su tono era de juicio. Lo último que Elena quería era discutir, pero no tenía ganas. Él no debía ser tan sombrío.

"Bueno, creo que sería bonito", le dijo a él. "Vayamos ahora a comer algo. ¿Qué te parece el Blue Fish?".

Ella sabía que a Bobby no le había emocionado mucho la idea de dejar a los niños con su hermano. Los niños adoraban a tío Carlos y su sentido del humor y sus historias divertidas, pero no conocían las otras partes de Carlos. Las partes que a Bobby más le preocupaban.

"*¿En serio?*", dijo él. "¿El Blue Fish?".

"¿Por qué no? Mi hermano puede cuidar a los niños". Ella sonrió. "Vivamos un poco".

Bobby parecía no creerla, no obstante. Para alguien que hablaba tanto de su fe, Bobby parecía no tener mucha en otros.

Necesitamos algo de tiempo para los dos.

Y Elena creía que Carlos necesitaba algo de tiempo para sentirse cómodo estando con ellos. Pasar tiempo con los niños era un gran comienzo. Acostumbrarse a tener gente en la que él pudiera confiar, gente que pudiera estar pendiente de él, gente que le amase. Ella sabía que él era receloso de todos y de todo. Quizá, tan solo quizá, si le daban tiempo, él reaccionaría y se convertiría en el hermano que ella recordaba.

"Interesante sermón, ¿eh?", Bobby preguntó mientras giraba en una calle, una señal de que había accedido a su petición de ir a cenar.

"Sí, mucho", dijo Elena.

"Algo bastante convincente".

Ella asintió pero no dijo nada más. Elena sabía que Bobby estaba probando, que estaba conociendo lo que significaba esta nueva fe que afirmaba tener. Ella no lo entendió. No era que no creyera en ello, pero no tenía que ser algo tan frontal y central en la vida de él y en las vidas de *ellos*. No tenía que ir a todos lados con ellos. Estaba bien ir a la iglesia, siempre lo habían hecho de una forma o de otra durante todo su matrimonio. Pero ahora Bobby estaba hablando de ello todo el tiempo con ella y los niños. Estaba haciendo cosas con la iglesia y otros ministerios. Dando un tiempo que él no tenía y un dinero que no tenían.

Ella quería decirle que se tomara las cosas con calma, pero ¿cómo podía hacer eso sin sonar mal? Ella realmente quería respetar lo que él estaba viviendo.

La pregunta a la que ella siempre regresaba era: ¿por qué? ¿Por qué él quería hablar más del sermón que acababan de oír? ¿Por qué sentía la necesidad de escuchar la emisora de radio cristiana que ponía música similar a la que ellos estaban acostumbrados?

¿Por qué, después de entrar al restaurante, Bobby sentía la necesidad de tomar su mano y hacer una muestra pública de orar por su comida? ¿En voz alta? ¿Durante varios minutos?

Elena no lo entendía. Quizá, con el tiempo, lo haría, pero ahora estaba siendo demasiado.

Ella simplemente no podía decírselo a Bobby. Al menos por ahora.

DR. FARELL

Ella no le había visto, y eso era algo afortunado para ella. Thomas Farell había visto a Elena y su esposo, sin embargo. No se acordaba del nombre de su esposo aunque se habían visto en numerosas ocasiones. Rickie o Robbie o Bobby. Un nombre que terminaba con un sonido de "i". El doctor se alegró de que la pareja no le hubiera visto. Lo último que quería hacer era comenzar una pequeña charla con la enfermera que le molestaba y su esposo al que no conocía. Especialmente desde que las cenas con Andrea eran aún algo bastante reciente.

Algo nuevo que con suerte se convertiría en algo regular.

Inicialmente, el Dr. Farell había sido escéptico con lo que tuviera que ver con Andrea. Era una amiga del doctor que trabajaba en el hospital. Una abogada. Había parecido el comienzo de un chiste. *Esto era un doctor y una abogada que deciden salir en una cita a ciegas...*

De hecho, había sido exactamente una cita a ciegas. La Dra. Kesey le había enseñado algunas fotos de su página de Facebook. Ella era amiga de Andrea, y resultó que esta abogada era extremadamente atractiva. "Es atractiva", había sido su respuesta casual a la Dra. Kesey.

"Es muy inteligente", le dijo la doctora rápidamente. "Y está soltera".

"Me gusta la parte de que está soltera", respondió él, medio en broma medio en serio.

Los dos tenían muchas cosas en común. Ambos habían tenido relaciones serias antes, él había estado casado y Andrea había estado comprometida, así que ambos tenían algunas historias de guerra que compartir. Eran exitosos en sus carreras y estaban felices de hablar de ese éxito. A Thomas le gustaba la gente que asumía la responsabilidad de la vida y de hecho se enorgullecía de sus logros. ¿Por qué no? En un día y un tiempo en el que todo el mundo era tan *amable* e inofensivo y se preocupaba tanto de lo que pensaban otros, siempre le sorprendía gratamente conocer gente que decía lo que pensaba sin tapujos. Especialmente si esa persona era rubia, con curvas y disponible.

La comida acababa de llegar y estaban lentamente empezando a comer. Andrea había pedido el pescado marinado mientras que él había escogido el filet mignon. Él dio un sorbo de su vino y se acordó de una pregunta que se le había olvidado hacer.

"¿Sigue en pie lo de nuestra pequeña escapadita este fin de semana?".

Ella terminó su bocado. "Mientras que mi destitución no se retrase. No tiene sentido hacer el viaje si no salimos de aquí el viernes a mediodía".

Él había estado pensando en el viaje durante mucho tiempo. Había sido su escape, su fantasía durante el día siempre que tenía tiempo entre el trabajo y los pacientes. Salir con Andrea por primera vez. Habían pasado la noche juntos, pero esto era diferente. Esto era Miami. Esto era un fin de semana. Esto sería el Cielo.

Casi nada podía haber arruinado el cálido espacio en el que se encontraba el doctor, mirando los labios rojos de ella y los ojos verde oscuro y su cabello largo cayendo hacia un lado.

Iba a decir algo más, pero fue entonces cuando algo le hizo mirar hacia la mesa cerca de la esquina. La mesa donde estaban sentados la enfermera y su marido.

Tenían las manos unidas mientras oraban.

Oh, vamos…

Ni siquiera se había dado cuenta de que había suspirado tan alto hasta que Andrea le preguntó qué era lo que ocurría.

El Dr. Farell señaló a la pareja con su cabeza. Andrea se giró justo a tiempo para verlos terminar su oración. Su *bendición*. Su ¿quién va a dar las gracias esta noche?

"¿Acaso no se puede salir a cenar sin recibir proselitismo?", dijo mientras daba otro bocado al filete.

Andrea sonrió y asintió estando de acuerdo. Sus ojos miraron a Elena, que no parecía estar muy absorta en lo que estaba diciendo su esposo.

"¿Cuál es el punto?", continuó él, sintiéndose molesto e irritado de que hubieran arruinado de repente su cena. "Jesús fue un carpintero, no un chef. Si tuvieran que dar las gracias a alguien por la comida, ¿no debería ser a la persona que estuviera en la cocina?".

No podía dejar de mirar hacia la pareja. El Dr. Farell se movió en su sitio, aflojándose la corbata.

"Sabes, de hecho conozco a esa mujer", le dijo a Andrea. "Trabaja en el hospital. No sé qué está haciendo aquí".

"Bueno, ¿y qué tal si tú no dejas que eso arruine tu cena? O la mía".

Ella le dio una pequeña sonrisa cómplice. Él sabía que ella no estaba interesada en la mujer en la mesa ni tan siquiera en la tonta oración que hicieron. También sabía que debería obviarlo, pero no quería.

"Me enferma. *Yo* salvo sus vidas, y ¿a quién se lo agradecen ellos? '*Gracias Jesús. Gracias, Señor*'".

Andrea se rió.

"Oye, nada que objetar a eso. Yo crecí con esas personas". Ella levantó sus ojos. "Son un puñado de hipócritas. Pero ya sabes, nunca me había fijado que tenías tal complejo de Dios".

"No es un complejo", dijo él, completamente serio. "Yo hago su trabajo. Yo debería llevarme el reconocimiento".

Andrea asintió y luego dio un sorbo de vino. "Y yo que pensaba que los *abogados* eran orgullosos".

Su mueca y su broma suavizaron el estado de ánimo. A él le encantaba eso de ella.

El Dr. Farell no quería pensar más en la enfermera ni en la fe. Tan solo quería pensar en Andrea. Y Miami. Y salir del hospital y la ciudad del viento por unos días.

Estaba deseando que llegara.

PRETTY BOY

No estaba seguro de cuánto tiempo llevaba sentado en ese banco. Pero era lo suficiente como para que hubieran apagado las luces del santuario. Pretty Boy había estado ahí sentado, mirando a la cruz, y preguntándose qué acababa de ocurrir, preguntándose qué se suponía que debía hacer ahora.

Todo seguía diciéndole lo mismo.

Díselo a Abue. Pregúntale a Abue.

Tenía que contarle a Abue lo que había ocurrido. No todos los detalles acerca de Criminal, Nepharious, el robo y los policías, pero sí esta parte de la iglesia, Dios y la cruz de Cristo. Acerca de su oración. Acerca de la respuesta a su oración.

Abue me va a preguntar qué estaba haciendo aquí, pero no importa.

Escurriéndose por el banco para abandonar el lugar, vio al tipo grande con el pequeño equipo apagando las luces. Lentamente, sabiendo que Pretty Boy aún estaba ahí. El tipo se acercó a él.

"¿Por qué lo hiciste?", le preguntó Pretty Boy.

El hombre siguió apagando las luces. "¿Hacer qué?".

"Ya sabes…", dijo él.

El tipo grandote terminó de apagar todas las luces y pensó en su respuesta durante unos segundos.

"El Espíritu Santo puso en mi corazón que estabas en problemas y me pidió que te ayudara".

Pretty Boy se rió. "¿Esperas que me *crea* eso?".

El extraño se encogió de hombros mientras caminaban hacia el vestíbulo de la iglesia.

"No importa si te lo crees o no", le dijo a Pretty Boy. "Sigues aquí, ¿no es así? Hablando del sitio que tengo que cerrar".

Pretty Boy estaba de pie cerca de la puerta, pero antes de salir, se giró y miró la iglesia apagada. No se quería ir. Había un incesante anhelo que le hacía querer quedarse, al menos un poco más de tiempo.

"¿Estás bien?", le preguntó el grandote.

"Sí, solo estoy pensando".

Él vio una pequeña sonrisa en el rostro del hombre, debajo de su barba gris.

"Suele ocurrir cuando el Espíritu se mueve", dijo él.

Pretty Boy iba a preguntarle qué quería decir, a pedirle que se explicara un poco más y le diera más detalles. Este tipo parecía decente. Sabía lo que estaba sucediendo y aun así ayudó a Pretty Boy. De hecho le salvó de alguna manera. Así que Pretty Boy sabía que el tipo estaba interesado en él.

Su teléfono celular vibró en su bolsillo. Antes de incluso sacarlo del bolsillo de su pantalón, Pretty Boy sabía quién era.

El nombre en la pantalla le dio la razón.

La buena noticia era que Criminal aún estaba vivo. A menos, por supuesto, que otra persona estuviera usando su teléfono, pero seguro que ese no era el caso.

La mala noticia era que Criminal probablemente quería preguntar por el dinero. Sí, seguro, probablemente estaba interesándose por su hermano, pero ese dinero era lo que importaba.

El dinero que no tengo.

Pretty Boy rechazó la llamada.

"Gracias", le dijo al tipo grande antes de abrir la puerta.

"Cuídate".

De nuevo en la calle, no se veían luces centelleando ni tipos portando armas. No había vehículos en el estacionamiento, haciéndole preguntarse por el tipo que acababa de ver y dónde podría haber aparcado.

Se zambulló en la noche aún con una misión.

Aún estaba ahí.

El bolso marinero yacía boca abajo, aún obviamente lleno de algo. No lo habían encontrado detrás del contenedor. Supuso que quizá no pensaron que sería tan estúpido como para tirar una gran bolsa llena de dinero en un lado de la calle.

Pretty Boy había vuelto corriendo para encontrarlo, pero en lo más hondo de sí deseaba que no estuviera. Esperaba poder decirle a Criminal que el dinero no estaba ahí, que los policías o alguien lo habían encontrado. No había nada que pudieran hacer. Ya no estaba ahí.

Pero está ahí.

Su teléfono volvió a sonar. Era Criminal llamando, como si pudiera leer su mente. Suspiró y luego contestó su llamada esta vez.

"¿Estás bien?". Criminal parecía estar sin aliento, preocupado, hablando deprisa.

"Sí, imagino. Pero sigo pensando en Little B y 40…".

"Lo sé".

Hubo una pausa.

Los tipos murieron por los disparos y se quedaron atrás, y lo único que su hermano podía decir era "Lo sé".

¿Dirías lo mismo de mí?

"¿Tienes el dinero?", preguntó Criminal.

"No", respondió Pretty Boy.

"Tienes que encontrarlo, P. B. Nepharious salió bien parado, sabes que va a mandar a sus chicos a buscarnos. *Necesitamos ese dinero*".

"Lo entiendo", dijo Pretty Boy.

Pretty Boy preguntó dónde estaba su hermano, y después le dijo que tenía que esconderse esa noche.

"¿Dónde vas a ir?", preguntó Criminal.

"Ya buscaré un lugar".

Durante unos instantes después de colgar, Pretty Boy miró fijamente al dinero. Todo este tiempo, había creído que esta era una salida, que esta era la oportunidad de ellos. La esperanza y el sueño.

Esta bolsa no es otra cosa que desolación y muerte.

No quería recogerla.

La paga del pecado es muerte.

Las palabras del pastor se quedaron atascadas en su mente.

Todos somos pecadores. Merecemos la muerte.

Pensó en la cruz en el bolsillo de su chaqueta de cuero.

La única salida...

Pudo sentir cómo todo su cuerpo temblaba al agacharse y recoger la bolsa. Después Pretty Boy desapareció.

ELENA

La casa dormía de nuevo, como los corazones que latían dentro de la misma. Sin embargo, Elena llegaba a casa muy tarde. La única diferencia esta vez era que Bobby estaba junto a ella. Al menos esto estaba bien, los dos entrando en el camino de entrada y saliendo del SUV. Ella deseaba poder tener más oportunidades de salir como esta.

Tiempo y dinero.

Las dos cosas que con frecuencia ponen una fortaleza en las vidas, y familias, y matrimonios.

Bobby abrió la puerta frontal y entraron despacio, con más cuidado del habitual, sabiendo que Carlos estaba en el salón contiguo. Las luces estaban apagadas y, como se imaginaba ella, pudo ver la silueta de las mantas y el cuerpo en el sofá. Durante unos instantes pensó en encender la luz de la cocina pero decidió no hacerlo. No quería despertar a su hermano.

Mientras dejaba el bolso en la encimera de la cocina, Elena vio la caja de pizza vacía en la encimera, junto a unas latas de refresco. Ella sonrió, sabiendo que los niños habían conseguido que tío Carlos pidiera su comida favorita. Durante unos momentos recogió el desorden mientras oía a Bobby subir las escaleras para ver a los niños y luego irse a dormir.

Algo se cayó en el salón. Ella se detuvo, dirigiendo su cabeza para poder oír en la sala. Carlos se estaba moviendo en el sofá y debió de haber tirado algo de la mesita que tenía al lado.

131

Oyó hablar entre dientes. Luego un gemido. Después le oyó decir algo, mascullando.

Elena se acercó lentamente al salón, aún escuchando, sin respirar e intentando no hacer ruido. No sabía si le estaba hablando a ella o estaba soñando.

Le vio volver a darse la vuelta bajo la manta, oyéndole hablar rápido pero sin decir nada más que tonterías. La cabeza de su hermano se movía de un lado a otro. No estaba soñando solamente, estaba teniendo una pesadilla.

Ella se acercó junto al sofá y tocó su hombro con suavidad.

"Carlos... hermanito. Despierta".

Él estaba aún hablando entre dientes y no sabía que ella estaba ahí, así que ella le movió un poco más fuerte.

Sus ojos se abrieron de golpe, mirándola fijamente y con los ojos hinchados. Dio un salto del sofá y asió el cuello de Elena en un rápido movimiento, quitándole la respiración. Ella sintió que casi se despegaba del piso mientras él ponía su espalda contra la pared con un duro golpetazo. Todo en el cuerpo de ella se quedó paralizado, y no podía ni hablar ni respirar ni jadear. Elena empujó sus brazos todo lo que pudo simplemente para gritarle.

"Carlos... me estás... ¡ahogando!".

Se sentía como amordazada, con su cuerpo rígido y su mente dando vueltas. Durante unos segundos intentó que le soltara, hacer que abriera su mano, intentar despertarle de ese rabioso delirio febril, pero nada funcionaba.

Un silueta de repente apareció en el salón y derribó a Carlos, y este soltó su cuello. Bobby intentó sujetarle en el piso pero Carlos luchó durante unos momentos, luchando contra él y dándole la vuelta, y luego rodeando su cuello con el brazo.

Entonces, tan súbitamente como había sucedido, Carlos soltó. Casi se arrojó hacia atrás, lejos de Bobby.

Finalmente había despertado de ello.

Elena tosió y se asió de su cuello adormecido mientras Bobby se levantaba y se encaraba con el atacante.

"¿Qué *sucede* contigo?", gritó Bobby mientras accionaba el interruptor de la luz.

Esos ojos oscuros aún tenían una mirada salvaje y eléctrica. Ignoraron a Bobby y en su lugar se fijaron en Elena. Carlos se acercó hasta ella con una mano abierta.

"Lo siento, Elena. Lo siento mucho". Estaba moviendo su cabeza, atónito y perplejo, mirándola y viéndola aún toser y tomar aire. "Sabes que nunca te haría daño. Yo…".

Se detuvo y apartó su mirada de Elena. Ella se giró y vio la mirada fija dormida y sorprendida de Michael. Su cabello alborotado y su pijama azul es lo único que ella vio al principio. Después pareció que él se daba cuenta del alboroto de esa sala, el raro asunto que había ocurrido ahí. Su rostro se vino abajo, y Michael comenzó a llorar antes subir las escaleras corriendo.

Su hermano le miró a ella con una mirada herida y avergonzada.

"No puedo quedarme aquí", dijo él dándoles la espalda y dirigiéndose a la esquina del salón donde estaba su petate del Cuerpo de Marines.

Tomó una sudadera y la metió en la bolsa, y luego comenzó a cerrarla. Elena miró a Bobby y luego a Carlos. No sabía qué hacer, qué decir, ni siquiera qué pensar.

"Sabía que esto era un error", se decía su hermano a sí mismo mientras se ponía sus botas.

Le dolía al tragar, pero no importaba. Ella estaba bien. Su garganta se recuperaría. Estaba preocupada por Carlos y su corazón.

"Carlos, espera".

Bobby permanecía en silencio y quieto, con su rostro aún enojado y su cuerpo todavía rígido y a la defensiva. Carlos no miró atrás hacia ella mientras se colgaba el petate en el hombro y se dirigía hacia la puerta.

Ella casi le siguió hasta fuera de la casa cuando Bobby la tomó de los brazos y la detuvo.

"Elena. Deja que se vaya".

"Está decepcionado", gritó como respuesta, soltándose los brazos de su agarre.

La puerta estaba abierta y Carlos seguro que podría oír sus palabras.

"Esto está haciendo que tú te *decepciones*", dijo Bobby mientras bajaba su voz. "Esto es lo que ocurre. No es bueno para ti ni para los niños".

Fuera en la tenue luz del jardín, podía oír la voz cansada de su hermano. "Él tiene razón. Es mejor que yo no esté aquí".

"Yo no he dicho eso, Carlos". Bobby dio un paso para poder ver a Carlos.

"Está bien, hombre. Lo entiendo".

Sus botas contactaron con la acera, y comenzó a caminar sin dudarlo. Elena no podía soportarlo. Se metió en la casa y corrió a buscar su bolso, después salió corriendo detrás de su hermano y le detuvo justamente junto a su buzón de correos.

"No tienes dinero ni nada", le dijo ella mientras estaba parada frente a él bloqueándole el paso.

"Estaré bien. Pero no aquí".

"Carlos, por favor. Mírame. No puedes desaparecer de nuevo. Necesito saber dónde estarás, saber que puedo contactar contigo...algo".

"No te preocupes tanto, hermana".

Ella le conocía lo suficientemente bien para saber que Carlos no iba a quedarse. No había forma de persuadirle. Al niño que ella conocía se le podía persuadir, pero ya no.

La guerra no había sido algo bueno para su alma.

Ella abrió su bolso y buscó en su monedero para sacar

el dinero en efectivo que tuviera. La cruz del servicio de la iglesia aún estaba ahí, junto al monedero de piel.

"Toma", dijo ella, dándole el dinero. "Toma esto".

"No puedo aceptar eso. *No* lo tomaré".

De nuevo, la voz y la mirada decían: *De eso nada. No hay forma.*

Él era un necio terco y angustiado. Pero ella no tenía ni idea de *qué* hacer con él.

Elena volvió a meter el dinero en su bolso, y después sacó la cruz de madera.

"Al menos toma esto", le dijo.

Él miró fijamente a la cruz un instante, y luego asintió con la cabeza y la tomó. Ella no estaba muy segura de por qué. Él no se quedaba y no aceptó dinero, ¿pero tuvo a bien aceptar este artículo que le habían dado a ella en la iglesia? ¿Por qué? ¿No quería él entrar en alguna conversación acerca de la fe? Carlos sabía que Elena no estaba muy metida en eso de la fe, que tenía sus problemas. Ella se lo había admitido anteriormente. Y Bobby no estaba como para dar una charla a nadie.

Carlos pasó junto a ella, listo.

"Prométeme que llamarás", le dijo ella a sus espaldas. "Dime dónde estás. Por favor".

Él miró hacia atrás y se fijó en ella, pero luego se dio la vuelta y siguió caminando. Elena se quedó ahí mirando, viendo su alta silueta cada vez haciéndose más pequeña hasta que desapareció.

Carlos había llegado sin tan siquiera avisar. Ahora ya se había ido.

Ojalá esa cruz fuera como algún tipo de genio mágico. O como un billete de lotería premiado. Quizá entonces Carlos estaría bien, se podría recuperar. Pero Elena sabía que era simplemente un trozo de madera.

No había ningún tipo de magia que salvara a su hermano.

Ningún doctor podía darle una receta para el sufrimiento de su hermano. Iba a necesitar tiempo hasta que las cosas se arreglaran.

Tiempo... y quizá un milagro.

"Amado Padre, ayuda a que mis palabras y las palabras de tu Santa Palabra causen un impacto en todo el que estuvo aquí anoche. Que tu Espíritu Santo actúe en sus vidas. Tú conoces quiénes están heridos, Señor. Tú sabes por lo que está pasando cada uno. Muéstrales tu rostro. Señor, muéstrales lo que significa *verdaderamente* la cruz".

Era domingo por la noche ya tarde, y yo estaba orando en mi oficina antes de acostarme. Me gustaría poder decir que lo hacía todas las noches con deseo. Sí, oraba, pero esta noche estaba tomando la decisión consciente de orar por cada persona que tomó una de esas cruces. Eran símbolos, eso era todo. Pero sabía que el Espíritu podía hacer lo que quisiera. Podía usar palabras y símbolos e incluso burras para que hablasen a la gente.

Siempre me ha gustado la historia de la burra de Balaam. A menudo me he comparado con él.

"Cualquier dificultad u obstáculo, o ataque espiritual o fracaso que esté afectando a alguien, quítalo. Que sepan que estás ahí. Que te puedan entregar todo. Que sepa *yo* continuar entregándote las cosas. Aplasta nuestros egos. Borra nuestros lamentos. Que pidamos perdón y sepamos que es solo a través de la cruz y por la sangre de Jesús como podemos orar a ti, para poder rogarte misericordia. Derrama esa misericordia sobre nosotros, Señor. Derrámala sobre mí".

Muchos nombres pasaban por mi mente. Joe y J. D. y Teri, y Bobby y Elena, y sus hijos, y tantos otros. Podía ver sus rostros, especialmente el chico afroamericano joven que se sentó en el banco a mitad del servicio. Había visto a los policías buscando por los pasillos. Me había preguntado acerca de él.

"Cualquiera que sea su nombre, y a pesar de lo que le está ocurriendo en su vida. Señor, por favor bendícele. Por favor, que tu gracia brille sobre su vida. Si no te conoce, Señor, por favor abre su corazón. Actúa en su alma. Dale esperanza esta noche. Danos esperanza a todos. Te pido estas cosas en el nombre de tu hijo Jesús. El único nombre verdadero. Ayúdame, ayúdanos, a recordar eso".

Mi mente pensó en aquellos que no habían podido llegar, personas como Maggie y otros que yo sabía que habían sido invitadas pero que no llegaron. También oré por ellos, pidiendo la esperanza de encontrarles dondequiera que estuvieran. Para llamar a sus puertas y no dejar de buscarlos.

Mientras tanto, nuestra casa estaba callada. Demasiado callada. Como una negra neblina que barre una ciudad y hace que todos entren en sus casas. Era una quietud que tenía un gran peso.

LACEY

Apagó la televisión y se sentó de nuevo en el sofá, con sus ojos mirando al techo antes de cerrarlos por un momento.

Todo, cada mirada, cada trago, cada respiración, cada toque, cada articulación, cada paso, se sentía muy *pesado*. Demasiado pesado para alguien tan joven, tan ligera.

Lacey había intentado llamar a su padre de nuevo dos veces. Claro, puede que esté fuera y no revise su teléfono, o quizá simplemente quería dejar pasar una noche para que las cosas se enfriaran, pero aun así.

Una parte de ella casi llamó a Donny, pero se contuvo. Sabía que ella no podía.

Las sombras que llegaban cuando se escondía el sol tenían algo que le hacía sentir miedo, y mucho. Odiaba la oscuridad. Los sentimientos mezclados de desesperación y ansiedad que ella traía.

Estoy cansada de todo esto.

Pensó en el engreído doctor de esa mañana. *No* le había ayudado en nada. Imagínate si alguien como él se sentase a hablar con ella, preguntándole qué le sucedía, preguntándose cómo poder ayudarla. Oh, ella sabía que había buenas personas por ahí que de hecho hacían eso, pero todas vivían en un lugar lejano, muy lejano. Quizá sencillamente no les gustaban los fríos inviernos de Chicago. Quizá todos vivían en California, donde el sol parecía no ponerse nunca.

Una vez soñó con ir a un sitio así. Ese lugar de felicidad eterna. Pero después se dio cuenta de que soñar era como ver la película *Titanic*. Es muy romántica y maravillosa, pero al final uno se queda con los créditos en una pantalla y una canción sensiblera. Uno se queda en la oscuridad viendo todos esos nombres pasando por la pantalla. *Fin. Ve a buscarte una vida feliz sin Leo.*

Chicago le estaba llamando. Lacey no podía seguir dentro de este apartamento por más tiempo. Todo estaba comenzando a ahogarla, a asfixiarla. En este lugar, las voces susurraban.

Ya eres adulta, vives sola...

Ella comenzó a irse.

No puedes seguir haciendo esto. No podemos aguantar tus estados de ánimo...

Los susurros le rodeaban por todos lados.

No estás lista para esto. No puedes hacer esto. No estoy equipado para ti.

Su padre. Su ex. Su madre.

Todos se habían ido. Tal y como ella planeaba que fuese. Esta noche ella lo haría y nada le detendría. Nadie se daría cuenta, y cuando lo hicieran quizá se sentirían mal, pero seguirían adelante. Seguirían viviendo como todo el mundo hace. El resto del mundo con su incesante paso y fortunas saliendo de los fracasos.

Se puso su ligero abrigo y metió las llaves en su bolsillo, y luego salió del apartamento.

Esos susurros seguían, sombras en las luces, pisadas en la nieve. Imposible escapar, como una vida que ella no había planeado, sino heredado.

Lacey quería, se *merecía* más. Pero más simplemente no silenciaría esos susurros y ese caminar junto a ella.

Nadie tendría que preocuparse más después de esta noche.

PRETTY BOY

La habitación en el Motel Starlite no era tan mala, especialmente por setenta y nueve dólares la noche. Había estado en sitios mucho peores. Su propia habitación no era mucho más bonita que esta habitación limpia y cuadrada que había pagado con el dinero de la bolsa.

Gracias, Nepharious.

Pretty Boy estaba bastante seguro de que Nepharious no diría que era bienvenido.

Entró en la habitación y cerró la puerta, después esperó en la entrada. Solo para oír algo fuera que sonara extraño o suspicaz. No había sonidos que pudiera oír.

La cama le hacía señas. Se dejó caer en ella y apiló algunas almohadas, y continuó sentado ahí en silencio, preguntándose qué iba a ocurrir. Preguntándose si volvería a ver alguna vez su propia habitación, o a Abue o incluso a Criminal. La bolsa estaba encima de la mesa.

Una moneda de esperanza pautada por la moneda de la droga.

Él quería encontrar el mando a distancia para encender el televisor que había en una pequeña estantería enfrente de la cama. Era uno de esos televisores pesados, con caja de treinta y seis pulgadas, como el que Criminal y él solían robar cuando él era un niño. Estos días todo era muy ligero y muy fácil de acarrear por uno mismo.

El mando a distancia no aparecía por ningún sitio, pero había una Biblia en la mesilla junto a él. La tomó y luego la abrió por una página al azar.

Abue solía leer la Biblia entera en un año, antes de que su vista llegara al punto de no poder leer ni siquiera con lentes. A veces quería que Pretty Boy se la leyera, pero él odiaba hacerlo. Las palabras siempre le hacían sentirse culpable. Aunque se habían escrito hacía años, siempre parecían hablar acerca del robo, y la lujuria, de mentir y pecar de alguna manera. Era como si cada versículo que leyera fuera una especie de juez leyendo la sentencia contra él.

Miró hacia abajo y leyó un pasaje al azar.

Pero Dios nos mostró su gran amor enviando a Jesús a morir por nosotros mientras aún éramos pecadores.

Ahí estaba otra vez. Cristo. La cruz. Morir. Pecadores. Pero este versículo no condenaba en absoluto. Decía lo que se había hecho para esa condenación.

Dio la vuelta a la hoja para buscar otro versículo. Quizá Dios le estaba hablando esta noche. Quizá había algo más que podía encontrar. Una forma de escapar del daño. Una idea que le permitiera saber qué hacer ahora.

> ¡Jamás podría escaparme de tu Espíritu!
>> *¡Jamás podría huir de tu presencia!*
> *Si subo al cielo,* allí estás tú;
>> *si desciendo a la tumba,* allí estás tú.
> *Si cabalgo sobre las alas de la mañana,*
>> *si habito junto a los océanos más lejanos,*
> *aun allí me guiará tu mano*
>> *y me sostendrá tu fuerza.*

Pretty Boy volvió a girar la página y buscó lo primero que pudo ver.

¿Puede alguien esconderse de mí en algún lugar
   secreto?
   ¿Acaso no estoy en todas partes en los cielos y en
      la tierra?",
   dice el Señor.

Si estos versículos eran verdad, entonces significaba que
Dios podía verle ahí en esta barata habitación de motel. En
esta habitación donde lo único que poseía era una bolsa con
dinero robado. Pero Dios habría visto también todo lo que
había sucedido esa noche. Habría visto a Pretty Boy escapando, huyendo y entrando en la iglesia, y orando.

Cerró la Biblia y luego hizo lo mismo con sus ojos.

"Ayúdame, Dios. Ayúdame a saber qué hacer. Ayúdame a
hacer lo correcto. A salir de esto. A vivir. A vivir y poder salir".

Durante mucho tiempo estuvo sentado en la cama, mirando las paredes y el techo, preguntándose por qué Dios le
estaría mirando desde arriba. Pero quizá Dios lo estaba haciendo, por alguna razón. Tenía que intentarlo y creer. Dios ya
le había rescatado una vez esa noche. Se preguntaba si podría
volver a rescatarlo.

CARLOS

Ya había estado allí antes.

Hacía veinticuatro horas, más o menos, no importa exactamente, Carlos estaba en esta misma barandilla contemplando el río negro que fluía por la ciudad hacia el lago. Ya no era el Cabo Carlos Delacerda del cuerpo de Marines de los Estados Unidos. Hacía ya un tiempo que había dejado de serlo.

Carlos había desaparecido en Afganistán y después el Cabo Delacerda desapareció tras regresar a casa.

Oía pasar a los vehículos por los cuatro carriles que había debajo de él, pero no importaba. Nadie se detenía para salir y ayudarle. Carlos lo sabía. Esta no era alguna ciudad pequeña. Esto era Chicago. Era medianoche en Chicago. Y tenía un aspecto un tanto amenazante con su corte rapado y la gran estatura estando ahí parado mirando por la barandilla.

Nadie se va a preocupar.

Esto había sido un error. Ahora lo sabía. Regresar a ver a Elena y los niños. Él pensó, o al menos una parte de él de hecho *creyó*, que todo iba a salir bien, que podría quedarse un tiempo y solucionar las cosas. Tomar simplemente algo de tiempo y hablar con alguien que realmente quisiera escuchar. Elena siempre había estado ahí. Era solo que en el último año o dos, él no había querido hablar. Con nadie. Solo quería salir adelante y escapar de los demonios de cualquier manera posible.

Sin embargo, nada lo había cambiado. Las drogas, la bebida, las mujeres, las fiestas y todo solo le habían hecho hundirse un poco más. Endeudarse más. Desesperar más.

Acabo de intentar asfixiar a mi hermana. Una de las pocas personas que aún me aman.

El rostro de Bobby lo había resumido todo.

¿En qué estás pensando, monstruo?

Nunca había sido un fan de Bobby, pero esta vez estaba de acuerdo con su cuñado. Carlos se había convertido en un monstruo. No importaba que fuera la guerra lo que le hubiera cambiado. Había demasiados a quienes culpar, y eso era agotador. Realmente solo podía culparse a sí mismo. La gente lo había intentado. Realmente habían intentado darle ayuda, y consejería, y trabajos, y una vida. Pero esas personas no podían ver los sonrientes demonios en cada uno de sus hombros, riéndose de todos los donativos que no iban a servir para nada.

Había tan solo una cosa que tenía que hacer.

Sacó las cosas que había metido en su bolsillo y las colocó cuidadosamente en la piedra plana de la barandilla. Algunos tipos a los que conocía habían empleado mucho tiempo intentando saber qué hacer con cosas como esas. Habían gastado mucho dinero haciéndolas y colgándolas o mostrándolas. Carlos siempre las había llevado con él. No porque le preocupara no seguir teniéndolas. Tan solo no sabía qué hacer con ellas. Supuestamente debían representar valentía y coraje y gallardía, y todas las demás palabras que había oído una y otra vez. Para Carlos, eran trozos de las personas a las que había dejado atrás. Porque eso eran esas personas ahora. Trozos que se podían meter en un bolsillo. Sus vidas se habían ido y solo quedaban fragmentos de ellos.

La Medalla de la Campaña de Afganistán descendió primero. Después el Corazón púrpura. Después una Estrella de bronce.

Coraje y valentía.

A veces descripciones como esa le hacían enojar. A la gente le encantaba llevarlas en sus hombros, del mismo modo que la gente solía decirle que estaban orando por él. Creció para darse cuenta de que esas oraciones realmente nunca se hicieron. Y ahora creía que la gente verdaderamente no creía en esas palabras. No entendían lo que significaban las palabras, para empezar.

El viento soplaba y se agitaba en todas direcciones a su alrededor. Voces de los muertos retumbaban en el viento, persiguiéndole por cada lado.

Sintió algo más en su bolsillo que captó su atención. Sabía que no había otra medalla ahí, pero su mano escarbó y encontró la cruz que le había dado su hermana.

Por un momento, miró fijamente a la cruz bajo la luz de una farola cercana.

Carlos no tenía problema con creer en Jesucristo. Claro. La historia dejaba claro que ese hombre existió. Que realmente predicó y que realmente murió en una cruz. Pero murió solo. Le enterraron y se acabó la historia. No hubo resurrección de la tumba. No hubo Domingo de Resurrección. Toda esa historia era como el conejo de Pascua. Inventada para que la gente se sintiera mejor consigo misma.

Jesús murió solo y a mí me pasará lo mismo.

Ojalá hubiera alguien que pudiera identificarse con el aullido del viento dentro de él. Un espíritu similar al que simplemente escuchar y sonreír, y esperar y sentarme a su lado. Esos espíritus gemelos se habían quedado tirados muertos en el campo de batalla. Los pocos que permanecieron, los que regresaron y entendieron por lo que él estaba pasando, eran los verdaderos muertos vivientes. Algunos eran violentos, otros locos. Todos ellos personas con las que Carlos no quería tener nada que ver. Ya era suficientemente malo vivir consigo mismo. Ciertamente no quería mirarse en un espejo diariamente.

Sus ojos se movieron hacia la barandilla, al espacio enfrente de la misma, al jarabe negro que corría por debajo. Carlos comenzó a avanzar mientras tenía aún la cruz en su mano.

El alto sonido de la bocina le espantó. Pudo ver pasar al Mercedes en el otro lado del puente, y apenas tuvo tiempo para ver a la pareja sentada en los asientos delanteros. Por supuesto que no pararon. Él tenía razón. Hicieron la buena obra de hacer sonar la bocina y llamar su atención, y asegurarse de que se diera la vuelta.

Vio a una mujer al otro lado de la calle girándose, también.

Cerró un poco los ojos preguntándose si se estaba imaginando algo. Se podía ver una silueta con cabello largo rizado que llevaba un abrigo de invierno mirándole. Era una mujer, una joven, ahí parada. No tenía bolsas ni posesiones en la mano, y parecía no tener razón para estar ahí de pie en medio del puente a esas horas de la noche.

Carlos lo supo enseguida. Él no era el único que había tenido esa idea esa noche en concreto.

Por un momento, casi se rió en voz alta. Era demasiada coincidencia, demasiado improbable, demasiado increíble.

Quizá era un fantasma que estaba persiguiéndole. O quizá era su ángel guardián intentando captar su atención de la forma más improbable.

Después nuevamente, quizá era solo otra persona con problemas. Y quizá ellos eran los dos seres humanos vivos con más suerte en encontrarse de esta forma.

LACEY

"¡Hola!", le dijo a ella la voz.

Esto era increíble.

Por segunda noche consecutiva, algún milagroso incidente de mala suerte había impactado contra ella de costado. Anoche su vecina debió de haber olido la comida china y tuvo el deseo de comer un poco de pollo agridulce. Ahora un tipo de aspecto peligroso al que nunca había visto le llama desde el otro lado de la calle. Pero no parecía alguien que fuera a intentar rescatarla.

¿Qué está este tipo haciendo aquí?

Ella le respondió gritando un "Hola".

¿Qué más podía decirle?

"¿Estás bien?", dijo él.

Otro vehículo pasó entre ellos. El último había sido un vehículo sofisticado con algún idiota al volante. ¿Por qué no podía la gente dejarla morir en paz? ¿Por qué tenían que molestarla cuando ella *quería* estar sola? La mayor parte de su vida, esa parte sobre que la dejaran sola le había dolido. Pero ahora lo quería desesperadamente. Lo necesitaba.

Ella no respondió a la pregunta de este tipo al principio. Después masculló un "umm" hasta decirle que creía que estaba bien.

"¿Tú?", preguntó ella.

Los ojos de él le miraron y no esquivaron la mirada.

Parecían fuertes y duros, de los que no darían marcha atrás por nada. Pero algo en la forma en que esos ojos y ese rostro cambiaron después de que ella le preguntase "¿Tú?" le hicieron sentirse un poco mejor.

El hombre parecía entretenido. Como si esa fuese la pregunta más sosa que jamás hubiera hecho. Y Lacey sabía que lo era.

Él iba a hacer lo mismo que yo iba a hacer.

Ella se preguntaba si de hecho él soltó una sonrisita entre dientes.

"De algún modo esperaba un poco más de privacidad", dijo el tipo.

"Sí, yo también".

Esta vez ella sonrió. Ese hombre tenía algo, algo en su forma de mirar, que le hizo hacer una pausa. Era una tristeza en el rostro serio de este hombre. Y la dulzura que de repente le había inundado.

Pasaron más vehículos mientras se miraban el uno al otro, sin moverse, sin esquivar la mirada.

"¿Has cambiado de idea?", dijo él.

"No he tenido tiempo de pensar en ello".

Otro vehículo pasó haciéndoles sonar su bocina.

"Quizá debería acercarme ahí para que no tengamos que hablar a gritos".

"¿Eres algún loco?", preguntó ella, medio en broma, medio en serio.

"Yo podría hacerte la misma pregunta", dijo él.

Ella se rió, sabiendo lo cierta que era su frase. Ambos estaban un poco locos, probablemente.

Y muy afortunados.

"Oye, mira. ¿Quieres una taza de café?", le preguntó él.

El viento soplaba de costado y ella sintió que su cuerpo temblaba. Esta podría ser la segunda pregunta más ridícula de la noche. Pero echando un vistazo a ambos, uno podría decir que ambos tenían su cabeza un tanto confundida.

¿Qué podía perder?

"Claro", dijo Lacey.

El río tendría que esperar. Quizá decidirían saltar a él juntos.

El hombre cruzó la calle y luego le saludó con esa misma sonrisa amigable.

"No soy peligroso", dijo él enseguida. "Lo prometo".

Lacey asintió pero no sabía qué más decir. Él le dijo que había un lugar no muy lejos. Podrían dejar ese puente y el frío de la noche.

Caminaron un par de manzanas en silencio hasta que pudieron ver el cartel de una cafetería abierta las veinticuatro horas en la esquina de un cruce. Mientras se acercaban, el hombre que caminaba junto a ella parecía moverse más despacio. Seguía mirando a la cafetería y después a ella.

"Oye, ya sabes, no veía la necesidad de acercarme a un cajero automático de camino al puente", le dijo él.

Ella miró su abrigo desteñido, su corte rapado y la bolsa que llevaba, y entonces se dio cuenta de que era un soldado. Quizá la Armada o los Marines. Ella se preguntaba si él tendría una cuenta de la que sacar dinero incluso.

Ella asintió para hacerle saber que estaba bien. "Lo entiendo".

Hicieron una pausa cerca de la cafetería, y después cuando una pareja salió y comenzó a caminar hacia ellos, Lacey se quedó de pie enfrente de ellos para detenerles.

"Perdonen, ¿tienen un billete de cinco?", Lacey preguntó sin tan siquiera un ápice de vergüenza. "Estábamos ahí en el puente a punto de suicidarnos, pero cambiamos de idea. Ahora mismo lo que *realmente* necesitamos es una taza de café".

La pareja, una pareja bien entrada en los cuarenta, no dijo

una palabra y ambos parecían impactados y avergonzados. El tipo se metió la mano en el abrigo y sacó un billete de veinte de su cartera. La manera en que lo hizo, tan rápido, como si sus vidas dependieran de ello, casi le hizo reír a Lacey. Pero su adrenalina aun estaba corriendo por sus venas. Ella se sentía asombrada de estar aún con vida. De que, de repente, no estaba sola.

Después de pedir un par de bebidas calientes, se sentaron cerca del final de la cafetería. El tipo dio un sorbo a su café enseguida como si no le quemase su lengua. Quizá sencillamente no le importaba. No hablaron durante unos momentos mientras estaban ahí sentados, con la música de fondo tocando alguna canción feliz para estas dos tristes almas.

"Ni siquiera sé tu nombre", dijo ella. "Yo soy Lacey".

Ella ofreció su mano y él la tomó. Su mano era fuerte, su piel áspera.

"Carlos".

A la luz, Carlos era muy apuesto, con ojos llamativos y un rostro cuadrado como un modelo. Él parecía estar muy lejos de ella aunque estaba sentado justo enfrente.

"Entonces, Carlos, ¿por qué no…ya sabes? ¿No lo hiciste?".

Él asintió y sonrió. "Conocí a alguien".

Las palabras las dijo como si se hubiera acercado a ella en un bar. Ella normalmente levantaría sus cejas y actuaría como si fuera una frase sosa, pero de algún modo le gustaba. Ella sonrió y asintió.

"¿Y tú?", le preguntó Carlos.

Ella se encogió de hombros. "No lo sé. Quizá aún estoy en las etapas iniciales de sentir lástima de mí misma".

Él jugaba con algo que tenía en sus manos. Ella tardó un momento en darse cuenta de que era una pequeña cruz de madera.

"¿Eres alguna especia de fanático religioso?", le preguntó ella.

"Difícil", dijo él, dejando salir una risa. "Me la dio mi hermana. Su esposo se hizo cristiano hace un par de años. ¿Elena? Me imagino que es medio cristiana".

¿Medio cristiana?

"No estoy segura de que funcione así".

"No funciona así", dijo asintiendo. "Que de algún modo es el punto. ¿Lo divertido? Creo que es lo que me mantuvo en el puente. Estaba ahí sosteniéndola y pensando, y luego apareciste tú...".

La cruz aun se movía y daba vueltas en sus manos.

"Tú no eres Dios, ¿verdad?", preguntó él con una sonrisa.

"¿Yo? No. Pero si lo fuera, cambiaría unas cuantas cosas".

"¿Como qué?", preguntó Carlos.

"Veamos. Las flores durarían para siempre. Los cachorros siempre serían cachorros. Y los padres nunca abandonarían a sus hijos...".

"Tienes mi voto".

Ella le vio dar otro sorbo rápido a su café.

"¿Y tú?", preguntó ella. "¿Si fueras Dios?".

Sus ojos miraron al piso por un instante, después a ella. "Fácil. No más guerra".

"Vaya...Bastante duro, Carlos".

Ella sabía ahora sin lugar a dudas que era algún tipo de soldado. Estaba casi segura de que había luchado en Afganistán o Iraq. Quería preguntárselo pero decidió esperar. Por ahora.

Él la miró y luego se rió.

"Sí, bueno, también lo tuyo era duro, lo de los padres que no abandonen a sus hijos, o lo que sea".

Había esa cosa extraña llenando el rostro de ella que había estado ausente por un tiempo. También era contagioso, porque Carlos mismo se estaba riendo.

"Me parece justo", dijo ella. "Estamos empatados".

Los ojos de él no se apartaban de ella, y eso era algo bonito.

Parecían una manta que la cubría después de estar fuera en el frío durante tanto tiempo. Una manta favorita que había estado con ella durante mucho tiempo, que la había consolado en muchas noches largas y oscuras.

¿Cuáles eran las probabilidades de que Carlos la llamase en ese puente? ¿En ese momento y hora?

Algo raro está pasando.

Él jugaba aún con la cruz y ella miraba un tanto asombrada. Lacey no quería irse de este lugar. No por un buen rato.

Era bonito tener otra voz respondiéndola. Tener otra voz a su alrededor. Especialmente una que la conocía sin tener siquiera que decírselo.

Era más de lo que solía tener.

Más...

Por primera vez en mucho tiempo, había más.

Me desperté a la mañana siguiente pensando en las cruces que había repartido el día antes, preguntándome si mis palabras habían tenido impacto alguno. Esto era parte de ser pastor. La curiosidad de cómo influirían las palabras. *Si* las palabras funcionaron o no. Tenía que confiar en el Espíritu Santo, pero a la vez, necesitaba siempre estar ahí y hacer mi parte. Igual que los atletas profesionales. Bueno, los Chicago Bears a menudo no aparecían, ni tampoco los Cubs, pero ellos no son los mejores ejemplos. Me habían dado la gran oportunidad de instruir e inspirar a la gente de mi iglesia. Ahora tenía curiosidad por saber si lo había logrado.

El día que me esperaba estaba bastante lleno, pero hice una nota mental para preguntar por la jovencita de nuevo. No quería molestarla, pero también necesitaba saber qué iba a suceder. No se podía quedar en esa habitación para siempre. Obviamente. Pero tenía que hacer algunas llamadas hoy en mi oficina.

También tienes que decirle a Joe que llame por el asunto de la fontanería en el sótano. Y devolver la llamada a Richard por el inminente viaje misionero. Y visitar a Rene en el hospital. Y comer con el pastor Frederick. Y...

La lista era interminable.

Grace me decía constantemente que trabajaba demasiado. Llevamos casados once años, y ya me decía eso incluso en nuestra luna de miel. A veces me preguntaba si acaso este sería mi sino en la vida. Despertarme y acostarme con una cantidad interminable de cosas que nunca se acaban del todo.

Había hablado con muchos pastores durante los años que me confesaban tener los mismos sentimientos. Algunos se quemaron y lo dejaron para hacer algo más estable como el mercado financiero o convertirse en músicos, como me gusta bromear. Pero la verdad era que algunos terminaban simplemente estrujados como un trapo mojado y luego desechado después de años en el ministerio.

Eso no va a ocurrir, me decía a mí mismo.

Si Dios quiere, añadía enseguida.

He aprendido que hacer declaraciones sobre cosas que ocurrirán y que no ocurrirán no siempre es lo mejor. Dios a menudo tiene otros planes. Aún cuando esperamos y creemos que ciertas cosas deberían y podrían ocurrir.

Al bajar las escaleras para prepararme un café, pasé por la habitación de invitados que siempre habíamos pensado que se convertiría en la habitación de nuestro hijo.

Era como una carretera por la que pasaba de camino al trabajo cada día. Una carretera abandonada por la que no habíamos conducido durante mucho tiempo. Una carretera que no tenía salida.

A veces deseaba…me preguntaba quizá sobre girar y volver a transitar por ella. Solo para ver qué se siente. Pero sabía que no podría ir solo. Grace tenía que ir conmigo.

Y creo que para Grace la carretera estaba bloqueada para siempre. Pensar incluso en sacar el tema y recordárselo era demasiado. No podía. La vida tenía sus maneras de recordar las cosas de una forma o de otra. Ella no necesitaba que yo se lo dijera más.

En lugar de eso intentaba, realmente lo intentaba, levantarla. Sin embargo, era difícil cuando a menudo yo mismo me sentía tan inestable.

BOBBY

Los segundos importan.

Un milisegundo es una milésima de un segundo, así que Bobby sabía que estaba lidiando con cientos de milésimas de segundo para intentar salvar la vida que se estaba agotando rápidamente.

La mañana había llegado como un meteorito que golpea la tierra. Bobby se había levantado antes que el sol y se había puesto lentamente a trabajar, mientras se hacía su café. Los recuerdos de la noche pasada y todo lo que ocurrió con Carlos aún merodeaban por su mente. Se habían acostado sin hablar de ello. Él sabía que Elena hablaría de ello cuando estuviera lista. Bobby no había hecho nada mal. Simplemente protegió a su esposa como cualquier marido haría. Quería ser compasivo con Carlos pero a la vez temía por Elena y los niños.

El equipo de Bobby recibió la alerta cerca de la media mañana por el sistema de audio de la estación de bomberos. Necesitaban enviar a la ambulancia para un accidente que se había producido en un vecindario cercano.

Cuando llegaron a la escena del accidente, era como cualquier calle en una mañana de lunes soleada, salvo por el accidente a un lado de la calle, y el hombre agonizante en el centro de la misma.

Bobby y su compañero Max habían sido los primeros en aparecer en la escena. Ambos estaban en un estado de incredulidad al llegar. Al principio, Bobby pensó que el vehículo volcado al lado de la carretera cerca del empinado acceso era un tractor, pero después vio todo el panorama y se dio cuenta de que era una apisonadora gigante de las que usan para construir las carreteras. Varios trabajadores de la plantilla se habían acercado a la apisonadora y uno se acercó, explicando de inmediato la situación.

"Estábamos comenzando a aplanar una acera lista para el asfalto, y él comenzó a poner la apisonadora en marcha atrás para subir por el acceso un poco. Pero dio un tirón y se quedó atascada, y luego la máquina volcó así. No estoy seguro de cómo fue, pero lo hizo y cayó sobre él. Él dio una vuelta. Estas cosas no tienen protección lateral".

El hombre que le contaba la historia estaba hablando a mil por hora, obviamente en un estado de shock.

Bobby y Max realizaron la rutina pertinente, primero asegurando la zona y tomando todas las precauciones universales. Max aparcó la ambulancia lo más cerca de la apisonadora que pudo mientras Bobby agarraba su botiquín de primeros auxilios y evaluaba la situación.

La apisonadora estaba de lado sobre la parte inferior del cuerpo del hombre. Incluso antes de comprobar la respiración y el pulso primero, Bobby lo supo.

No sobrevivirá. No hay manera.

Pero Bobby nunca se daba por vencido. Su trabajo era estar ahí y ayudar y cuidar de los pacientes.

En segundos, Bobby estaba de rodillas poniendo una vía en el brazo del hombre y respondiendo a gritos por su intercomunicador. El departamento de bomberos tenía que estar ahí con más hombres y herramientas, pero no llegaban a tiempo. Ellos no sabían que la única esperanza de este hombre era que llegaran de inmediato. Incluso así, sería necesario un milagro.

Él no estaba a cargo de los milagros. Eso le tocaba a Dios. Lo único que él podía hacer era ser un instrumento para Él.

"No tenemos *treinta* minutos", respondió con brusquedad. "Necesito un equipo especialista de inmediato".

Mientras Bobby estabilizaba el cuello del hombre con un collarín y después le ponía una máscara de oxígeno, el hombre gritaba y le miraba fijamente con una mirada perpleja de temor y dolor.

"Entendido, Ochenta y uno. Pero el Aire Uno está en camino a Kenosha, y Aire Dos está en la base con problemas eléctricos. Estabilice en el lugar y espere la asistencia aérea".

¿Problemas eléctricos?

Quería decir algunas palabras malsonantes pero se contuvo. No haría ningún bien a nadie, incluso aunque aún tuviera una boca sucia.

"No quiero morir", dijo el hombre de mediana edad en un tono débil, sin poder respirar bien. "Ayúdeme…"

Bobby sostenía la parte posterior de su cabeza con cuidado. "Lo intento. Hago todo lo que puedo. ¿Puede decirme su nombre?".

Necesitaba intentar que el hombre estuviera con él, que esperase hasta que llegara la ayuda, hasta que llegara una ayuda *real*. Los bomberos estaban empezando a cortar la apisonadora con sierras de metal.

"Ron".

Bobby comprobó la vía. Además de estar ahí y hablar con Ron, no había nada más que pudiera hacer.

En cuanto le quitaran de encima de las extremidades inferiores esta bestia de máquina, habría muchas probabilidades de que sufriera un choque hipovolémico. Con la pérdida de tanta sangre y fluidos corporales, el corazón no podría dar al resto del cuerpo sangre suficiente. Se apagaría.

"De acuerdo, aguanta Ron. Tenemos un equipo de gente muy capaz aquí contigo".

Pero la gente capaz no te puede salvar.

¿Por qué no podían llegar antes?

"Por favor…tengo miedo", apenas dijo la voz, con sus ojos abiertos del todo como dos focos gemelos. "Tengo mucho miedo".

Bobby intentaba no mostrar su miedo o enojo sino más bien estar calmado. Asintió y le dio al hombre una sonrisa.

"Sé que lo estás. Pero estoy aquí contigo, ¿de acuerdo?".

Elena siempre había hablado de su *presencia*. De su capacidad para estar ahí en el momento y estar tranquilo y ser racional. Incluso anoche, Bobby no había perdido su templanza. Simplemente había protegido a su esposa y había hecho lo que pensó que era mejor para su familia. Siempre había sido muy equilibrado. Las emociones solo empeoran las cosas cuando uno tiene que estar tranquilo.

Lágrimas de dolor, o miedo, o ambos llenaban los ojos de Ron. "No puedo sentir nada. ¿Qué me va a pasar?".

Bobby respiraba y tragaba. "Honestamente, no lo sé".

No quería mentir al hombre agonizante. Bobby no sabía lo que iba a suceder. Estaban intentando sacarle de debajo de la apisonadora. Varios hombres estaban intentando ahora cavar el suelo alrededor de él.

¿Qué me va a pasar?

Bobby pestañeó y se vio a sí mismo haciéndose la misma pregunta un año atrás. Recordaba estar sentado en la oscuridad con lágrimas en sus ojos, preguntándose si lo había perdido todo. Preguntándose a dónde ir. Preguntándose si habría alguna manera en la que poder sobrevivir.

Era la pregunta que todas las personas finalmente se hacen: ¿Cuándo moriré, y qué ocurrirá tras mi último suspiro?

Por un segundo, Bobby pensó en ir a por los pantalones de

shock a la ambulancia. Eran de la vieja escuela, ese tipo de pantalones que toda ambulancia solía llevar para situaciones como esa a fin de intentar evitar que un cuerpo entrara en completo estado de shock.

Un momento.

Se dio cuenta de que no los tenían en el vehículo. Estaban en otro vehículo, el que usaron la otra noche de servicio.

Bobby sacudió su cabeza, conteniendo su suspiro, intentando seguir pensando qué hacer.

Se dio cuenta de que solo había una esperanza que le podía ofrecer ahora.

Buscó en su bolsillo y encontró la cruz de madera que se había llevado al trabajo. Había querido llevarla con él como recordatorio. Bobby había pensado que quizá podría ponerla en la ambulancia o posiblemente dársela a alguien. No pensó en que aparecería alguien tan pronto.

"Toma. Ten esto".

Él puso la cruz en la mano de Ron. El hombre no entendía lo que tenía o por qué se la había dado en primer lugar.

"¿Qué es esto?".

Segundos, Bobby. Milisegundos.

Con demasiada frecuencia se malgastaban. Con demasiada frecuencia alguien estaba ante algún ataúd deseando haber dicho algo más. Haber hecho más. Haber ofrecido más.

"¿Crees en Dios, Ron?".

El rostro, drenado de su color con gotas de sudor en su frente y lágrimas en sus mejillas, miró sorprendido.

"No. Es decir... no sé".

Bobby pensó en una de sus historias favoritas de la Biblia. De repente, ya no era un paramédico hablando con una víctima. Era un hombre hablando con su hermano. Hablando con un amigo. Hablando a otra persona creada a imagen de Dios.

"Bueno, te puedo prometer esto: Jesús quiere conocerte. Te ama y sufrió y murió en la cruz para que pudiéramos ser perdonados".

Sufrir y morir junto a dos ladrones uno a cada lado.

"¿Perdonados?", masculló el hombre como si estuviera diciendo: *Espera, ¿qué?*

"Absolutamente", dijo Bobby sin pensarlo ni dudarlo. "Si crees…y aceptas a Jesucristo como tu Salvador…".

El rostro que le miraba hizo un gesto de dolor y luego parecía estar pensando, confuso pero preguntándose, pestañeando e intentando entender lo que estaba oyendo. Pero antes de que el hombre dijera una palabra, oyeron el grito penetrante de una mujer. Gritando por su esposo, se apresuraba a llegar hasta ellos.

Bobby vio que un oficial se lo impedía.

"¡Es mi esposo! ¿Qué le ha ocurrido?", se lamentaba a gritos, agitando sus brazos e intentando avanzar. "Déjeme ir, ¡es mi esposo!".

El policía le estaba diciendo que se quedara ahí, que era peligroso, que ellos tenían que hacer su trabajo.

Bobby miró al hombre, que comenzó a musitar palabras de nuevo. Su voz oscilaba y temblaba al hablar.

"Por favor, Dios, cuida de mi esposa. De mis hijos".

Se pudieron oír más sirenas. El sonido de la sierra cortando el metal llegó hasta ellos. Su esposa detrás de ellos seguía gritando. Puertas que se abrieron, hombres llamando y voces hablando en sus radios. Las palas retirando la tierra a su alrededor.

Sin embargo, por un momento, Bobby tan solo oyó las palabras de Ron. Él alzó su mirada al equipo de emergencia con esa mirada que Bobby conocía bien. La punzante mirada de derrota y dolor. Como una pizarra en blanco sin palabras en ella. Desamparado y hambriento y avergonzado.

"Jesús, por favor perdóname", dijo Ron en un todo jadeante. "Lo siento. Lo siento".

Después dijo: 'Jesús, acuérdate de mí cuando vengas en tu Reino'".

El ladrón de la cruz pidiendo y rogando misericordia en los últimos momentos de su vida.

Sosteniendo su mano, viendo esa desesperación, oyendo esas palabras... Bobby no podía seguir más con la guardia subida. Las lágrimas comenzaron a bloquear su visión. Una vez más hizo lo único que *pudo* hacer por este hombre.

"Señor, escucha la oración de Ron y bendícele a él y a su espíritu. Ten compasión de él y dale la fuerza incluso en estos momentos...".

Durante un instante, Bobby sostuvo a Ron en oración, citando los Salmos, pidiendo ayuda, pidiendo cualquier cosa. Después solo pudo citar del pasaje que acababa de recordar.

"Señor, ayuda a Ron a saber, a estar seguro de que este mismo día él estará contigo en el paraíso. Jesús, sonríele. Por favor, Jesús".

El agarre de Ron se aflojó, como hacían los niños cuando se quedaban dormidos. El rostro debajo de Bobby se ablandó y se cerró a la vez. Miró al hombre y luego pudo oír los gritos detrás de él.

La esposa de Ron ahora estaba de rodillas junto a su esposo. Llorando, aferrándose a su cuerpo sin vida, rogándole que se despertara.

Bobby se puso de pie y esperó un momento, intentando consolar a la mujer histérica. Ahora era peligrosa, y lucharía por él. Pronunció el nombre de Ron varias veces entre las lágrimas que le ahogaban. Después ella de detuvo un momento mientras sostenía su brazo inerte.

La cruz cayó de la mano de Ron y fue a parar al suelo.

"¿Qué es esto?", le gritó a Bobby la señora.

"Por favor, señora", dijo Bobby mientras le ofrecía una mano para ponerla en pie.

"No", dijo mientras le apartaba. "Dígame qué está haciendo esto aquí. ¿Qué está pasando?".

Frenética, desesperada, la mujer parecía un animal rabioso. Bobby había visto lo que el dolor y el pánico podían hacer. Se mantuvo fuerte y estoico, esperando para ayudarle a ponerse en pie, esperando para alejarse de la escena con ella.

Ya no podía ayudar a Ron. Pero podía ayudar a su esposa.

Tengo que ayudar a su esposa. Para lo que necesite tengo que estar ahí.

J. D.

J. D. miraba la casa de muñecas de estilo victoriano que había construido hacía treinta y cinco años. A Kathleen le hubiera gustado mucho y habría querido tenerla en su cuarto aun cuando fuera mayor. Era un recuerdo de su infancia, uno que Kathleen había valorado. Era un recuerdo de que papá le amaba lo suficiente como para pasar horas cortando, construyendo y pintando una casa como esta.

Seguía siendo un recordatorio. Pero ya no llenaba el cuarto de esperanza. Ahora era una reliquia. Un eco de una voz, una risa y un nombre que ya no oirían más.

Él sabía que finalmente era el momento de silenciar todos los ecos en ese cuarto.

La caja que estaba llenando estaba en medio del cuarto de Kathleen. A su alrededor estaban las fotografías de una vida. Un nombre en la pared. Fotos desde su nacimiento hasta su último año. Una recién nacida envuelta en una toalla, en brazos de su madre. Una niña de dos años riéndose. Un padre con su niña en su primer día de escuela. Una sonrisa, en la que le falta un diente. Una foto de la escuela. Una reunión de niñas en una fiesta de cumpleaños.

Pero las fotografías no eran lo único que llenaba ese cuarto. Había libros que le habían leído. Había diarios que ella había escrito. Estaban sus CD favoritos apilados juntos. Un joyero lleno de cositas. Pósteres en la pared. Sus peluches favoritos, aún apilados en el rincón. Un armario lleno de vestidos y ropa. Trofeos.

La fotografía que J. D. tenía en su mano era una de sus favoritas. Kathleen estaba posando para su foto en su traje de bailarina antes de su primera actuación con la compañía en Chicago. Fue durante su primer año en el instituto.

Sus ojos comenzaron a humedecerse, por supuesto. Este pesado tirón que acudía a él de nuevo. Era familiar. Pero J. D. sabía que era el momento de finalmente descargarse un poco y seguir adelante.

Lo que ninguna foto ni toma de video podía recrear era la risa de Kathleen. Había recorrido toda su casa desde el primer momento en que ella la dejó salir siendo bebé. Se convirtió en ese magnético, contagioso, vivificante estallido de oxígeno. No podía recordar cuántas veces le había reanimado después de llegar a casa tras un largo día de trabajo.

Dios, si tan solo pudieras devolvernos algunas más de esas risas.

Se enjugó sus ojos y comenzó a poner la fotografía enmarcada en la caja. Y fue entonces cuando oyó los pasos y los recuerdos cesaron por un momento.

"¿Qué estás haciendo?".

Allá vamos.

J. D. ya estaba listo para esto. Miró a Teri y tan solo le ofreció una calmada y serena mirada.

"Algo que deberíamos haber hecho hace mucho tiempo", le dijo a su esposa.

Ella entró en la habitación por un instante, lentamente, como si algo pudiera ocurrir, mirando a su alrededor para ver las cosas que él ya había empaquetado.

"¡No, detente!", le gritó ella. "¿Qué sucede contigo?".

Era peor de lo que J. D. pensó que sería. Él se mantuvo calmado. Tenía que estar calmado.

"Teri, Kathleen no está. No se ha ido a la universidad, ni a trabajar a Minneapolis, no regresará por Navidad".

"Lo sé, J. D. Pero este es su cuarto. ¡Ahora regrésalo!".

Ella le arrebató el cuadro de sus manos. Él puso una mano sobre su hombro, intentando calmarla, intentando razonar con ella por primera vez en mucho tiempo.

"Teri, ya basta".

El brazo de ella se apartó. Ella le miró como si fuera un extraño que hubiera entrado en su casa. Esos hermosos ojos azules se convirtieron en un tsunami de furia.

"No", gritó ella. "Cómo te *atreves*. No tienes derecho. Es el cuarto de mi hija. Es lo único que me queda".

J. D. avanzó hacia ella y la abrazó. Ella se movía y forcejeaba, y se contorneaba para alejarse de él, moviendo sus brazos y luego empujando y pegándole, e incluso intentando darle con los puños cerrados. Pero él seguía abrazado a ella, recibiendo los golpes y asegurándose de que ella supiera que él estaba ahí. J. D. aún estaba ahí aunque Kathleen no lo estaba. Él estaba ahí y no la soltaría.

Enseguida el cuerpo entero de Teri comenzó a ablandarse y comenzó a llorar sobre su pecho.

La presa se ha abierto del todo.

Había pasado mucho tiempo desde la última vez que él vio unas emociones así en su esposa. Ese enojo, le sorprendió. Le asustó, de hecho. Pero estos sollozos y esta angustia infantil... habían estado ahí antes, hasta que fueron enterrados.

Él la dejó llorar en sus brazos. Enseguida cuando ella comenzó a calmarse, él le susurró al oído.

"Esto no es una habitación, cariño. Es un museo. Y no estamos honrando su memoria. Estamos viviendo en el pasado".

Ella se apartó un poco con sus ojos hinchados, y su máscara comenzando a caerse.

"¿Qué se supone que hagamos?", preguntó ella.

Ahora parecía perdida, insegura, como lo había estado hacía años.

J. D. pensó en la razón por la que había ido ahí en primer lugar. Habían sido las palabras de su pastor y el regalo que les habían dado. Estaba aún en su bolsillo, y la encontró para enseñársela a Teri.

Ella simplemente miró a la cruz en su mano con incredulidad y desesperación.

"¿Qué bien puede hacernos eso?", preguntó ella. "He llevado mi cruz durante *veinte* años".

"Teri, el mundo no terminó cuando ella murió".

"El *nuestro* sí".

Él movió su cabeza, entendiendo y queriendo consolarla, pero también queriendo *cambiar*.

"No, no es así. Queríamos que así fuera, pero no era así. Y desde entonces, hemos sido egoístas".

Su mano asió la fotografía de manos de su esposa, y luego asintió con la cabeza.

"Sin quererlo, hemos convertido nuestro dolor en nuestra posesión más preciada. Dios no quiere eso".

La niña perdida comenzó a irse de nuevo cuando la amargada víctima comenzó a aparecer.

"¿Dónde estaba Dios la noche en que perdimos a Kathleen?".

"Te diré dónde estaba. Le estaba diciendo a Gordon Hewitt que no bebiera más. Le estaba rogando al cantinero que no le sirviera. Esperaba que llamara a un taxi o se fuera a casa con un amigo, o hiciera cualquier cosa que evitara que tomara el volante. Y cuando todo terminó, Dios lloró. Como lo hicimos nosotros".

Como un globo sobrevolando por encima pero comenzando a desinflarse, Teri movió su cabeza y miró al piso.

"¿Por qué estás haciendo esto, J. D.?", le preguntó ella con palabras lentas, suaves y débiles. "¿Por qué ahora?".

Era una pregunta justa. Él lo entendió y aceptó. Pero también necesitaba que Teri entendiera su corazón. Había pensado cuidadosamente en lo que estaba haciendo ahora, así que comenzó a explicarle por qué.

"¿Recuerdas que Matthew dijo que creer es una acción? Bien, es hora de que actuemos. Tenemos que recuperarnos y empezar a vivir de nuevo. Quiero hacer más con el tiempo que tenemos. Hay un mundo lleno de personas ahí fuera que necesitan ayuda, que no tienen dónde vivir. Y cada vez que llueve, duermen mojados. Y cada vez que hace frío, duermen con frío".

El suspiro fue como una bofetada en la cara de J. D. Teri le miró con ojos cínicos y fríos.

"¿Me estás diciendo que vas a cambiar toda nuestra vida por un *sermón*?".

"No", respondió enseguida. "He pensado en esto por mucho tiempo. Pero ese sermón me dio el valor para hacer algo al respecto".

Antes de que pudiera decir más e intentar ayudar a que Teri lo entendiera, ella se dio la vuelta y se fue de la habitación. Los pasos hacia la escalera de bajada eran rápidos y llenos de rencor.

Esta vez J. D. fue el que soltó el suspiro. Se dio la vuelta y entonces vio a la Kathleen de cinco años mirándole con una gran sonrisa.

Le hizo sentirse avergonzado por un momento.

A veces se preguntaba si ella podría verlos a ambos desde el cielo, si podría oír sus conversaciones. A veces le preocupaba que pudiera hacerlo. Que Kathleen estuviera intentando decirles que estaba bien, que ella estaba bien, que era amada y que ella les amaba a ellos.

J. D. no lo sabía, no obstante. Un día lo sabría. Un día sabría lo que Kathleen podía o no podía ver. Un día vería de nuevo esa sonrisa, no congelada en un marco.

No quería ir al cielo preguntándole a Dios por qué se había llevado su vida.

J. D. quería entrar por esas puertas dando gracias a Dios por darles a Kathleen en primer lugar.

GRACE

La canción sonaba a todo volumen en el auto y le hacía sentir otra vez como una adolescente. A veces le gustaba hacer esto cuando iba conduciendo sola. Cuando no tenía que usar el tiempo para conectar con Matthew. Cuando no tenía que oír las mismas canciones una y otra vez en la radio cristiana. Cuando no tenía que oír una historia acerca de alguien de la iglesia. Le gustaba no tener que escuchar nada de eso.

A veces, como ahora, solo quería imaginar. Oír las palabras acerca de una tonta historia de amor entre colegiales. Hubo una vez, cuando Grace se encontraba en esa historia. Pero las canciones siempre daban a entender un final feliz. Siempre dejaban algo en tu imaginación.

Grace ya no usaba la imaginación. Era peligroso hacerlo.

El recibo que había encontrado en su vestidor temprano esa mañana le había movido a hacer algo. Meterse en su auto y encender el motor, y poner la radio a todo volumen mientras conducía por la calle. Quizá tan solo estaba intentando pensar con claridad. Adolescentes, algunos de los estudiantes que iban a su iglesia, pero ella aún no sabía lo que era ser adolescente en estos días. Un mundo muy oscuro y asustadizo con muchos posibles peligros. Grace se acordó de que estaba agradecida de haber crecido en una época mejor. Aún madura para caer, pero no tan peligroso como en estos días.

El motel no estaba muy lejos. Grace pensó en esa joven allí

sola. Una joven *embarazada* y sola en algún tipo de prisión solitaria. Sabía que Matthew había hecho lo correcto, pero también era algo de chicos.

Permíteme darte una habitación de motel.

Ella no culpaba a su esposo, no obstante. Se culpaba a sí misma. Él se lo había pedido y ella se había negado. Él había hecho la oferta y ella la había devuelto. Sí, ya era tarde y odiaba estar despierta, y sí, Matthew tenía mucho en su plato estos días. Grace tan solo había supuesto que encontraría un buen lugar para llevarla y acabar con esto.

Acabar con esto.

Estas tres palabras llenaban su mente de vergüenza. Era como si estuvieran pintadas en un cartel que acababa de pasar.

¿Qué pasaría si Dios hiciera lo mismo contigo?

Otra voz dentro de ella quería intervenir y susurrar que Dios sin duda había hecho lo mismo con ella. Con ellos. Y que ella se había estado preguntando por qué durante algún tiempo.

No vayas ahí, Grace.

Había pasado demasiadas horas en consejería y demasiados momentos con amigas para regresar a ese lugar de dolor y enojo. A veces Dios no respondía las oraciones, y nunca sabremos la razón. Punto. Grace había aceptado esto aunque había días en que las preguntas llegaban a ella como algún tipo de tormenta de truenos. Como siempre, tendría que esperar a que cambiara el tiempo.

El Motel Starlite estaba ahí como algún tipo de niño sucio en la acera de la calle esperando a su mamá. Había habido varias ocasiones en que su esposo había ayudado a alguien y los había tenido que alojar en ese lugar. Sin embargo, esas otras veces siempre habían sido adultos. Un hombre al que habían echado de su casa por su adicción al porno. Una mujer huyendo de su marido maltratador y que no sabía bien dónde ir. Incluso el conserje de la iglesia, un hombre maravilloso llamado Joe, que acababa de salir de la cárcel y necesitaba un lugar temporal donde quedarse.

Matthew y ella habían hablado de que la iglesia algún día pudiera construir o comprar una casa donde personas así pudieran quedarse. Un hogar de recuperación. Tenían un ministerio creciente llamado Celebra la Recuperación que estaba floreciendo en su pequeño cuerpo. Quizá, posiblemente, el hogar de recuperación podría ser algo hecho con este ministerio.

Por ahora, parecía que el Motel Starlite era su lugar de refugio donde ir para los desvalidos y necesitados.

La mujer tras el mostrador la reconoció aunque no se sabían sus respectivos nombres. La mujer era quizá quince años mayor que Grace pero tenía una mirada fuerte estampada en su rostro. La mirada seria no era poco amigable. Era probablemente debido a que los músculos de la risa no se habían usado mucho durante los años.

"Mi esposo trajo a una jovencita aquí la otra noche", dijo Grace. "Una adolescente. Lleva aquí un par de noches".

La mujer no tuvo que preguntar si estaba bien decirle a Grace en qué habitación estaba. Esta señora entendía las cosas. Sabía que Matthew y Grace estaban ahí para ayudar a la gente.

"Habitación 124", le dijo a Grace la áspera voz.

Ella dio las gracias a la mujer y se dirigió hacia la chica. Llamó. Cuando se abrió la puerta, el sonido de la televisión se oía tras la pequeña silueta en la entrada.

"Soy Grace, la esposa de Matthew. La esposa del pastor".

Desde el principio quiso que esta niña supiera quién era y por qué estaba ahí.

"No está bien que tengas que estar aquí sola", continuó. "Yo soy la que no te quiso recibir la otra noche. Por favor, perdóname".

Los ojos abiertos de curiosidad y sorpresa e incluso un poco de humor simplemente miraban a Grace.

"De acuerdo...". Se fue apagando la voz de la joven.

Antes de poder decir más, la puerta junto a ellas se abrió. Un afroamericano alto de unos veinte años salió y pasó caminando junto a ellas, con una sonrisa amigable en su rostro. Grace primero vio el petate sobre su hombro, pero luego vio la Biblia en su mano. Incluso con su chaqueta de cuero y con la barba en su barbilla, parecía un buen tipo. Los ojos contaban la historia. Eran una ventana a un lugar seguro.

Cuando había pasado, Grace hizo la primera pregunta y la más importante.

"¿Cómo te llamas?".

"Maggie".

El nombre parecía idóneo para esta niña como algún tipo de suéter hecho a medida. Grace asintió y sonrió.

"Maggie, quiero que vengas conmigo, ¿de acuerdo? Nuestra casa es tu casa. Hasta que encontremos un lugar mejor para que te quedes".

Su rostro inocente miraba con incertidumbre, como si Maggie estuviera intentando encontrar alguna manera de decir que no. Su pequeña figura parecía incluso más pequeña por la tripa tan redonda que se sujetaba con una mano.

"Me permití decir que no la otra noche. Perdón por eso. Así que ahora no aceptaré una respuesta negativa por tu parte".

Maggie asintió en silencio. Era un comienzo.

Resolverían las cosas juntas. En un lugar mucho mejor y más seguro.

"Permíteme ayudarte con tus cosas", dijo Grace.

"Está bien. Solo tengo una bolsa".

LA LUZ DEL semáforo parecía que había estado en rojo unos diez minutos. Grace miraba y esperaba mientras la chica junto a ella hacía lo mismo. Durante los primeros minutos en el auto, habían permanecido en silencio. No estaba la radio ahogando las voces en su interior esta vez. Enseguida el auto comenzó a moverse de nuevo y Grace supo que tenía que preguntarlo.

"¿Has tenido algún cuidado prenatal?".

La chica solo movió su cabeza y permaneció en silencio.

Grace estaba preocupada por Maggie, pero estaba más preocupada aún por el bebé que llevaba dentro. Una adolescente viviendo en la calle...¿Habría recibido algún tipo de tratamiento, algún tipo de cuidado y consejo profesional?

Ella caminaba por ahí con un regalo precioso y ni siquiera se preocupaba de él. No tenía ni idea de lo valioso que era ese regalo.

Grace buscaba cuál era la siguiente pregunta correcta que debía hacer, o quizá lo correcto que debía decir. No había nada peor que decir algo trivial, haciendo que uno reciba una respuesta superficial. Realmente le preocupaba. Y esta niña era solo una adolescente. Pero aun así merecía un respeto y cuidado. Grace tenía que ser sensible.

Justo al empezar a hablar de nuevo, Maggie le sorprendió y comenzó a hablar ella.

De alguna manera, parecía como si quisiera hablar con alguien por unos momentos.

"Mi madrastra me llevó a lo que yo *creía* que era mi primera cita. No me di cuenta hasta que llegué allí de que estaban queriendo deshacerse del bebé".

Maggie ni tan siquiera miraba a Grace, sino que miraba por su ventanilla. Grace sabía que algunos recuerdos deben enterrarse para poder seguir caminando, respirando y viviendo.

"Sentí la patada del bebé por primera vez de camino a esa clínica, y no podía sacarme el sentimiento de mi cabeza. Era como si el bebé me estuviera diciendo que no les dejara hacerlo. Antes había sentido esos pequeños movimientos, pero este fue totalmente distinto. Fue una verdadera patada. Me di cuenta de que todo lo que me estaban diciendo no estaba bien. Así que… tenía que irme de allí".

Ella giró la mirada para ver el rostro de Grace. Para ver su reacción.

"Por eso huí", le dijo Maggie como si aún estuviera intentando defenderse.

El enojo que Grace había sentido de repente se evaporó. Había juzgado mal del todo a la chica.

Maggie volvió a mirar por la ventanilla, a las aceras de la ciudad por las que pasaban. Ella continuó hablando con una voz suave, distante.

"Cuando estoy sola… es como si hubiera esta vocecita dentro de mí que sigue susurrando, sigue diciéndome lo mismo. 'Puedes recuperar tu vida. Aún hay tiempo. Lo único que tienes que hacer es deshacerte de ello. Y no sería tan malo. De todos modos ni siquiera es una persona'. Oigo esos susurros pero sé que son una mentira".

La cabeza de Maggie se inclinó y sus manos cubrieron su rostro. Incluso su lloro era suave y comedido, un gimoteo lento y profundo. Grace puso una mano en la parte trasera de su rizado cabello.

"Es mi bebé", dijo Maggie.

Grace pudo sentir las lágrimas en sus propios ojos esta vez. No solo por el dolor y la confusión que llenaban el alma de esta joven.

No.

Se dio cuenta de que Maggie era plenamente consciente del regalo que le habían dado. Había huido para proteger ese precioso regalo.

Maggie no estaba ahí por algún error, o desgracia, o decisión necia. Estaba intentando proteger una vida. Simplemente no sabía cómo hacerlo. Grace se dio cuenta ahora de que Matthew no se encontró con ella por azar. Dios les había llevado a Maggie.

Grace creía eso. También creía, lo *sabía* absolutamente, que Maggie estaba en buenas manos.

Me senté en la silla de mi oficina en silencio durante un rato. No estoy seguro de cuánto tiempo. Tan solo mirando fijamente a mi escritorio y pensando en la conversación telefónica que acababa de tener. Una familia de nuestra iglesia recibió la noticia de que su hijo de cuatro años tenía leucemia. Hablé con el padre, que parecía estar más entero que yo. Le di palabras que espero le animaran y le ofrecí mi apoyo y mis oraciones. Sin embargo, mientras estaba ahí sentado recreando la conversación otra vez, me preguntaba si podría haber dicho algo más. Algo distinto, o mejor, o más propio de un pastor.

No estaba seguro.

Esta familia, una familia de cuatro, una familia joven, con tanto que ofrecer y tanto gozo que aportaban al estar con ellos, no merecía esa noticia. Obviamente, las cosas ocurren y uno no puede controlarlo. A la vez me hacía la pregunta que el hombre nunca había hecho durante nuestra conversación.

¿Por qué, Dios?

Miré el pequeño artículo que había sobre mi escritorio justo delante de mí. Lo tomé y lo estudié.

Por qué…

Creía en la cruz y creía en las palabras que había dicho ayer. Sin embargo, una y otra vez, no entendía los *porqués* que andaban por este mundo.

Por un momento, miré fijamente a la habitación donde había una estantería. En un lado del estante del medio había un marco sin foto. Había sido un regalo de Grace que aún no tenía el ánimo de bajar. Me lo había dado cuando estábamos intentando, orando y esperando.

La parte superior del marco decía cinco palabras agobiantes:

Mira quién ama a papi

Tragué y luego pensé en los Babiak con sus dos niños. ¿Por qué les bendijo Dios con hijos y luego de repente permitió esto? Tenía las palabras que un pastor podía decir a un padre y las había dicho todas, pero aún no entendía. Quería que Dios me mostrara por qué.

Hace mucho que había llegado a la conclusión de que el marco nunca estaría completo, pero aún me preguntaba por qué.

Versículos de Job llenaban mi cabeza. Conocía bien el libro de Job. Ciertamente no podía identificarme con este hombre que lo perdió *todo*. Sin embargo, entendía un poco lo de las pérdidas.

"¿Quién es este que pone en duda mi sabiduría con palabras tan ignorantes? Prepárate, muestra tu hombría porque tengo algunas preguntas para ti y tendrás que contestarlas".

Dios respondió las preguntas de Job, parecidas a las preguntas que a menudo llenaban mi corazón como ahora mismo lo hacían, preguntándole a Job una serie de cosas que nadie puede responder.

Al final, Job simplemente solo pudo caer de rodillas pidiendo perdón y avergonzado.

"Hablaba de cosas sobre las que no sabía nada, cosas demasiado maravillosas para mí".

Conocía la Biblia y creía en el mensaje y la esperanza que hay dentro de ella. Creía en la cruz que tenía y lo que pasó en ella.

Si cree esa verdad, deje que sus acciones lo demuestren.

Había estado ahí sentado con preguntas, con dolor, con asombro. Lo que no estaba haciendo en mi silla era orar y dar gracias a Dios por su amor y cuidado de nosotros. No estaba entregando esto al Señor aunque *acababa* de intentar reunir a las tropas con un mensaje que decía que hicieran eso mismo.

"Perdóname, Señor. Perdona mis fallos y mi duda. Tú lo supervisas todo. Nada sucede sin que tú lo permitas. Tú conoces a este niño y le has visto, y conoces hasta el detalle más pequeño acerca de él. Sánale, Jesús. Sé con él. Sé con sus padres y su hermano. Dales a todos fuerzas sobrenaturales. Bendíceles hoy, y bendice el camino que les espera. Oro para que sea un camino largo, lleno de milagros y gracia. Oro para que la cruz esté presente en sus vidas hoy y mañana. Oro esto también para mí".

Estas oraciones se hacían siempre y exclusivamente en el nombre de Jesucristo. Él era quien permitía que se hicieran, quien las llevaba y las ponía delante de su Padre celestial.

No podía cuestionar. No tenía derecho a hacerlo. Pero podía pedir misericordia y gracia, lo cual hice. Una vez más.

BOBBY

"Bobby, el comandante del batallón te está esperando en la oficina del capitán".

Había vuelto a la estación de bomberos solo hacía diez minutos cuando un nuevo bombero llamado Dex que parecía que se acababa de graduar del instituto dio el mensaje. No era bueno oír eso. El jefe solamente aparecía cuando estaba entregando algún tipo de medalla o cuando disciplinaba a alguien. Él no pensaba que recibiría una medalla.

Al entrar en la oficina en la parte trasera de la estación, pensaba en el hombre que había muerto junto a él esa mañana. No era la primera vez que había ocurrido algo así. Estos otros rostros y siluetas también se quedaron con él. Se quedarían como sombras para el resto de su vida. Eso simplemente venía con este camino. Podía encargarse de estos recordatorios.

El jefe Russell no se levantó y ni siquiera le saludó, sino que en su lugar parecía deseoso de entrar de lleno en materia. Su avejentado rostro mostraba líneas de desgaste por el uso, no de emoción.

Bobby se sentó en la silla frente a su escritorio y el hombre estaba detrás del mismo.

"La viuda está intentando poner una denuncia contra el departamento", dijo el bajo gruñido del jefe.

¿Una denuncia?

"Es el preludio de una demanda contra la ciudad", continuó

el jefe. "La típica extorsión. Probablemente buscando reclamar entre quince y veinte millones. La demanda será 'proselitismo bajo el color de autoridad'".

¿Una demanda? ¿Entre quince y veinte millones?

"¿Qué significa eso exactamente?", preguntó Bobby. De repente estaba sin aliento, y sentía que daba volteretas en alguna vertiginosa montaña rusa.

El veterano de treinta años siempre parecía tener un rostro caído, pero el jefe Russell apretó sus dientes y le lanzó una fría mirada.

"Ella dirá que tú amenazaste implícitamente con retener el cuidado necesario a un hombre agonizante a menos que aceptase tus creencias religiosas. Y que tu falta de atención a tus tareas contribuyó a su muerte".

Él dejo salir una risita que decía *eso es ridículo*. Movió su cabeza.

"Yo nunca haría eso. Además, ella ni siquiera estaba ahí".

El jefe Russell asintió, obviamente poniéndose de su lado, obviamente creyéndole.

"Ella dirá que el oficial que le impidió el paso era cómplice tuyo. Mira, tenemos que apaciguar esto antes de que agarre fuerza. Así que esto es lo que haremos: vas a diseñar una disculpa cuidadosamente elaborada, explicando que cometiste un error en el fragor del momento. Un lapso profesional. Y que *nunca* volverá a suceder. Yo te ayudaré a redactarlo. Después lo leerás en una cámara para que uno de los noticieros locales afiliados lo emita".

De repente parecía como si Bobby estuviera en una parrilla y las tenacillas le estuvieran asiendo por ambas partes, apretándole.

"No puedo hacer eso", dijo Bobby.

Esto consiguió una reacción del jefe. Sus pobladas cejas

cambiaron, arqueándose, y sus ojos se estrecharon. La mirada en su rostro de repente se volvió turbia, inquisitiva.

"¿Por qué no?", preguntó el jefe Russell con un grave rugido.

Bobby se movió para sentase en el borde de su silla, intentando acercarse al jefe para hablar con él francamente.

"No siento lo que hice. Y si alguna vez me veo en la misma situación, haría lo mismo. Es parte de mi obligación como cristiano. Pero solo después de haber realizado por completo todas mis tareas profesionales como cuidador de primera respuesta".

El jefe Russell le echó una mirada como la que le echaría un padre a su hijo que se acaba de caer de la bicicleta al intentar hacer un caballito.

"Mira, Bobby. Tú tienes tus creencias, y lo respeto. Pero tengo una membresía y un fondo de pensión que proteger. Por tus hermanos bomberos. ¿Me estoy haciendo entender?".

La fe de Bobby no era algo nuevo. Los compañeros lo sabían por varias razones. Por las veces que había rechazado salir con ellos, o los momentos que se había retirado de conversaciones. No era que Bobby estuviera predicando a nadie o incluso hablando de su fe. Pero no era un secreto.

"No estoy seguro", dijo Bobby. "¿Qué está diciendo exactamente?".

"Si no encuentras una forma de disculparte, entonces la unión va a tener que distanciarse de ti. Vamos a tener que admitir que actuaste *fuera* de tu autoridad, y por tu cuenta y riesgo".

Esto era una locura. Bobby solo había intentado ayudar al hombre a *vivir*. Después simplemente le ofreció al hombre una *esperanza*. ¿Ahora estaba siendo demandado y le estaban pidiendo que mintiera al respecto?

Estoy contento de pagar mis cuotas de la unión.

El jefe Russell no había terminado.

"Tu defensa legal, así como cualquier daño, tendrán que salir de tu propio bolsillo. Además, me veré obligado a suspender tu sueldo hasta que esto se resuelva. Confidencialmente: lo perderás *todo*. ¿Es eso lo que quieres?".

"No", dijo Bobby.

"Bien. entonces leerás esa declaración".

El Jefe le ofreció una hoja de papel pero Bobby movió su cabeza y le dijo que no.

"Jefe, no me disculparé por compartir el evangelio con un hombre agonizante. Y no puedo prometerle que no lo volveré a hacer".

El Jefe Russell ahora parecía un bulldog después de un largo paseo. Estaba más cansado que frustrado. Bobby sabía que esto era un gran inconveniente para el hombre.

"Espero que sepas lo que estás haciendo", le dijo el jefe.

Bobby no se movió hasta que le dijeron cuáles eran los siguientes pasos a dar. Pero mientras escuchaba y esperaba a poder irse, no podía dejar de oír la misma voz una y otra vez en su mente.

¿Qué estás haciendo, Bobby?

Él no lo sabía. Pero una cosa sabía.

Estaba haciendo lo correcto.

J. D.

Había que creer, y luego había que actuar en consecuencia. Sentado en el banco. Eso estaba bien. Eso era escuchar y entender y creer. Pero lo de actuar... Bueno, eso no era algo familiar para J. D. Pero estaba intentando actuar, y le parecía que esto era lo que debía hacer.

Estaban de pie en un pabellón repleto en la fila para comer sosteniendo bandejas. No le parecía muy distinto a cuando estaba en la escuela o quizá en algún tipo de función de la iglesia. Varias personas sirviendo comida y saludando a la gente llevaban blusas rojas del Ejército de Salvación. El lugar olía a beicon.

J. D. miró a Teri, que estaba de pie tan recta como una regla sosteniendo su bolso con ambas manos contra su pecho. Sus ojos vagaban perdidos llenos de sospecha. Él le hizo un gesto moviendo su cabeza.

"No quiero estar aquí", dijo ella con una voz susurrante.

"Vamos, relájate. Es una aventura".

Había una madre y su hija pequeña unos pasos detrás de ellos. Estaban caminando y sin prestar atención a J. D. y Teri. Él se dio cuenta de que esto es lo que sucede cuando te haces mayor. La gente dejaba de prestarte atención. *Tan solo eran la pareja de ancianos.* Nadie se preocupaba por realmente reconocerte.

Cuando llegaron a la comida, J. D. tomó un momento para

decidir. No había tan solo sopa aunque le había dicho a su mujer que allí servían sopa. Había sándwiches, sopa y varios tipos de guisados. También tenían muy buen aspecto.

"¿Qué le puedo servir?", le preguntó una mujer con una sonrisa que le llenó de amor.

"Hola. ¿Me puede servir un poco de esos macarrones con queso y chili, por favor?".

Parecían maravillosamente poco sanos. Era algo que Teri no haría ni en un millón de años.

"Nada para mí", dijo su mujer a la persona que servía.

Él no se lo podía creer. Quería decirle que pidiera algo, que no se comportara de manera tan insultante, pero J. D. no quería que se fijaran en ellos.

"¿Cómo es que no quiere comer nada?", dijo una voz de la nada. "¿Es por los carbohidratos?".

Ambos miraron atrás y vieron a la pequeña mirándoles con curiosidad. Parecía pálida y delgada pero a la vez bastante viva.

Una sonrisa cubrió el rostro de su esposa. Era bonito de ver.

"No, no es eso", dijo Teri. "Tan solo…no tengo mucha hambre".

J. D. se inclinó hacia las redondas mejillas y ojos grandes que les miraban hacia arriba. "Parece que sabes mucho sobre alimentación".

"Sí, sé muchas cosas. Soy Lily".

No fue solo una simple presentación. Parecía algún tipo de declaración. Casi como *Soy Lily, ¿no han oído acerca de mí?* Cierto tipo de advertencia.

"Un placer conocerte, Lily. Soy J. D.". Él le dio a la mamá una sonrisa amigable. "¿Le importa si nos sentamos con ustedes?".

Lily respondió por ambas. "Claro. Si a mi mamá le parece bien. Es un poco rara con los extraños. Especialmente con los grandes llamados Joe".

La madre simplemente meneó su cabeza en una combinación

de vergüenza y orgullo. La mujer se parecía mucho a su hija. Lo único que le faltaba era el fuego que hacía que el rostro de la niña brillara.

"Está bien", les dijo una voz apagada. "Sería estupendo, gracias".

Las largas mesas estaban llenas, pero J. D. y Teri encontraron una sección en medio de una donde se podían sentar y estar frente a la madre y su hija. Un par de hombres entrecanos, abrigados incluso por dentro, se sentaron en un lado, devorando su comida, mientras una pareja de rostros amigables se sentó en el otro. J. D. decidió sentarse junto a los hombres.

Sin tan siquiera pensarlo, él dio su habitual agradecimiento a Dios antes de comer.

"Por lo que estamos a punto de recibir, y por el regalo de nuestras amigas, Samantha y Lily, que el Señor nos haga ser verdaderamente agradecidos. En el nombre de Jesús, amén".

Al levantar su cabeza y tomar su tenedor, vio a sus dos nuevas amigas mirándole.

"¿Siempre ora antes de comer, señor J. D.?".

Había algo en la descarada sinceridad de los niños. El mundo rápidamente la aplasta, pensó J. D., especialmente en la cultura de hoy día, políticamente correcta, discreta, donde hay que tener cuidado de no ofender a nadie.

"Sí, siempre", dijo.

"Yo también", respondió Lily. "Incluso cuando se quedan sin cama, y tenemos que dormir fuera en el estacionamiento. Y lo único que comemos es patatas fritas *durante dos días enteros*".

Quizá a tu mamá no le gusta tanto esa sinceridad.

"Dormir en el estacionamiento, ¿eh?", dijo J. D. como si estuviera hablando de un nuevo juguete que había recibido por Navidad. "Parece divertido. Como ir de acampada. ¿Verdad, cielo?".

Teri asintió y sonrió amablemente, pero se mantuvo callada.

Lily seguía hablando con la boca llena de comida. "No es realmente una acampada. Tenemos un auto. Mamá lo llama la 'carcacha naranja'".

"Me encanta el nombre", dijo J. D.

Podía ver que Samantha parecía un tanto avergonzada y derrotada, como un golpe uno dos de boxeo. Un aluvión de preguntas le llegaban, pero tenía que vadearlas e intentar saber si era apropiado hacer alguna de ellas. Quería ayudar, quería ofrecer algún tipo de sugerencia o ayuda. Pero era nuevo en esto y lo último que quería hacer era aumentar la vergüenza o la derrota.

"Esto está muy rico", dijo él hablando de los macarrones con queso y chili.

Teri le miró como diciendo *estás mintiendo*.

"En serio", dijo. "Mira. Uno nunca se puede equivocar pidiendo algo con chili *y* queso".

Dio un gran bocado y luego asintió a Lily mientras levantaba su cuchara de plástico. Ella se rió y luego hizo lo mismo.

Samantha le mostró una educada sonrisa que parecía un cuadro en un museo. Un retrato de alguien con mil historias que contar pero incapaz de compartir ni una sola.

MEDIA HORA DESPUÉS, mientras conducían de vuelta a casa, J. D. seguía intentando sacarle algo a su esposa. No había hablado mucho y solo había respondido a sus preguntas con cortos monosílabos.

"No ha estado tan mal, ¿cierto?".

"Sí".

"Eran una bonita familia".

"Ya".

"¿Tienes hambre?".

"No".

Teri nunca hacía nada en exceso, incluyendo hablar. Le gustaba enterrar sus pensamientos y emociones. Si llegaban a brotar a la superficie, siempre seguían saliendo de forma cuidadosa y comedida. Le resultaba imposible ver más allá. Algunas personas llevaban sus sentimientos a flor de piel, como reza el dicho. El corazón de Teri estaba escondido detrás de un chaleco antibalas.

Así que cuando finalmente dijo algo antes de llegar a casa, J. D. no pudo evitar sorprenderse.

"Pensaba...que parecían un poco distintas".

Él se rió entre dientes. "¿Te refieres como a los huérfanos en las novelas de Dickens?".

Ella echó una mirada y se rió. Era genuina. Esta era su forma de admitir que no había sido tan malo, que él tenía razón. Ella probablemente nunca diría esas mismas palabras, pero J. D. sabía que le había sorprendido gratamente su almuerzo.

Él esperó a ver si ella decía algo más, especialmente sobre Samantha y Lily. Pero no dijo nada.

Él esperaba. Quizá esa mente y corazón que tenía ella comenzarían a moverse. Quizá ella finalmente las mencionaría, aportando una puerta ligeramente abierta.

J. D. ya había entrado por ella. Sabía lo que quería hacer. Lo que tenía que ocurrir. Su esposa tan solo necesitaba convencerse. Y eso por lo general funcionaba mejor cuando parecía que la idea fuera de ella.

Aún faltaban varias horas para la noche. Él tenía tiempo de trabajar en ella.

DR. FARELL

La ensalada que tenía delante ya iba por la mitad. Había leído la mayoría de los correos electrónicos de su teléfono. El Dr. Farell se las había ingeniado para escaparse de cualquier conversación aleatoria y comer su comida en paz mientras esperaba a Andrea. Odiaba que le molestasen con conversaciones triviales de sus colegas, pero también odiaba cuando la gente llegaba tarde. Esta no era una reunión de negocios, pero no dejaba de ser una reunión programada para estar juntos.

Vio a Andrea en cuanto ella entró en el área de servicio y en la cafetería llena de mesas y sillas. Era alta, y parecía incluso más alta con sus tacones altos. Llevaba un vestido azul oscuro de trabajo que era el complemento perfecto para su melena dorada. El Dr. Farell la admiraba mientras se acercaba, aunque no dejó de darle también una mirada que mostraba molestia.

"Llegas tarde", dijo mientras ella dejaba su bandeja y después se sentaba enfrente de él.

"Un nuevo cliente", dijo ella sin disculparse. "La esposa de una víctima de un accidente".

"¿Demandar ambulancias?", bromeó él. "Ese no es tu estilo".

Andrea sacó el tenedor de plástico de la bolsa transparente y luego comenzó a mezclar su ensalada. Parecía que hoy estaba programada, con su mirada enfocada y sin parar de hacer cosas.

"Es cuando la víctima fue convertida a la fuerza al cristianismo mientras estaba atrapada, *muriendo*, mientras a su esposa la policía le impedía llegar junto a su esposo".

Ella dio un rápido bocado y asintió a la sorprendida reacción de él.

"Imagínate esto: un paramédico aleluya tiene al pobre Steven Carson como su audiencia cautiva, pintándole imágenes del infierno y la condenación en sus últimos momentos. Horrible, ¿verdad? Por no hablar del dolor o sufrimiento psicológico para la Sra. Carson. Su último recuerdo de su esposo estará marcado para siempre por el pensamiento de un hombre de brazos fuertes renunciando a su propia cosmovisión".

Andrea se parecía a un animal fijándose en su presa en medio del campo, lista para devorar. A él le gustaba eso de ella. Por fuera, parecía tan inmaculada y correcta, pero por dentro era una depredadora. Era una de las grandes razones por la que era buena en su trabajo.

"Quizá él ya creía y nadie lo sabía", dijo él, jugando a hacer de abogado del diablo.

Andrea movió su cabeza y terminó su bocado de ensalada. "Ambos eran miembros de la Asociación Humanista Americana. Su lema es 'Bien sin un Dios'".

Ella parecía estar fascinada con esto, con sus ojos centelleantes.

"Aun así, ¿no será su palabra contra la de él?".

"Esa es la mejor parte, ¿Estos cristianos? Los haces jurar, ponen su mano sobre la Biblia, y dicen la verdad. Además la Unión Estadounidense por las Libertades Civiles está prometiendo que hará un borrador para un informe amicus. Ven esto como un caso que marca un hito en el mal uso de la autoridad".

El Dr. Farell estaba impresionado. Y eso no era algo fácil de conseguir.

"Parece un hecho consumado", le dijo él.

Ella estuvo de acuerdo, con su animado y dulce rostro mirando en claro contraste con el gruñir de sus labios.

"No tiene nada de malo cazar a un brujo", dijo ella. "Siempre y cuando persigas al brujo correcto".

PRETTY BOY

El vecindario parecía distinto cuando no quieres que nadie te vea.

Pretty Boy revisó de nuevo su teléfono pero Criminal había dejado de llamar. Su conversación previa había sido corta antes de que colgara a su hermano mayor. Criminal le había preguntado por el dinero y Pretty Boy le había dicho la verdad. Sí, lo tenía, pero no, no podía llevárselo a Criminal. Cuando le preguntó por qué, le dijo la verdad.

Lo que debía haber dicho antes de que ocurriera todo esto. "No está bien... lo que hicimos".

Criminal había maldecido y gritado, y le había dicho que lo correcto no tiene nada que ver con esto. Le dijo, le amenazó, que le devolviera el dinero. Pretty Boy simplemente le había respondido colgándole el teléfono y no recibiendo ninguna de las demás llamadas que se sucedieron.

Ahora, horas después, estaba sentado en el asiento de atrás de un taxi en un asiento desgastado y roto. Pretty Boy esperaba que esto no fuera algo simbólico. Había esperado lo suficiente antes de dirigirse a casa. Dudaba que Criminal estuviera ahí. Su hermano estaba escondido, especialmente desde que él no tenía el dinero. Pretty Boy quería reunir algunas de sus pertenencias antes de irse. Por cuánto tiempo, no lo sabía. Dónde iría, no lo sabía. Pero tenía algunas cosas que recuperar. Y tenía que despedirse de Abue, al menos a su manera.

Justo como era de esperar y sospechaba, Criminal no se sabía dónde estaba. Su abuela estaba en el sofá escuchando un programa en la radio pequeña que había junto a ella sobre una mesa. Después de recorrer la casa, Pretty Boy puso la bolsa junto a un sillón y luego se acomodó sobre la bolsa. No quería que Abue se preguntara qué ocurría.

"¿Dónde está tu hermano?", preguntó ella mientras apagaba la radio.

Sabe que algo está ocurriendo.

"No sé".

Su rostro curtido le miraba fijamente. "¿Se han peleado, chicos?".

Él se encogió de hombros de forma informal. "Imagino que sí".

Ella seguía mirándole, estudiándole, tanto que él tuvo que apartar su mirada.

"Ven, acércate aquí", le dijo ella.

Pretty Boy no quería. No quería estar ahí mucho rato. Pero esta era su oportunidad de escuchar a su abuela y luego decirle adiós. Debería haber hecho esto hace mucho tiempo.

Sentado junto a ella en el sofá, miraba su rostro tan constante como el cielo. Se preguntaba cuándo lo volvería a ver.

Si es que lo volvía a ver.

Era como si ella lo supiera. Abue siempre parecía saber todo. Incluso cuando estaba callada. Incluso cuando decidía no hacer nada. De algún modo siempre lo sabía.

Su frágil cuerpo se inclinó, y entonces sus huesudas manos con la piel colgante le tomaron de ambos lados de su rostro.

"Mi pretty boy", dijo ella.

Había sido Abue quien le había puesto ese apodo. El apodo con el que se había quedado.

"Estaba pensando en todas esas noches cuando te cantaba para que te durmieras. Cada noche la misma canción".

Su voz cansada y baja comenzó a cantar y le hizo recordar

su infancia. Aún lleno de esperanza y sueños. Aún creciendo, aún creyendo, y aún sin saber todas las cosas malas más allá de esas paredes. Solo un niño mirando a su abuela y escuchándole cantar "Sublime gracia".

El estruendo en lo más hondo de él comenzó a sonar de nuevo. Pretty Boy sintió que sus ojos se llenaban de emoción. Lo recordaba bien. Nunca olvidaría esa canción y la voz que la cantaba aunque estuviera a kilómetros de distancia de ambas cosas.

Cuando ella terminó la canción, no se retiró. Esos ojos sabios se clavaron en él y no le soltaban.

"Sé que no es fácil para ti cuando sales", dijo ella de una forma que le pareció como una especia de paracaídas abriéndose detrás de él. "Tienes voces que tiran de ti en diferentes direcciones. Pero solo hay una voz que importa".

La mano que ligeramente apretaba sus mejillas ahora se movía a su pecho. Justo sobre su corazón.

"Escúchala, y síguela. Y todo va a estar bien".

Parecía como si esa voz de la que Abue hablaba le hubiera estado siguiendo durante algún tiempo. Y finalmente le había alcanzado y sentado la última noche. Finalmente la había oído como nunca antes la había oído en toda su vida. Y esta vez Pretty Boy le había respondido, pidiéndole, *rogándole* ayuda.

Y contestó.

Él pensó quizá en decírselo a Abue, pero no lo hizo. No pudo. Ahora no.

Cuanto menos supiera ella, mejor.

"¿Vas a estar por aquí un rato?", preguntó Abue.

Pretty Boy se dio cuenta de que no podía irse ahora. No después de esto. No así. Tragó y miró por la ventana del frente por la que había mirado un millón de veces antes.

"Sí. Un rato".

Pretty Boy sabía que ya había esperado mucho. Unas horas más no harían daño a nadie. Pero después se iría.

Quizá, no probablemente, se iría para siempre.

Y es que extrañaría mucho a esta mujer que estaba sentada junto a él.

Ella se había ido.

El día se había escurrido como habían hecho muchos otros, y cuando pude llegar al motel para ver cómo estaba Maggie, ya se había ido. El tipo del mostrador, un joven al que no había visto antes, no había visto nada y tan solo me miró con la mirada perdida y con un gesto de hombros que no me animó mucho. Pensé en llamar a Grace, pero me di cuenta de que ella no sabía que la adolescente aún andaba por aquí. Planeaba decírselo más adelante.

Imagino que tenía que suceder esta noche.

Pensé en esa jovencita caminando de nuevo por las calles, quizá regresando a su hogar a alguna clase de pesadilla de la que había huido. Me preguntaba si yo debía haber insistido más, si debería haber intentado conseguir más ayuda.

Me la imaginaba con su tripa redonda en su pequeño cuerpo. Después me imaginé a Grace, sentada a mi lado en este mismo auto, llorando en mi pecho mientras la abrazaba en un estacionamiento.

La vida no viene en capítulos. No tiene tramas de personajes. No tiene presagios. Llega, un día tras otro, con oportunidades, decisiones y confusión.

Las pruebas, y los doctores, y las segundas opiniones, todo nos dijo lo que ya sabíamos: Grace no podía tener hijos. Había muchas cosas técnicas que aprendimos. Honestamente nunca quiero oír las palabras "trompas de falopio" más en mi vida. Me gustaría que todo hubiera sido culpa mía no poder tener hijos. Mi problema. Quizá entonces las cosas hubieran sido diferentes.

Quizá Grace no hubiera llevado la culpa como una camisa de fuerza. Inlcuso aunque pasé meses rogándole que se la quitara.

Mi auto parecía ir sobre el lodo esa sombría noche. Esta nube aún llegaba de vez en cuando, recordándome, obligándome a mirar atrás y ver los asientos traseros vacíos de mi auto. No había asientos para niños, no había cereales derramados, no había restos de galletitas saladas, no había lazos caídos, ni peluches perdidos.

Habían pasado cinco años desde que dejamos de intentarlo, pero se me había hecho como cinco minutos. Después, a medida que pareja tras pareja de las que conocíamos anunciaban y enviaban tarjetas de celebración en el correo y mostraban a sus sonrientes bebés, teníamos que mirar. Lo peor para mí era ver a Grace de pie, fuerte y sonriendo, y dando amor a todas y cada una de esas parejas. Nuestros amigos, algunos familiares, incluso miembros de nuestra iglesia.

Las presentaciones de esos recién nacidos era lo más duro. Grace observaba desde el banco, con lágrimas en sus ojos, sabiendo que nosotros nunca estaríamos ahí. Los hoyuelos y el pelito rizado y los brazos y piernas doblados solo se podían ver y apreciar por unos momentos, y después desaparecían. Y los brazos de Grace seguían vacíos.

Hablar de adopción nunca había llegado a ninguna parte. Grace siempre dijo que quería estar ahí cuando naciera nuestro bebé. Yo había intentado, y fracasado, perseguir ese asunto. Sabía que yo no lo podía entender. Yo era el hombre. Había ciertas cosas y realidades que sabía que no podía entender del todo.

Llegué a nuestra casa, la luz del porche estaba encendida, la luz de dentro salía por las ventanas.

Sé agradecido con este día y con esta vida que te ha tocado vivir.

Hice una pausa por un momento después de apagar el auto. Entonces tomé la bolsa de mi computadora y entré, esperando la familiar calma que siempre me saludaba al llegar.

En vez de eso, oí una conversación. Había encendidas más luces de lo habitual. El olor a carne picada estaba en el ambiente.

Entonces vi un rostro en la cocina.

Era Maggie.

"Hola, cariño", dijo Grace mientras estaba de pie junto a la joven en la isleta.

Creo que estuve ahí de pie sin palabras por un momento, tanto sombrado como sorprendido, preguntándome si realmente estaba viendo esto. Grace sabía lo que estaba pensando, y dirigió sus ojos hacia la pared. La pared donde habíamos puesto la cruz de madera.

"No puedes seguir dando estas cosas y esperar que no suceda nada", dijo ella mientras comenzaba a cortar las verduras sobre la tabla de cortar.

Saludé a Maggie y le dije que me alegraba de verla, después me acerqué y abracé a mi esposa. Le di un beso en la nuca. Era agradable sentirla y poder abrazarla. Había pocos momentos espontáneos en nuestro matrimonio. Bien o mal, así es como eran las cosas. Pero esto parecía necesario y se sentía *bien*.

Cuando me separé de ella y me moví alrededor de la isleta en la cocina, observé las lágrimas en sus ojos. Ella puso una sonrisa informal y displicente.

"Estas cebollas son muy fuertes", dijo Grace.

Miré hacia abajo y pude ver lo que estaba cortando con el cuchillo.

"Eso es apio", dije yo.

Ella no dijo nada y siguió trabajando. Me volví para ver

a Maggie, que estaba observando con ojos animados e interesados.

"Me alegro de que te quedes con nosotros a cenar", le dije, y después rápidamente añadí: "Ambos claro".

LACEY

La alarma primero le asustó, y luego sintió curiosidad, y después inspiró esta diminuta chispa de esperanza en su interior. Esas chispas podían ser peligrosas. Podían encender una esperanza para creer. Sin embargo, cuando abrió la puerta, vio que a veces la esperanza era algo hermoso.

Era Carlos el que estaba ahí de pie.

"Hola", dijo ella casi tragando. "¿Qué estás *haciendo* aquí?".

Él llevaba una bolsa de la compra marrón en su brazo y tenía la sonrisa del gato Cheshire en su rostro. "Solo quería asegurarme de que estabas bien".

Carlos parecía más apuesto de lo que ella recordaba, y ciertamente imaginó su rostro muchas veces durante el día anterior. Habían hablado toda la noche en la cafetería. Había pedido al hombre del mostrador que llamara a un taxi para ella, y luego había preguntado si podía verla de nuevo. Lacey le había dado su número y dirección.

Ella no pensaba que él aparecería tan pronto.

"¿Te importa que me haya pasado por aquí?", preguntó él.

"No, en absoluto".

Él aún llevaba la chaqueta de piel descolorida que llevaba la noche anterior, pero tenía una camisa de botones debajo en vez de la camiseta de ciclista. También pudo observar que Carlos se había afeitado.

Ella sonrió pero no dijo nada.

"No quiero invitarme a entrar, pero esta bolsa pesa un poco", dijo Carlos.

"Creo que ya lo has hecho", dijo ella. "Lo siento. Es que estoy…sorprendida".

"Yo también".

Él la siguió por su apartamento mientras Lacey encendía algunas luces del techo y luego le dijo que dejara la bolsa sobre la encimera de la cocina.

"Perdona que está un poco desordenada", dijo ella.

Carlos estaba de pie mirando los altos techos y el salón y la cocina contigua. "A mí me parece bastante organizado".

"Tú eres un chico".

"No. He visto cosas mucho más desordenadas en mi vida".

Lacey estaba de pie intentando saber qué hacer. Se dio cuenta de que su cabello y probablemente su maquillaje tenían un aspecto atroz, que llevaba medias negras y una sudadera grande porque no se había cambiado del ejercicio que había hecho antes. También se dio cuenta de que eso significaba que probablemente olía a sudor y olor corporal. Entonces se preguntaba si esto era inteligente, estar junto a este chico que apenas conocía después de todo lo que había ocurrido.

Él le dio una afirmante mirada de las de *está bien, de verdad,* como hizo la noche pasada en la cafetería. Para alguien que iba a tirarse desde un puente la noche antes, Carlos parecía sin duda alguna estar contento y cómodo con su nueva piel hoy.

"No tengo mucho para beber, creo que tengo algunas cervezas que sobraron de una fiesta. Algo de vino".

"Está bien", dijo él. "Dejé de beber. Nunca supe bien cómo hacerlo de forma segura".

Ella sonrió y entendió. "Tengo Coca Cola light".

"Genial".

Cuando le dio el vaso, él le dio las gracias y luego se sentó en un taburete cerca de la encimera de una forma parecida a como lo había hecho cientos de veces. Hacía unos momentos ella había estado pensando sin parar en él y en su padre, y en las dos noches pasadas, y preguntándose cómo sería esta noche. Poco se imaginaba ella que le traería a él.

Carlos tomó la pequeña foto enmarcada de la encimera.

"Bonita foto", dijo mientras la veía.

"Mi padre y yo".

"¿Están muy unidos?".

Ella negó con la cabeza. Anoche no había hablado mucho sobre su padre. Simplemente le había dicho que su madre no estaba y que vivía sola en la ciudad.

"Padres", dijo Carlos de una forma que sonó algo parecido al título de una larga novela.

"Sí".

Ambos compartieron una mirada como la que tuvieron la primera vez que se vieron el uno al otro.

Esto es una completa locura.

Lo era. Pero en un sentido realmente bueno.

"¿Soy yo la única que ve la ironía en esto?", se atrevió a decir Lacey.

"Oye, eso fue anoche", dijo Carlos, entendiendo perfectamente lo que estaba pensando. "Hoy es un día totalmente nuevo. Además, vas a comer, ¿verdad? Imagino que la gente que salta de un puente no tiene su refrigerador lleno. Por eso...".

Ella se rió. "Tienes razón. Pero hacen ejercicio".

"Para que ese último salto sea realmente eficaz, ¿verdad?".

"¿Está mal reírse de ello?", dijo ella, pensando en esto seriamente.

"Yo he aprendido que es lo único que *puedes* hacer cuando sobrevives a una situación casi letal".

Ella sabía que tenía que estar hablando de la guerra. Carlos había hablado de ello un poquito, pero cada pregunta que ella le había hecho al respecto tan solo recibió una respuesta simple y corta, sin explicaciones. Estaba bien.

Ella decidió vaciar la bolsa de la compra. Contenía todo lo básico: leche, pan, patatas fritas, jamón y pavo, queso, mayonesa, manzanas y…

"¿En serio?", preguntó Lacey.

Tenía en sus manos las bananas más verdes que había visto en toda su vida. Carlos solo se rió.

"Algo que anhelar, ¿correcto?".

Era una de las cosas más bonitas que Lacey había oído en mucho tiempo.

J. D.

El goteo en el tejado de arriba le llenaba de culpa. Hace quince minutos había comenzado a llover, y ahora había un sonido constante de vergüenza. En la oscuridad de su alcoba, J. D. había esperado ya mucho tiempo. Salió de debajo de las sábanas calientes y fue a por sus pantalones que tenía en una silla cercana.

"¿Qué estás haciendo?", preguntó detrás de él la voz de Teri.

Así que ella tampoco está dormida.

"Voy a buscarlas".

Él se preguntaba si Teri había estado pensando en la madre y la hija.

"¿Ahora?", preguntó ella.

"Sí, ahora. Mientras hace frío y llueve".

Hubo una pausa. Después ella preguntó lo obvio.

"¿Cómo las vas a encontrar?".

Abrochándose su camisa, J. D. se dio cuenta de que no lo sabía bien. "Ya veré cómo".

"J. D....".

Su esposa había permanecido en silencio desde su discusión antes ese mismo día. Él sabía que Teri no había cambiado de idea ni un ápice, pero ahora estaba lentamente empezando a dar marcha atrás. Ella sabía que a él no le gustaba cuando ella hacía eso. Mirar hacia adentro, construir y fortificar una muralla que a veces era imposible de flanquear. A veces, *muchas* veces, J. D. tenía que abandonar y sacar su bandera blanca. Pero en este caso, él sabía que no lo haría. No podía. Había pasado demasiado tiempo.

Entró un momento en el baño, y luego se dispuso a salir de la habitación.

"Estaré aquí esperando", dijo Teri. "A todos".

"Gracias".

Ahora tenía que decidir por dónde comenzar a buscar.

DE CAMINO AL albergue donde había conocido a la niña tan linda y su agotada madre, J. D. oraba. Le pedía a Dios que le ayudara a encontrarlas. Solo quería ayudarlas de la forma que pudiera. Quizá debería haberles preguntado antes, pero no lo hizo. Ahora, cuando los limpiaparabrisas intentaban hacer hueco en la lluvia para que pudiera ver, J. D. recordó que a veces uno no tiene una segunda oportunidad en la vida. Para ofrecer ayuda a un extraño. Para pedir perdón a alguien que nos ha herido.

O para decir adiós a una hija a la que amas.

Palabras venían a su mente. La niña hablando de su carcacha naranja. Después algo más.

El estacionamiento a una manzana de distancia.

Lily había dicho algo sobre eso de pasada cuando estaban hablando de su vehículo. Era algo que él había olvidado. Bueno, *casi* olvidado.

Se estacionó junto al bordillo pegado al estacionamiento. Estaba medio lleno y tenía una verja alrededor. J. D. se preguntaba si tendrían que paga por estar allí toda la noche. Aunque fuera así, sería más barato que una habitación en un motel.

Nadie debe dormir en su vehículo. No en días así.

Quizá habían tenido suerte y habían encontrado un sitio para dormir en el albergue. Pero algo le decía que no había

206 | TRAVIS THRASHER

ocurrido. Había sentido un ligero impulso. Bueno, quizá no tan ligero. Le había sacado de su cama. Así había sido. Y quizá había sido el Espíritu Santo llamando su atención. J. D. no estaba seguro.

Metió su linterna en el bolsillo de su abrigo, y luego se dio cuenta de que se le había olvidado el paraguas. No importaba. Quizá la lluvia cayendo sobre su cabeza haría que parte de su cabello volviera a crecer. Dios podía hacer milagros, y quizá ese sería uno de ellos.

Caminó por las filas de vehículos, y solo tardó unos minutos en encontrar el vehículo. Destacaba como el dibujo de un niño en un museo de arte. El haz de luz atravesó las ventanillas, y efectivamente había una cabeza moviéndose en el asiento del conductor.

Espero no asustarles...

Definitivamente era Samantha. J. D. pudo saberlo solo al ver su cabello largo. Su rostro giró, sus ojos entornados y tapándose con una mano.

"¿Samantha?", exclamó por la ventanilla y la puerta cerrada.

A estas alturas ya estaba bastante empapado, pero eso no importaba. No quería asustarlas, pero quería que supieran que había un lugar mejor para ellas donde pasar la noche.

"¿Qué quiere?", dijo la mujer desde detrás del cristal.

Parecía alarmada y a la defensiva.

No le culpo.

"Mire, me gustaría ofrecerles un lugar donde quedarse, fuera de la lluvia".

"¿Cómo nos encontró?".

La ventanilla no se había movido ni un ápice. Samantha estaba bloqueando cualquier vista al otro asiento, pero J. D. estaba bastante seguro de que Lily estaba ahí sentada a su lado.

"Su hija mencionó que dormían algunas veces aquí. Y con

la lluvia…sabía que el albergue estaría lleno. Así que busqué una 'carcacha naranja' y las encontré".

"Estamos bien, de verdad", dijo Samantha.

Él pudo sentir que su brazo empezó a temblar. Este abrigo tampoco le estaba ayudando mucho.

"Lo sé. Pero no tienen que quedarse aquí".

"Que estemos en la calle no significa que sea una mala madre".

"Nunca me pasó por la cabeza", dijo J. D.

Él sabía que ella se preguntaba si él estaba diciendo la verdad. Quizá estaba sopesando sus opciones, intentando decidir si podía confiar en él, preguntándose si sería seguro ir a casa con un desconocido.

"Mire, no quiero parecer desagradecida, pero tengo que saber cuáles son sus intenciones", dijo ella.

"Lo entiendo", dijo J. D.

Él se limpió la lluvia de su cara aunque más gotas venían a ocupar su lugar.

Dile la verdad.

"¿Mi esposa y yo? Teníamos una hija, pero la perdimos. Y desde entonces, lo único que hemos sentido es su pérdida".

La mujer tan solo le miraba, el fuego en sus ojos de repente disminuyó. J. D. sabía que estaba hablando a un espíritu gemelo. Esta madre sabía un poco sobre pérdidas.

"A decir vedad", continuó él, "creo que nosotros necesitamos esto más que ustedes".

Por un largo momento J. D. estuvo ahí de pie, empapado, en silencio, esperando algún tipo de respuesta. Pero eso era lo único que uno podía hacer. Preguntar y esperar.

Como habían hecho durante tantos años con su Padre celestial. Pedir que se fuera el dolor. Esperar que les dejara. Y sin embargo, seguían pidiendo y seguían esperando.

La madre giró su cabeza por un instante, le dijo algo a su hija, y después volvió a mirarle a él.

Su respuesta fue apenas audible a través de la ventanilla.

"De acuerdo".

Eso fue suficiente para J. D.

ELENA

Todo eso de la fe no le había molestado a Elena hasta ahora. Hasta que se dio cuenta de que no solo estaba cambiando el temperamento de su esposo, sino que también le estaba convirtiendo en un auténtico tonto.

"La unión te va a defender, ¿verdad?".

Habían estado hablando en el salón durante media hora, mucho después de acostar a los niños. Bobby había llegado a casa tarde y finalmente pudo contarme la noticia. Me contó que había decidido hacer algo *estúpido* y que estaba a punto de perder su trabajo y ser demandado por dinero que no tenían. Todo porque había estado intentando defender alguna cosa tonta.

"No", dijo Bobby, y su rostro ya mostraba algo de derrota. "Dicen que actué fuera de mi capacidad. Que excedí mi mandato de cuidar. Y si consideran que ellos respaldan mis acciones, también recibirán la demanda. Así que a menos que me disculpe, me dejarán solo".

Elena quería gritar.

"Pues discúlpate".

"No puedo. No por llevar a alguien a Jesús. Especialmente desde que están queriendo convertir esto en alguna clase de ejemplo, donde ninguna otra persona que llegue al lugar del accidente primero volverá a sacar jamás el tema de Dios por miedo a lo que podría ocurrir".

Llevar a alguien a Jesús.

Sonaba demasiado simple, muy insano. Esto no era como detenerse en una parada o pasar por el McAuto. Ella no entendía cómo Bobby podía creer en serio que estaba llevando a alguien a Jesús cuando no había ninguna persona, rostro, voz ni nada a donde llevar a la persona en primer lugar.

"Entonces para demostrar que llevas razón, ¿estás dispuesto a arriesgarlo *todo*?".

"No estoy intentando demostrar nada", dijo. "Estoy intentando ser fiel".

Bobby no parecía ponerse a la defensiva, lo cual frustraba aún más a Elena.

"Y lo fuiste. El tipo ahora está a salvo en el cielo, ¿no es así? Gracias a ti y a Jesús. Fin de la historia".

Haz una oración la siguiente vez que estés en la iglesia. Pon la cruz de madera junto a su tumba. Pero deja todo esto de la fe fuera. Mantenlo fuera de su familia.

"Para este hombre, sí, estás en lo correcto", dijo Bobby. "Pero ¿qué ocurrirá con la siguiente persona?".

Elena movió su cabeza, mirando fijamente al piso, después al sofá en el otro lado del salón. Había pensado que ya tenían bastante con lo que tratar después de que Carlos había venido y se había ido en un abrir y cerrar de ojos. Ella aún no había oído de él y había estado preocupada todo el día. Ahora su marido le estaba dando unas noticias impactantes de la manera más suave que podía.

Ella no sabía qué decir. Verdaderamente no lo sabía. Quería maldecirle y salir de la sala, pero eso no iba a cambiar nada. Podía intentar persuadirle para que cambiara de idea, pero conocía a su marido. Nada podría hacerle cambiar de idea cuando algo lo tenía claro.

"Hablé con Liam Katz, el amigo de Tom. Él está dispuesto a representarme, pero pide un anticipo de veinte mil".

Claro que lo hizo.

"¿De dónde se supone que vamos a sacar ese dinero, Bobby? Tenemos el dinero para un mes de hipoteca en nuestra cuenta, y todas nuestras tarjetas están al límite".

El rostro, inmóvil, controlado, calmado, no huyó la mirada. Elena sabía lo que venía, pero no quería oírlo, no quería ni siquiera pensar en ello…

"No lo sé, pero confío en que Dios proveerá una manera".

Confío.

Dios.

Proveerá.

Una manera.

Los dibujos del sábado por la mañana se habían terminado. La película del libro de comics se había terminado. Esto no era alguna especie de pequeña fantasía divertida. Esta era la *vida* de ellos. Y Elena sabía que necesitaba conseguir algo de control sobre eso, ya que Bobby obviamente había perdido la cabeza.

"Bobby, no estamos en la iglesia. Necesito que sepas de dónde vamos a conseguir el dinero. *Especialmente* ya que insistes en diezmar de cada moneda que ganamos. Dime, ¿de dónde lo vamos a sacar?".

Él no dijo ni una palabra.

No tenía una respuesta.

Por supuesto, este hombre que estaba delante de ella ciertamente tenía *todas* las respuestas cuando se trataba de un hombre muriéndose en sus brazos. Tenía todas las palabras y respuestas y nunca decía lo suficiente. Pero ahora, sentado enfrente de su esposa, Bobby no tenía nada que decir que no fuera todo eso de *Dios se va a ocupar de ello.*

Ella se puso de pie, terminó con esto por ahora, sabiendo que iba a decir más palabras airadas y dañinas que no ayudarían en nada.

"No puedo soportar esto", dijo ella mientras se dirigía hacia las escaleras.

"¿Qué quieres que haga?".

Elena se detuvo y se dio la vuelta. Anoche Bobby no había dudado en protegerla. Así pues ¿por qué no podía hacer lo mismo ahora? ¿Por qué no podía protegerlos a ella y a su familia de la forma más sencilla y básica?

"Firma la declaración. Discúlpate. Haz *cualquier cosa* que quieran que hagas".

No había nada más que hacer. Esa era la solución. El final.

Él aún estaba sentado, mirándola, con su rostro agotado y buscando.

"¿O qué?", le preguntó Bobby.

Ella había hablado ya bastante. Respondió subiendo las escaleras y terminando esa conversación.

No quedaba nada de qué hablar. Ella no era ni pastora ni psicoanalista. Era una esposa, madre y enfermera, y vivía en el mundo real tratando con problemas y soluciones reales. Bobby entraría en razón. Tenía que entrar en razón.

No había ninguna otra opción.

J. D.

Doscientos treinta metros cuadrados para los dos. Así de grande era su casa. No era monstruosa, sin lugar a duda, pero era espacio más que suficiente para una pareja. Por supuesto, durante un tiempo habían sido tres, y claro, los espacios parecían incluso mayores y más vacíos desde que ella no estaba.

J. D. había estado intentando asegurarles que las cosas estaban bien desde que les había visto subir a su auto. Ahora se las presentó a Teri, que había estado esperando en la cocina. Su esposa parecía vestida y lista para tener compañía, algo que a él le asombró un poco porque eran más de las once. Lily ya se comportaba como en casa, mientras que su madre no podía tener un aspecto y conducta más extraña.

Teri les había ofrecido algo de beber, les había preguntado si querían algo de comer, pero Samantha había negado con su cabeza y había dicho "no" una y otra vez. J. D. lo entendió y les dijo que les mostraría la casa. Después podrían irse a la cama porque ya era tarde.

Samantha había hecho descalzarse a Lily antes de subir las escaleras al piso de arriba. J. D. les enseñó el cuarto de baño de invitados.

"Pónganse cómodas. Pueden darse un baño, usar la cocina, lo que quieran".

"Agradezco que estén haciendo esto", dijo Samantha.

Él asintió. "No es nada. Es un placer, ¿no es así, cariño?".

Teri estaba de pie arriba de las escaleras y mostró una sonrisa nerviosa e incierta. Esto le hacía estar fuera de su zona cómoda. *Muy* lejos de su zona cómoda. Pero tampoco J. D. tenía mucha experiencia invitando a desconocidos a su casa y diciéndoles que se sintieran libres de hacer lo que quisieran.

La primera habitación en el pasillo solía ser una habitación de invitados, pero la habían convertido en una oficina. La única otra cama en la casa resultaba estar en la habitación de Kathleen. Ambos sabían eso, pero a la vez ninguno había dicho ni una palabra acerca de la realidad de la situación.

J. D. abrió la puerta. Antes de poder entrar, Lily suspiró de gozo tras ellos.

"¡Mira, una casa de muñecas!".

Él miró a Samantha y a Lily mientras algo revoloteaba por su alma. Algo que no podía describir bien.

"Este era el cuarto de nuestra pequeña".

Al menos sabrían ahora que no estaba mintiendo en el estacionamiento.

Sin preguntar nada, Lily se metió en el cuarto y se arrodilló frente ala casa de muñecas. Tomó una muñeca y la puso dentro de una de las habitaciones. El terreno dentro de su alma se sacudió como un océano que choca contra los muros de piedra más fortificados que Normandía. Algo sucedió cuando esa niña se arrodilló a jugar con los juguetes…

Sintió la mano de Teri asiéndose de su brazo detrás de él. Cuando se giró para verla, pudo ver las lágrimas en los ojos de su esposa. J. D. lo entendía.

"Puse sábanas limpias en la cama", le dijo Teri a Samantha.

Esto le sorprendió a él.

Ni siquiera tuvo él que pedírselo.

Teri se alejó de ellos con prisa. Probablemente para mantener la compostura e intentar controlar sus emociones. J. D. solo miró a Samantha y sonrió.

"Todo estará bien", dijo él. "Pónganse cómodas".

"No les molestaremos", le dijo la débil voz de la madre. "Y por la mañana, no haremos ruido cuando salgamos".

"Bueno, si no les importa, nos gustaría que se quedaran. Es decir, si les gusta este lugar".

Mañana está aun muy lejos. Está bien con pensar en el hoy.

Él había oído eso una vez y le había gustado la simplicidad de esa frase.

"Ya veremos", dijo Samantha.

"Bien. Por nosotros está bien. Buenas noches".

Tardó unos minutos en encontrar a Teri. Ella no estaba en su dormitorio ni en la cocina. Por alguna razón estaba de pie en la oscura calma del salón. Cuando se acercó lo suficiente, J. D. pudo ver que estaba llorando. Eran lágrimas silenciosas, de las que se le había dado bien mantener en secreto durante los años.

Mantener en secreto para todos menos para mí.

Él tomó su mano y estudió el contorno de su cara. El mundo y el paso del tiempo trajeron edad, arrugas y peso a la cara en el espejo, pero nada pudo destruir el amor y la conexión.

J. D. no quería que Teri siguiera sufriendo. Pero la verdad era obvia.

"Estamos haciendo lo correcto, Teri".

Ella apartó su mano y enjugó sus mejillas. Suspiró, y él pudo oír el temblor en su voz.

"Yo no quiero hacer lo correcto. Tan solo quiero…".

Su voz se tambaleó y llegaron más lágrimas. Esos ojos tiernos aún estaban ahí, los mismos de los que él se enamoró en su primera cita en el instituto. Esos que le miraron y le pidieron que se pusieran a su lado y le amaran. Esos ojos inocentes que no conocían el mundo oscuro existente y que necesitaban a alguien que le ayudara a guiarla por él.

Él no estaba seguro de haber hecho un buen trabajo en ese sentido.

Intentó acercarla a él pero ella solo le apartó.

"Lo entiendo", dijo él con voz gentil. "Pero eso nunca va a ocurrir. Ella ya no está. Y cariño, ¿no habría hecho Kathleen esto por ellas? ¿Por esa niña?".

No había ni un atisbo de ira o condescendencia en la voz de él. Lo decía de corazón.

Teri no respondió sino que le rodeó para salir del salón. Él sabía que tenía que darle tiempo. Eso es lo que les dijo su consejero hace años. Que le diera tiempo. Así que marcaba en el calendario de su alma con un rotulador rojo. Quizá en esta vida encontrarían algún tipo de paz respecto a Kathleen. No había sucedido aún. Pero J. D. no iba a tirar la toalla. Aún no.

MOMENTOS DESPUÉS, TRAS apagar la mayoría de las luces del piso de abajo y revisar de nuevo para asegurarse de que todas las puertas estaban bien cerradas (algo que no había hecho desde hacía mucho tiempo), J. D. subió las escaleras del mismo modo que solía hacerlo cuando Kathleen era bebé. Su casa se había quedado muy callada, con Teri casi obsesionada con no despertar al bebé. Él aún se conocía cada grieta en los pisos de su casa.

La puerta del cuarto de Kathleen estaba entreabierta y podía oír las voces hablando mientras él pasaba por ahí. No quería husmear, pero no pudo evitar detenerse al pasar por el pasillo cuando oyó la voz de Lily.

Oír una niña en su casa otra vez. Era como un hombre que

ha estaba estancado en la ciudad y que finalmente se quita sus zapatos y respira el aire del mar.

"¿Puedo llamarlos abuela y abuelo?", dijo su dulce vocecita.

J. D. no pudo evitar sonreír.

"Aún no cariño, primero tenemos que ver si esto funciona".

"Pero les agradamos, ¿no es así? ¿No es por eso que nos trajeron a su casa?".

"Pues, iban a traer a alguien a su casa", dijo Samantha. "Y resulta que fuimos nosotras. Pero, esto es algo nuevo para ellos".

Él quería decir que se equivocaba, que no era que solamente necesitasen que *alguien* viniera a su casa de la calle.

Ustedes son nuestros alguien.

Y él realmente creía que Dios les había permitido conocerse.

"Creo que de todas formas deberíamos agradecerle a Dios", dijo Lily.

Se produjo una pausa, y por un momento J. D. pensó en dejar el pasillo y dirigirse a su dormitorio. Pero siguió escuchando, esperando.

"Vamos, mami. Me gusta dormir en una cama y no tener miedo de ir al baño".

"Tienes razón, Lily".

"Gracias Jesús, por ser tan bueno con nosotras. Por preocuparte…y siempre cuidar de nosotras".

Hubo un ruido de arrastre de pies. Sonó como si Samantha le estuviera dando a su hija un abrazo y un beso. Y si no lo había hecho, J. D. iba a entrar ahí y darle uno.

"¿Por qué quieres agradecerle a Dios, mami? Debes decirle".

"Por ti, cariño. Por *ti*".

Un río lleno de recuerdos llenó a J. D. mientras regresaba a su dormitorio con una sonrisa en su rostro y lágrimas en sus mejillas. Sentía que el peso que había estado manteniéndole en el suelo finalmente se hubiese ido, que ahora de repente estaba volando como un balón de helio que se suelta. Ya no miraba al suelo. Contemplaba el horizonte preguntándose dónde le llevaría el viento.

A algún lugar bueno, esperaba y oraba.

JOE

La carga ya no estaba ahí esta mañana, y eso era bueno. Quizá eso significaba que su fe estaba creciendo. A menudo Joe conocía a gente en la iglesia o en la calle, y llegaba a conocerlos mejor y luego se iban. La carga se quedaba con él, lo cual significaba que tenía que acordarse de ellos y orar por ellos. Sabía que no debía preocuparse, que la Biblia le decía que le entregara todas su preocupaciones y afanes a Dios porque Él cuidaba de él.

Él cuida de Lily y Samantha *también. Dondequiera que estuvieran.*

Le consolaba saber que Dios sabía exactamente dónde estaban la madre y la hija. Quizá Joe nunca les volvería a ver. Despertarse esta mañana y sentirse como se sentía…bueno, quizá era una posibilidad que podría ser verdad. Pero estaba bien. Tenía que confiar en que se haría la voluntad de Dios.

Ahora Joe tenía que asegurarse de terminar el piso que estaba limpiando en el área contigua a la cocina. La gran máquina con la que estaba trabajando, una máquina de pulir el piso que parecía tener la misma edad que él, estaba revoltosa y cada vez parecía más pesada en sus manos. Solía ser que él tenía más fuerza para empujar que cualquier otro a su alrededor. A la gente le costaba levantar algo y Joe llegaba y levantaba sin esforzarse lo que fuera. Pero eso era antes.

Ese antes no tan bueno cuando me creía Sansón sin todo el cabello.

Estaba mirando al piso cuando una silueta entró en la habitación. Joe reconoció al tipo inmediatamente. Era el chico de color de la otra noche. Llevaba una bolsa en su hombro y una Biblia en la mano.

El alto bramido del motor de la máquina se apagó.

"Aquí de nuevo, ¿eh?", preguntó Joe con una sonrisa de bienvenida.

El tipo miró a su alrededor. "Estoy buscando a la persona que dirige este lugar".

"Bueno, está en el Cielo. Pero creo que te refieres al pastor Matt. Vamos, te llevaré con él".

Nada había cambiando en las maneras del chico. Seguía pareciendo ansioso e inquieto, como si alguien fuera a atraparle en cualquier momento. Mientras Joe le acompañaba por un pasillo oscuro en dirección a las oficinas detrás del santuario de la iglesia, se preguntaba si habría más visitas de policías, y de ser así, qué haría entonces.

Llamó a la puerta del pastor y luego entró, viendo al pastor Matt en su escritorio. A Joe le gustaba que el pastor tuviera siempre una política de puertas abiertas. La gente podía entrar siempre que quisiera. No necesitaban algún tipo de cita previa o reunión programada por alguna secretaria. Siempre que las personas necesitaban al pastor, y la gente *siempre* tenía una necesidad en un momento u otro de su vida, había alguien esperando y dispuesto.

"¿Pastor?", preguntó Joe. "Hay alguien aquí que quiere verle".

El chico lentamente entró en la oficina y miró a su alrededor. Las paredes estaban llenas de libros. Había una cruz en la pared, más grande que las cruces de madera que el pastor Matt había repartido la otra noche. El pastor se pudo en pie detrás de su gran monitor de computadora en el que había estado trabajando.

Joe comenzó a irse para dejarlos solos, esperando que el chico encontrase lo que estaba buscando.

"No, por favor", le gritó el chico. "Quiero que te quedes".

Joe se encogió de hombros y miró al pastor Matt. Él sabía que estaba bien por el pastor, pero sentía curiosidad por lo que querría el chico, por qué quería que Joe se quedara.

El chico les entregó su bolsa, y luego se quedó ahí parado para verles a ambos.

"Escuchen, anoche, este hombre me salvó", dijo el chico, señalando a Joe. "Quiero decir que *Jesús* me salvó, pero este hombre definitivamente fue parte del plan de Dios. Al igual que usted. Y cuando le oí hablar, sabía que me estaba hablando a mí aunque usted no sabía que me estaba hablando a mí. Lo que estoy intentando decir es, que le pedí al Señor que me salvara y Él lo hizo. Lo cual significa que esto, esta bolsa de aquí, ya no es mía. Quiero hacer algo bueno con ella, porque hasta ahora, solo he hecho cosas malas. Quiero que esta bolsa ayude a la gente. Que les cambie como me cambió a mí, si saben a lo que me refiero".

Las palabras del chico salían tan rápido con esa energía nerviosa, que a Joe le costaba entenderlo todo. Podía ver que el pastor estaba intentando procesar también lo que acababa de oír. Antes de que cualquiera de los dos pudiera responder, el chico tomó la bolsa y la soltó en el escritorio del pastor. Después la abrió y les mostró su contenido.

Hizo que la jarra del deseo de Joe se pareciera a la alcancía de cerdito de un niño.

El pastor Matt estaba ahí de pie mirando una cantidad de dinero que ni él ni Joe habían visto en toda su vida. Y de la forma típica de un pastor, volvió a mirar al chico con su rostro calmado y amigable.

"No puedo aceptar esto", dijo el pastor.

"No me pida que me lo vuelva a llevar", dijo el chico de color. "Ya era sucio cuando lo robé".

El pastor Matt echó un rápido vistazo a Joe. "Aun así no puedo aceptarlo".

"¿Por qué no? Anoche leí que cuando Jesús fue asesinado, Judas regresó el dinero a la iglesia pero no podían quedárselo, así que hicieron algo distinto".

El pastor Matt asintió como diciendo *sí, pero,* abriendo sus manos, pero el chico siguió hablando con toda rapidez.

"Como lo veo, es así: el dinero es pecado. Y el pago del pecado es la *muerte.* Y si me quedo con este dinero es como si *pidiera* la muerte…pero no solo morir. Es más como el infierno y la perdición".

Tomando su tiempo, el pastor asintió y dejó que pasara un momento antes de hablar. A Joe le gustaba esto de ese tipo. Cuidadoso a la hora de hablar, siempre intentando pensar antes de decir algo.

"Has estado leyendo", le dijo el pastor al chico.

El chico tenía la Biblia en su mano y después sonrió un tanto avergonzado. "Digamos que la robé de la habitación del motel".

Otra pausa. Joe escuchaba de pie, esperando que el pastor hablara. No iba a decir nada. Le encantaba oír lo que podría haber pasado en la vida de este joven, pero no sabía qué hacer con todo ese dinero.

Yo lo llevaría al albergue y se lo daría a los necesitados.

No se lo pensaría dos veces y haría eso. Pero de nuevo, Joe no era el pastor.

"Si fuera Salomón", dijo el pastor Matt como si estuviera hablando a la bolsa de dinero.

"¿Quién?", preguntó el joven

"El más sabio de todos los hombres, quien siempre supo cómo resolver los problemas difíciles".

"Bueno, a mí me parece que si era tan sabio como usted dice, aceptaría el dinero".

El pastor asintió, y luego volvió a mirar a Joe. "Creo que tienes razón. Él lo aceptaría…y luego lo repartiría".

Me está leyendo el pensamiento, pastor Matt.

Joe volvió a mirar a la bolsa repleta. Pensó de nuevo en su jarra del deseo.

Esto le dio una idea.

GRACE

Grace estaba de pie en un lado de la habitación del centro de consejería de embarazos al que había llevado a Maggie. La adolescente había pedido ir esa mañana. No fue algo que Grace intentó forzarla a hacer.

Por la mañana temprano, después de haber desayunado con Matthew y antes de que él se fuera a trabajar, Grace se las había arreglado para encontrar algo en lo que había estado pensando la noche antes. Anoche no podía conciliar bien el sueño. Estaba preocupada y preguntándose cómo le iría a Maggie. No podía dejar de pensar en ello.

Esta mañana le había dado a Maggie aquello a lo que había estado mirando, un vestido rosa encantador que había visto en la tienda de bebés un día, de los que llevaban los bebés cuando eran bautizados o se hacían su primera fotografía de estudio.

"Tengo esto desde hace un tiempo, pero parece que no lo necesitaré", le dijo a Maggie mientras se lo entregaba a ella. "Quiero que te lo quedes. Imagino que tienes un cincuenta por ciento de probabilidades de que sea el color adecuado".

Maggie, tan linda y también tan despistada, como cualquier adolescente, simplemente tomó el vestido y le ofreció una sonrisa.

"Es muy bonito. Gracias. El rosa es perfecto".

Ella se detuvo y luego se miró a su vientre. "Realmente creo que es una niña".

Fue entonces cuando Grace le dijo que podían saberlo fácilmente. Y Maggie casi saltó literalmente al oírlo. Se bajó de la silla de la isleta de la cocina con sus ojos abiertos de par en par. "¿Cómo podría saberlo?".

Ahora, con Maggie reclinada sobre la mesa de exploración con su viente expuesto y cubierto de ese mejunge azul, Grace miraba mientras el técnico en ultrasonidos comenzaba a trabajar.

"¿Estás lista para ver a tu bebé?", le preguntó la mujer a Maggie.

Maggie asintió con ansias. Grace respondió con una afirmativa sonrisa que decía: *está bien.*

Grace se había imaginado este momento muchas veces. El aparato moviéndose por su abdomen. Las señales del pulso en el monitor en la pared enfrente de ellos. El sonido del latir del corazón.

Tardó tan solo unos momentos, y después la enfermera dejó de mover el aparato.

"¿Lo ves?", le dijo a Maggie.

Como la joven estaba muy avanzada en su embararzo, la imagen en la pantalla se veía muy bien. El bebé estaba durmiendo, la cabeza redondida y el pico que hacía la nariz. Las piernas estaban dobladas y una mano se movía cerca de su rostro.

Maggie sonrió, se rió, movía su cabeza, maravillada por la imagen que se mueve y se gira ligeramente.

"Tenías razón", le dijo la técnico a Maggie. "Esta es tu niña".

La joven se quedó absorta en la imagen y la información. Después miró a Grace.

"Es preciosa", dijo Maggie.

Tu vida nunca va a volver a ser la misma, pensó Grace.

Había algo tan puro en esta sala y esta imagen. Grace no sintió ni un poquito de envidia o celos, y no estaba segura de por qué.

Sentía su corazón pleno y latiendo, como la diminuta vida dentro de Maggie.

Una dulce bebita a la que sus abuelos no querían. Pero cuya madre sí la quiso. Y la necesitaba.

Yo también necesito esto, se dio cuenta Grace. *Esta niña y su bebé son dos regalos que Dios ha traído.*

Grace cerró sus ojos, llenos ya de lágrimas, e hizo una rápida y silenciosa oración para bendecir a estas chicas de formas magníficas y asombrosas.

J. D.

La rutina regular de la mañana se había visto alterada drásticamente, lo cual estaba bien para J. D. Teri limpió los platos mientras él terminó de hacer el café. Habían hecho un gran desayuno a base de huevos, béicon, tortitas, fruta e incluso rosquillas. J. D. se había dado una carrera temprano hasta el supermercado para asegurarse de tener distintas opciones. Samantha y Lily no comieron mucho, pero él se alegró de que aún estuvieran allí.

El sonido del agua en el piso de arriba le decía que Samantha se estaba dando un baño. Otra buena señal.

Él miró las fotografías en la pared del salón. Lily había preguntado por ellas esta mañana y él le había dicho que el hombre delgadido en el traje de camuflaje era él. Después le habló acerca del cuerpo de los Marines y de la Guerra de Vietnan, y cómo consiguió esos regalos ahora enmarcados junto a las fotografías. Teri se había sorprendido de que él compartiera tanto como lo hizo. Por lo general, él no hablaba mucho de Vietnam. Pero Lily quería saber, así que él quiso contarle.

El sonido de una risa nerviosa en las escaleras de arriba hizo que J. D. y Teri se mirasen. A él le encantó oírlo.

"Ahora *hay* un sonido que no hemos oído en mucho tiempo", le dijo a su esposa.

Se secó sus manos y luego se acercó a las escaleras para

investigar. J. D. dio un sorbo a su café y esperó un momento, después la siguió calladamente.

Lily estaba dando la vuelta por el pasillo en una serie de piruetas. Bueno, con intentos de piruetas. Pero se veía monísima intentándolo, con sus manos en alto, con sus piernas giradas y dobladas. Observó que tenía una Barbie bailarina en su mano.

Ella había visto las fotografías en la pared.

Anoche después de que llegaron, el vestíbulo estaba demasiado oscuro como para poder ver las fotografías de la pared. Pero ahora eran evidentes, ya que las paredes estaban cubiertas de ellas.

Imágenes de su pequeña bailarina.

Algunas de las fotografías mostraban a Kathleen con la misma edad de Lily.

Lily seguía girando y dando vueltas hasta que se topó con Teri, quien se agachó con ambos brazos para que la niña no se cayese.

J. D. estaba de pie en las escaleras de arriba, mirando a las dos abajo en la entrada. Los ojos de Lily estaban enfocados en las fotografías junto a las que había saltado.

"Es muy linda", la inocente y honesta voz le dijo a Teri.

"Sí", dijo Teri. "Lo era".

De repente, el brillo y la osadía en el rostro de la niña decrecieron y se apagaron. Se dio cuenta incluso a su tierna edad de la verdad. Estas eran fotografías de su hija, que ahora no estaba. Lily miraba como si pensara que quizá podía estar en problemas.

"Intentaré no recordársela mucho", le dijo Lily a Teri.

Y luego llegó.

El momento.

La puerta abierta y la oportunidad.

J. D. solo podía ver el rostro de la niña, no el de Teri. Pero pensaba, esperaba y suponía lo que su esposa podía estar sintiendo y pensando.

Después…

Su esposa se agachó y se puso de rodillas, y después tomó a la niña en sus brazos.

"No te preocupes por eso, cariño", dijo Teri. "Tan solo sé tú misma, y todo va a estar bien".

Teri apretó a la niña en sus brazos, sin dejarla ir. El rostro de Lily parecía sorprendido y alegre a la vez. Él suponía que había lágrimas en los ojos de Teri, pero también pensó que había algo distinto.

Algo había cambiado. Para bien.

Quizá había solo una persona que pudiera ayudar a Teri a seguir adelante. Y esa persona no sería J. D.

Quizá esas piruetas de esperanza adornarían su casa, y sus corazones, de nuevo.

Quizá ya lo habían hecho.

ELENA

No recordaba cuándo fue la última vez que había visto a Bobby en su traje de uniforme azul. Aunque aún estaba enojada con él, Elena no podía dejar de pensar en lo apuesto que estaba al verle de pie delante del espejo de su dormitorio. Una parte de ella no *quería* saber lo que estaba sucediendo, pero acababa de llegar a casa después de un turno y necesitaba preguntar.

"¿A dónde vas?".

Bobby siguió mirándose al espejo mientras se retorcía la corbata para hacer el nudo lo mejor que podía. Esto parecía inónico, debido a la naturaleza perfeccionista natural de Bobby. Parecía desentonar con sus acciones tan *imperfectas*.

"Vista preeliminar", dijo él. "La unión quiere oír 'mi versión' de la historia".

Ella estaba de pie, aún mirándole en el espejo, queriendo que le mirase por un momento. Él aún no parecía *entender* la gravedad de todo esto.

"¿Has decidido cuál va a ser?", preguntó Elena.

Los ojos de él aterrizaron en los de ella. "La verdad".

"¿Qué verdad? ¿La que te deja en el trabajo o la que te despide?".

Él aplastó el nudo, satisfecho con el trabajo que había hecho, después se giró hacia ella. La luz del sol por la ventana detrás de él hacía que su perfil brillara como algún tipo de ángel.

Tiene que quitarse el halo y regresar a la tierra.

Elena respiró, calmándose e intentando desesperadamente hacer que él la escuchara.

"Querido, te lo pido por última vez. *Por favor,* no hagas esto".

El rostro cuadrado, sólido, fuerte no cambió.

"No tengo otra opción".

"Estás tomando una, Bobby. Has tomado muchas decisiones últimamente".

"¿Que he hecho qué?".

Esto captó su atención.

Bien.

"*Tú* decidiste comenzar a ir a la iglesia sin tan siquiera preguntarme cómo me sentía yo. Arriesgas tu vida por desconocidos todos los días, pero ¿qué hay de nosotros? ¿Qué ocurre conmigo?

"¿Tienes una idea de lo sola que me siento? ¿Acaso te importa? Mi propio hermano no se siente bienvenido en mi casa. Y ahora esto. Lo vas a tirar todo por la borda. Pero claro, no tienes opción".

Sus palabras retumbaron en las paredes de su dormitorio. Era una lástima que tantas discusiones, *demasiadas,* de hecho, se hicieran en este lugar que debería haber sido un santuario y un refugio.

"Elena, estoy intentando hacer lo correcto. ¿No lo ves?".

Ella solo podía ver a un hombre adulto terco, necio, actuando como un niño. Había estado actuando como uno los dos últimos años.

"Piensa en los niños. ¿Podrás por lo menos hacer eso?".

Elena sabía que no había absolutamente nada que Bobby no hiciera por esos dos niños. Las únicas veces que cedió a algo o fue en contra de sus deseos, fue cuanto tuvo algo que ver con Michael y Rafael. Ella sabía esto, y ahora lo estaba usando contra él.

"Estoy pensando en ellos. Les estoy dando un ejemplo de cómo espero que se comporten cuando sean hombres".

Las palabras saliendo de su boca... Una tontería, pero él creía cada una de ellas. Con una sinceridad que tuvo el día de su boda.

"¿No lo entiendes?", dijo Bobby, rogándole. "Lo más fácil que podría haber hecho el día del accidente, y lo más fácil que puedo hacer ahora, es no decir una palabra y alejarme. Pero no puedo. No lo haré".

Ella se mordía el labio y movía su cabeza, exhalando e intentando controlar sus emociones.

"Parece que ya has tomado una decisión entonces", dijo ella. Parecía que había estado hablando con algún servicio al cliente automatizado en el teléfono. "Espero que funcione, Bobby".

Algo en la manera en que ella pronunció su nombre sonó como una maldición. Elena dejó a Bobby, y su decisión, y el destino de su familia en el dormitorio detrás de ella. Lo había intentado y había fallado. No había nada más que pudiera hacer.

Bobby era su esposo, no su paciente. Ella simplemente deseaba que hubiera actuado como tal.

LACEY

La risa de él. De algún modo parecía llenar algunas de las grietas en el interior de ella. Había muchas, pero era muy bueno al menos una vez no sentir que estaba rota.

"Bonita vista, ¿eh?", le preguntó a Carlos mientras caminaban por el paseo de bicicletas cerca de la avenida Fullerton.

Él asintió y luego miró hacia la silueta de la ciudad. "Creo que nunca había estado aquí".

A su izquierda, el lago Michigan parecía calmado e interminable. Enseguida el agua comenzaría a congelarse, o posiblemente a cubrirse de hielo y nieve.

"Deberías ver este lugar en verano", dijo Lacey. "Es donde vienen todas las personas hermosas a montar en bicicleta y correr y mostrar sus cuerpos bronceados y esbeltos".

"¿Eso te incluye a ti?", dijo él con una sonrisa.

"Yo soy la que normalmente no presta atención y casi es atropellada por un grupo de ciclistas. A veces pueden ser muy peligrosos".

"¿Estamos hablando de los ciclistas que llevan chaquetas de piel o de los que llevan esos pantalones cortos ajustados?".

Ella no pudo evitar reírse. Era otra cosa que le había faltado durante mucho tiempo. Algo que ni siquiera se había dado cuenta de que le faltaba hasta que el sonido de la misma se lo recordó.

"¿Vas a regresar para ver a tu hermana?", le preguntó Lacey.

Él ya le había hablado del incidente la otra noche. Ella aún no le había contado el incidente con la comida china. Lacey no quería que él pensara que estaba realmente loca. Solo un poco estaría bien por ahora.

"Puedo ver a mi hermana preguntando: '¿Y cómo la conociste?'. Intentando ser muy dulce y amigable. Yo diría algo como: 'Pues ambos estábamos pensando en tirarnos desde el mismo puente. Pero mira, Lacey es magnífica'".

"A mí me parece un encuentro hecho en el Cielo".

Una ráfaga de viento hizo que ella metiera sus manos en su abrigo largo. Carlos caminaba cerca de ella, de vez en cuando chocándose con su brazo. A ella le gustó la ligera conexión, el recordar que alguien estaba muy cerca de ella, interesado en ella y escuchando cada palabra que ella decía.

"¿Te importa que te pregunte por qué te hiciste Marine?".

Carlos movió su cabeza. "El anuncio".

Durante un segundo, ella pensó que estaba bromeando de nuevo.

"No, lo digo en serio", dijo Carlos. "Cuando era un niño, vi el anuncio. Ya sabes, el uniforme, la espada. Si pudiera haberme alistado entonces, hubiera sido el primer Marine con ocho años. Me encantaba ser Marine".

"Entonces ¿qué sucedió?".

Su rostro volvió a mirar de nuevo a la silueta de la ciudad.

"Yo", dijo Carlos.

"¿Te cansaste de ser el héroe?", bromeó ella.

Él se rió y movió su cabeza, aún con su rostro perdido; parecía estar buscando algo a lo lejos.

"Eso es lo curioso de la guerra. Te muestra quién *eres*, no quién quieres ser".

Caminaron un rato en silencio hasta llegar a un banco de piedra que parecía estar encima del agua. Carlos se sentó como si estuviera solo, queriendo por un momento tan solo meditar y recordar. Lacey se sintió extraña pero se sentó a su lado, preguntándose dónde se había ido él de repente.

Su cuerpo parecía tenso y rígido mientras parecía estudiar el lago que tenían enfrente. Lacey observó cómo sus manos se asían a sus rodillas, después las apretaba como si estuviera intentando sacárselas. Sus dedos curvados, los nudillos blancos, las manos temblando incluso mientras miraba al espacio y no decía ni una palabra.

A los demonios que les gustaba llamar a su puerta tarde por la noche seguramente hacían lo mismo con Carlos.

"¿Estás bien?", preguntó ella.

"En verdad no".

Una pausa.

"¿Malos recuerdos?".

Él asintió, aún sin mirarla, aún sin sonreír. "Algo así".

"Soy muy buena escuchando".

Las palabras se quedaron colgando sobre ellos durante un instante. Lacey no sabía qué más decir.

Eso le has dicho a otros chicos antes.

El silencio siguió a esas veces, también.

Hablará cuando esté listo. Quizá solo necesita algo de tiempo. Dale tiempo.

Aún tenían tiempo. Aún tenían hoy, mañana también. La otra noche, el mañana había comenzado a escaparse y a convertirse en una imposibilidad.

Él me devolvió el mañana, así que puedo darle todo el tiempo que necesite.

Lacey comenzó a decir que estaba bien, que ella no tenía que saberlo, pero Carlos habló antes de que ella lo hiciera.

"Una mañana muy temprano, estábamos cerca de un lugar llamado Sarbesha, atrapados a unos 3.400 kilómetros arriba de una ladera, a punto de ser atacados. Y de la nada, este helicóptero salió del valle, disparando. Intentaron sacarnos de ahí. El piloto era un muy buen amigo mío. Sam, un coreano muy grande. Aún puedo ver su rostro. Era calmado y sereno, y siempre sonreía".

Carlos la estaba mirando ahora mientras le contaba la historia, con intensidad en su rostro y en sus ojos.

"El perímetro no era seguro, una granada lo encontró y un misil lo derribó tras arrancarle la cola del helicóptero. Recuerdo esa bola de fuego enorme. Un calor intenso. Calor suficiente para derretir las paredes del fusilaje. El copiloto y el jefe de tripulación lograron salir. Pero Sam, estaba atrapado en la cabina. Estaba a menos de cien metros de distancia. Quería salvarlo; él vino a salvarme, pero no pude. Me quedé ahí parado. Observando. Tenía mucho miedo".

Soltó un gran suspiro y luego apretó su mandíbula. Lacey se lo imaginaba sin que se lo tuviera que decir.

"Él murió".

Sus ojos buscaban el cielo, el suelo, la silueta de la ciudad, todo mientras Lacey le miraba y se preguntaba qué podría decir ella. No había nada que decir. No ahora. Quizá entendiera su dolor, pero no esos recuerdos. Ella solo tenía que escuchar, que sentarse a su lado y esperar que continuara.

"Ahora lo veo, y lo veo una y otra vez", dijo Carlos. "Es mi castigo".

Ella quería quitar este manto de culpabilidad que Carlos llevaba del mismo modo que deseaba que alguien pudiera hacer lo mismo por ella. Era como un abrigo grueso, feo, voluminoso, que simplemente había que quitarse. Sin embargo, por mucho que lo intentasen, era imposible quitárselo.

El viento le hacía temblar, entonces apretó sus brazos contra sus costados. El lago parecía muy amplio y vacío.

Habla con él. Dile algo. Dile lo que estás pensando.

Y lo hizo.

"No sé lo que hiciste o no hiciste allá", dijo Lacey. "Pero una cosa sé: tú me salvaste".

Ella puso su mano sobre la de él. Carlos no reaccionó. Simplemente siguió mirando hacia el agua, con el dolor por dentro tan claro como la ciudad que había junto a ellos.

Había muchas cosas que ella podía haber dicho. Muchas cosas que *quería* decirle a Carlos. Pero Lacey simplemente recostó su cabeza contra su hombro y se quedó ahí. Quizá, afortunadamente, esos mundos finalmente se encontrarían.

JOE

Por un segundo, mientras él se sentaba en la camilla de la sala de exploración y una enfermera le revisaba, Joe se acordó de aquella primera noche en prisión.

Empapado en un sudor de terror, los ojos abiertos, el cuerpo dormido por la dura cama de bloque, oír y ver cosas en la mente que no estaban ahí.

Todo en él en ese entonces y cada aspecto de su vida se podría resumir en una palabra:

Ira.

Esto fue lo que le hizo matar a un hombre con sus propias manos. Esto fue lo que le envió a Stateville, donde más de la mitad de los presos eran asesinos convictos. Esto fue lo que le mantuvo a salvo y con vida esos primeros días entre rejas. Esto fue incluso lo que finalmente le llevo a arrodillarse.

Un fuego de ira finalmente comenzó a apagarse y desaparecer.

Ese hombre ya no existía, y el fuego que solía haber ahí había sido reemplazado por otro fuego que escapaba a su control. De esos que le llevaron de nuevo al hospital, otra vez a ser examinado.

Joe había intentado bromear con la enfermera, pero ella no parecía estar para muchas risas. Ni para hablar. O ni tan siquiera para mirarle. Así que se había cerrado y se limitaba a dejar que ella hiciera su trabajo en paz.

"Siento estar un poco mojado", le dijo él.

Su camiseta estaba como si él hubiera estado haciendo ejercicio en la playa en medio de un día caluroso en Chicago. Había estado sudando desde que salió de la iglesia cerca del mediodía.

El doctor que finalmente apareció no parecía tampoco ser muy amigable. Saludó a Joe con un firme estrechón de manos y se presentó como el Dr. Farell. La enfermera le quitó el termómetro digital que había estado en su oído para informarle.

"La fiebre es de 40°C", le dijo al doctor. "Está ardiendo".

No creo que sea necesario ser médico para ver eso.

El Dr. Farell miró al iPad en el que la enfermera había estado trabajando". "¿Alguna anomalía que deba yo saber?".

"Leucemia prolinfocítica T. Estado cuatro".

Ahora *esto* ciertamente captó su atención. Ambos le dieron esa mirada, la que Joe conocía muy bien. Esa que la gente le daba incluso cuando no sabían qué significaba lo de la T o cómo pronunciar ni tan siquiera la palabra *prolinfocítica*. La mirada era como una sentencia de muerte, como alguien que está a punto de ver un ahorcamiento. La mayoría de la gente no sabe que este es uno de los tipos más raros de leucemia, pero apostaba a que el apuesto y joven doctor que estaba con él sí lo sabía.

"Hay también anemia severa", continuó Joe. "El bazo y el hígado muy grandes".

"¿El nombre de su oncólogo?", preguntó el Dr. Farell.

A Joe le gustaba este tipo. Le gustaba el hecho de que no había indicio de una falsa esperanza o compasión. Este doctor quería los datos y esos eran los datos, y de acuerdo ¿entonces qué viene después?

"Dr. Emil Baranek. Stateville Correctional Center".

La enfermera les dejó, habiendo oído suficiente. *Hombre*

muerto andante, tengo que ir con mis demás pacientes. El doctor simplemente asintió a ese nombre.

"¿Supongo que tiene un permiso por asuntos personales?".

"Sí", dijo Joe.

Había algo muy limpio y ordenado en el hombre que estaba delante de él. Joe apostaba a que este tipo usaba uno de esos cortadores de vello para su nariz y oídos. Probablemente se cortaba el cabello cada dos semanas. Hacía ejercicio regularmente, llevaba su ropa a la tintorería, conducía un auto de lujo, tenía una esposa o novia de trofeo.

¿Pero está su alma tan ordenada como todo lo demás?

Las almas rotas y desordenadas eran las más fáciles de salvar. Las que Joe había conocido que vivían vidas seguras y cómodas a menudo eran las más difíciles de arrodillarse.

Finalmente, todos nos arrodillaremos, ya sea en esta vida o en la siguiente.

"¿Qué tratamiento ha llevado desde el permiso?", preguntó el Dr. Farell.

Joe le ofreció una especie de sonrisa entre dientes un tanto triste. "Bueno, principalmente me limito a orar. Vine aquí la otra noche, pero no recibí tratamiento alguno. Terminé durmiendo en la calle".

El doctor arqueó sus cejas y le dio una mirada de descrédito. "Entonces, usted está viviendo un préstamo de tiempo, con un sistema inmune muy débil, ¿y decidió pasar la noche *en la calle*?".

"Es complicado", dijo Joe.

Suponía que el doctor no querría oír toda la historia, ni que lo fuera a apreciar lo más mínimo.

"Hay una infección descomunal en su sistema", le recordó el Dr. Farell. "Y es muy improbable que yo pueda detenerla. Se lo admitiré. Lo vamos a intentar, pero eso es todo".

Joe pensó en la otra noche, en la oportunidad de conocer a

Lily y Samantha. No pudo impedir que una sonrisa comenzara a brotar en su rostro al pensar en las dos.

"Improvisadamente, yo diría que la pequeña aventura de 'acampada en la ciudad' rebajó su tiempo de semanas a cuestión de días, si no menos".

Joe asintió con la cabeza al Dr. Sensato. El tipo no podría entenderlo y Joe ni tan siquiera quiso intentarlo.

"Sí, bueno, valió la pena".

J. D.

Pudieron oír que alguien llamaba a la puerta principal. Quien estuviera allí no había tocado el timbre por alguna razón, sino que había dado golpes en al puerta. J. D. y Teri habían estado en la cocina hablando con Samantha mientras Lily jugaba arriba. El ruido interrumpió su conversación sobre los inviernos de Chicago.

Tiene que ser algo relacionado con las invitadas.

J. D. sabía que nunca llegaban visitantes inesperados. Teri no era el tipo de persona que les dice a amigos y familiares que pasen por casa cuando quieran. Y a esas alturas, amigos y familiares sabían muy bien que era mejor programar una visita o al menos llamar antes de ir. Así que él abrió la puerta, esperando a alguien que buscara a la madre y la hija, esperando que no fuera algún exmarido o exnovio enojado.

Un hombre con gorra de beisbol y un abrigo, probablemente de unos treinta y tantos años, estaba en la puerta sosteniendo un jarro con monedas dentro. J. D. iba a ser educado y decirle un "no, gracias", pero entonces notó que había un taxi aún en marcha en el sendero de entrada. No había nadie tras el volante.

"¿Está aquí Samantha?", preguntó el hombre con un fuerte acento de Chicago, y de cara redonda y ruda.

J. D. se giró para llamar a Samantha, pero ella se había acercado a la puerta con Teri.

"¿Es usted Samantha?", le preguntó el taxista.

"Sí", dijo ella con un tono de incertidumbre.

"Esto es para usted y para su pequeña".

Samantha se acercó más a la puerta para poder ver lo que el hombre tenía en sus manos. No lo agarró enseguida, sino más bien se mantuvo con cuidado tras J. D., con incredulidad en su rostro.

"¿Cómo supo él dónde encontrarnos?".

J. D. no sabía quién sería ese "él", pero podía imaginarlo.

"Él no lo supo", dijo el taxista. "Me pidió que revisara en los albergues cerca del UC Medical, buscando a una madre y una hija llamadas Sam y Lily. Finalmente llegué al que está en la calle Dillon. Parece que usted dejó una nota por debajo de la puerta, pidiéndoles que no se llevaran su auto y haciéndoles saber dónde iban".

Samantha miró a J. D. con una vena de culpabilidad, pero él admiró su modo de pensar. Si él hubiera resultado ser cierto tipo de persona loca que secuestraba a madres e hijas y las ocultaba en el sótano, alguien finalmente acudiría buscándolas.

El conductor se acercó y entregó la jarra de cristal con el dinero a Samantha. Había una nota pegada a uno de los laterales.

"¿Confía generalmente la gente en usted para conducir y entregar jarras con dinero?", preguntó Samantha.

El hombre se rió. "Se lo *debo* a él. Joe me ayudó a salir de una situación difícil. No hay muchas personas dispuestas a hacer ese tipo de cosas en estos tiempos".

"Sí, él nos ayudó a nosotras también", dijo Samantha.

"Asegúrese de leer la nota", dijo el taxista mientras comenzaba a regresar a su vehículo.

J. D. sostuvo la jarra con el dinero para que ella pudiera abrir la carta doblada.

"Querida Sam", leyó ella en voz alta. "Parece que voy a tener que irme, y no creo que regrese. La 'jarra del deseo' es para

244 | TRAVIS THRASHER

usted y Lily. Resulta que mi deseo es que ustedes dos tengan todos sus deseos hechos realidad. Dios las bendiga. Su amigo, Joe".

Samantha se quedó mirando con esas oscuras y pesadas ojeras bajos sus ojos y una expresión de asombro, del mismo tipo que cuando J. D. las llevó a la casa. Entonces salió por la puerta rápidamente.

"¿Le dijo él dónde iba?", gritó.

El taxista hizo una pausa al lado de su taxi. "Joe se está muriendo. Le dejé en el hospital esta mañana".

Samantha se giró hacia ellos, con la nota aún en sus manos. "Tengo que ir a verle".

J. D. lo entendió. Quienquiera que fuese ese Joe, era un espíritu afín que ayudaba a esas dos personas.

Samantha abrió la jarra y agarró un fajo de billetes.

"¿Puede usted llevarme allí?", le gritó al taxista, que aún estaba de pie como si supiera que ella iba a pedirle que le llevara.

"Claro".

Por un momento, Samantha se quedó inmóvil, con su mirada hacia las escaleras y el piso de arriba.

"Vaya usted", dijo J. D. "Ella estará bien. Teri y yo le daremos la comida y la llevaremos al parque un par de horas".

"Gracias. Por todo".

Él la observó apresurarse por el sendero de entrada y subirse al taxi. J. D. miró de nuevo a Teri, y aún tenía la jarra en sus manos.

"¿Quieres ir a ver lo que Lily quiere para el almuerzo?", preguntó.

"¿Qué vas a hacer tú?".

"Voy a contar esto y ver cuánto tienen".

Había pasado la última hora leyendo la Palabra de Dios y meditando en ella. Sé que esos pueden ser términos que parecen naturales al proceder de la boca de un pastor, pero eran *necesidades* para cualquier creyente en Cristo. Era necesario para crecer, para ser un hijo de Dios, para saber lo que Él quiere de su vida. Con frecuencia le decía a la gente que si el único rato que pasaban con Dios durante el día era durante esos quince minutos de devocional, entonces sus prioridades estaban definitivamente descolocadas.

El tiempo que yo pasé no significaba que todas mis preguntas fueran respondidas, sin embargo. No significaba que de repente todos los problemas de mi vida se arreglasen. Aún tenía este sentimiento dentro de mí de que algo estaba ocurriendo, de que el Espíritu se estaba moviendo. Aún no sabía del todo cómo.

Pero la vida y la muerte no esperan a nadie. Dios controla esas dos cosas, y estaban a punto de ser frontales y centrales en mi vida en esa tarde tranquila.

Comenzó con una llamada de mi esposa. Ni siquiera me saludó antes de lanzarme la noticia.

"Maggie rompió aguas", dijo la agitada voz de Grace. "Se le adelantó, y ya está teniendo contracciones".

Al instante me preguntaba si tenía algo que ver con el ultrasonido de esa mañana. No sabía mucho sobre partos. Tenía una idea de lo que eran las contracciones.

"Significa eso…".

"Sí, eso es *exactamente* lo que significa. Tienes que venir a casa y llevarnos al hospital".

"¿Por qué no la llevas tú?".

"Tiene muchos dolores. Necesito que tú conduzcas para yo poder ayudarla".

"De acuerdo, tranquilízate", le dije a mi esposa. "Todo va a salir bien".

Y ese fue el preciso instante en el que vi el revolver apuntando directamente a mi cabeza.

El chico del dinero.

No era él, pero al instante supe que tenía algo que ver con él. El tipo que empuñaba el arma de algún modo había entrado en mi oficina. Creo que no había nadie más en la iglesia. Joe se había despedido antes. Quizá mi puerta estaba abierta un poco, no estaba seguro. Pero ahora un hombre afroamericano de espaldas anchas con una mirada intrépida me apuntaba con una pistola.

Tranquilo. Calma.

"Me tengo que ir", le dije a mi esposa. "Estaré ahí lo antes que pueda".

Con mucho cuidado colgué el teléfono y luego alcé mis manos.

"Escuche", dije despacio. "Hay una joven que está teniendo un bebé en este instante, y tengo que llevarla al hospital".

"Debería preocuparse por su futuro, no el de ella. ¿Mi dinero?".

No me sorprendió. Yo asentí.

"Está aquí. No lo he tocado".

Tomé la bolsa que había puesto debajo de mi escritorio. De algún modo sabía que esa bolsa solo nos traería problemas.

El tipo se acercó y asió la bolsa, y luego retrocedió. La pistola no osciló nada. No era difícil saber que era de una banda de por allí, pero esa era una respuesta muy sencilla. ¿Quién sabía cuál sería la historia de este joven? Había oído mucho acerca de ellos e incluso había tenido la suerte de tener unas cuantas visitas a la iglesia, como la del chico que entró en la iglesia mientras yo estaba predicando.

El desconocido maldijo como si estuviera escupiendo en el suelo.

"¿Qué piensas que diría Jesús acerca de que te quedases con mi dinero?", preguntó él. El latido de mi corazón estaba aminorando, pero aún seguía sin poder moverme de mi sitio y casi no podía respirar. Mis manos aún estaban en alto, y cada movimiento que hacía era a cámara lenta.

"Creo que sabría que yo no lo quería, en primer lugar", dije yo.

"Entonces, ¿crees en Jesús?".

Me habían hecho esa pregunta dos veces últimamente, primero un hombre que llevaba una cruz y luego un tipo con una pistola en sus manos.

Dios está intentando mostrarme algo aquí.

"Sí, creo", dije con toda confianza.

Tenía incluso más confianza que cuando me lo preguntaron la última vez.

"Y ¿crees que si disparo este gatillo, le *verás*?".

Yo asentí. "Sí. Creo que todos lo haremos, tarde o temprano".

Él soltó una carcajada, lo cual alivió un poco la tensión en mi espalda y mis costados. Pude ver que mi comentario provocó algo en él.

"Bien, estoy seguro de que entenderás que espero que estés equivocado".

Entenderé lo que quieras si te vas de aquí.

No me moví, la alarma en mi mente aún sonaba respecto a que Maggie iba a dar a luz.

"No quiero ver que me sigues, ¿lo entiendes?", me dijo el

hombre mientras retrocedía hasta la puerta. "Y no quiero oír que llamas a la policía".

Asentí. No quería decirle que no tenía sentido que llamara a la policía por una bolsa de dinero robado que tenía debajo de mi escritorio. No creo que se creyeran mi historia, para empezar.

Él estaba de pie en la entrada, aún apuntándome con la pistola, con los segundos cayendo como fichas de dominó. Después, por suerte, el desconocido y el dinero se fueron.

Helado y en silencio, esperé, escuchando y atento a cualquier cosa. Y mientras esperaba, le daba gracias a Dios por perdonar mi vida. Después oré para que Dios hiciera lo mismo con Maggie y su bebé.

JOE

En sueños, Joe vio una hermosa mujer que se ponía a su lado y le sonreía y sostenía su mano. *Su* mano. Unos ojos oscuros compasivos mirándole no como si estuviera detrás de los barrotes, sino más bien como si significase algo para ella. Como si ella necesitase estar ahí. Como si el tiempo no importara, pero esperar por él sí.

Hubiera sido un sueño muy bonito de tener. Pero Joe se dio cuenta cuando abrió sus ojos de que Samantha realmente estaba a su lado, mirándole y sosteniendo su mano.

"Hola, cómo está", dijo él con una voz débil que incluso le sorprendió a él mismo.

"Hola Joe. Lo siento mucho".

Parecía como si ella le conociera de años. Era algo bonito de oír.

"No tenía ni idea de que usted...".

"Todos nos morimos", dijo él con una sonrisa, intentando hacer que no se sintiera mal. "Yo simplemente estoy entre los primeros de la fila".

Ella parecía un poco más cómoda, algo por lo cual Joe se alegraba.

"Gracias por venir".

"¿No hay nadie más que quiera que esté aquí? ¿Amigos?".

"Realmente no tengo ninguno. A menos que cuente a mi pastor; él me dio un trabajo, e incluso me dejó servir como ujier. Aun sabiéndolo todo sobre mí. *Todo.* Pero imagino que ya ha hecho suficiente".

"¿Familia?", le preguntó ella.

Joe imaginó que sería el momento de decirle la verdad. No las historias de horror, sino la hermosa y triste verdad que odiaba revivir. Como la tinta sobre su cuerpo, esta era una parte de su vida y legado. No podía *no* verlo.

A la vez, la luz dentro de mí ciega la oscuridad de esas obras del pasado.

"Ya no tengo familia", dijo él. "Hace mucho tiempo, tenía una niña de la edad de Lily aproximadamente. Mi pequeño ángel. La amaba, y ella me tenía en un pedestal. Aún puedo sentir su abrazo alrededor de mí y diciéndome 'papi' al oído. Pero me metí en problemas. *Verdaderos* problemas, de los que uno no siempre se recupera. ¿Cuando me recuperé? Ella era toda una mujer con una vida propia, y sin ningún deseo de conocer a un agonizante exconvicto. Ya no necesitaba a su papi".

Había un dolor que crecía en la mirada de Samantha. Joe lo conocía bien.

"Yo lo entendí, especialmente porque no había sido un buen padre. Imagino que por eso me encariñé tanto de usted y de Lily. Fui egoísta, supongo".

"No egoísta", dijo Samanta. "Tan solo humano".

Joe asintió. Se podía imaginar hablando con su hija ahora y recordándole de nuevo sus lamentos y su dolor. Decirle que le amaba y pedirle que le perdonase.

Dios no respondió esa puerta. Otra se abrió.

La niña dibujando en su cuaderno esa noche en el hospital. Joe aún podía ver a Lily junto a él.

"¿Tiene miedo?", le preguntó Samantha.

"No. Jesús siempre ha sentido debilidad por los pecadores, así que imagino que estaré bien".

Esa mirada asustada creció en el rostro de Samantha aunque estaba sonriendo. Joe lo entendía. Vaya, si pudiera explicar lo bien que entendía la incertidumbre de sus ojos, la pesadez que abrigaba el rostro.

Lo he visto durante mucho tiempo en muchas personas.

"Él le ama, Samantha. Ya lo verá. Y de algún modo, algún día, cuando menos lo espere, lo sabrá. Lo sabrá *sin lugar a dudas*".

Ella tensó sus hombros y movió su mano para frotarse la parte posterior del cuello. "¿Qué le hace estar tan seguro?", preguntó ella.

"Porque Él es Dios".

BOBBY

Sentado en el juzgado en el banco de fuera de las puertas de madera, Bobby pensaba en esa vez en noveno grado cuando le enviaron a la oficina del director. Fue su primera y única vez, y la única razón por la que estaba ahí era porque había defendido a un novato con el que se estaban metiendo algunos veteranos. Aprendió ese día que había formas mejores de manejar una situación que dando un puñetazo en la cara de un niño. Esa quizá fue una de las primeras veces en que se dio cuenta de que quería ayudar a la gente de la forma que pudiera.

Hablarles de la eternidad. ¿Qué *mejor* cosa podía Bobby hacer? Si este mundo y esta vida realmente, verdaderamente, era tan solo un abrir y cerrar de ojos en una serie interminable de parpadeos para el resto del tiempo, ¿por qué debería al menos contárselo a otros?

El sonido de los tacones que caminaban por el pasillo le hizo mirar hacia la mujer rubia que se acercaba. Llevaba un portafolios y los aires subidos también. Una mujer segura de sí misma, su aspecto, su trabajo, su confianza, todo. De las que se come a la gente en el juzgado.

Bobby no se sorprendió cuando ella se sentó junto a él.

"Bobby Wilson, ¿verdad?".

Una voz dura, también.

"Sí. ¿Puedo ayudarle?".

"Quizá no quiera", dijo ella como diría un policía. "Soy la abogada de Lauren Carson, la viuda de Steven Carson".

"Oh", fue todo lo que pudo decir.

Estoy seguro de que tienes buenas noticias para mí hoy, ¿verdad?

"¿Le importa si le hago una pregunta?", dijo ella.

"¿Hay alguna forma en que pueda detenerla?".

Él estaba intentando ser gracioso, pero esa palabra probablemente ni tan siquiera existía en el mundo de esta mujer.

"En pocos minutos, usted va a entrar ahí, y la unión, el departamento, la ciudad *y* el condado pedirán colgarle. *Colgarle.* Y usted va a dejarles hacerlo. ¿Lo he entendido bien?".

"Básicamente sí", dijo Bobby.

"Y después voy a ir a por todo lo que tiene. Sin embargo, ¿aún quiere seguir adelante con ello?".

Dime cómo te sientes realmente.

"Sí".

Él había tomado su decisión. No era una decisión, de todos modos. Había sido una elección y una decisión hecha hace años. Hace unos dos mil años. Y había sido mucho más dura que la que él estaba tomando ahora.

La mujer movió su cabeza confundida por completo.

"¿Por qué?".

Su tono de repente parecía un poco apagado. Parecía como si ese fuera su verdadero yo, como si se hubiera quitado su traje laboral de abogada y simplemente estuviera hablando, un ser humano con otro.

Esta era otra oportunidad, como la que le había dado a Steven Carson.

"Una vez me preguntaron: 'Si fueras acusado del crimen de ser cristiano, ¿habría suficientes evidencias para condenarte?'. Por todo lo que está diciendo, parece que la respuesta podría ser 'sí'. Si lo que hice de repente se ha convertido en un crimen, bueno, entonces estoy orgulloso de ser hallado 'culpable'".

El rostro tranquilo y perfecto se quedó ahí detenido como algún retrato colgado en la pared. Ella aún no entendía ni lo *comprendía*.

Hay un lugar ahí fuera, y me dieron las coordenadas para él y necesito hablarles a otros de él.

"Compartí mi fe con un hombre agonizante. Es algo que he hecho muchas veces en estos dos últimos años. He hablado de Dios a otros aún cuando no tenía una relación personal. A nadie le importó jamás, pero ahora sí les importa".

Ella movió su cabeza, sin querer prestar atención a sus palabras. "Los tiempos cambian. La gente inteligente cambia con ellos".

Bobby hizo lo mismo que ella había hecho: rehusar creer sus palabras.

"Yo no le fallé al esposo de su clienta. Médicamente hablando. Hice *todo* lo que pude".

La mujer miró alrededor de ellos por un instante, y después habló en un tono más suave.

"¿Extraoficialmente? Realmente no me importa".

"Entonces por qué…".

"¿Por mi cliente? Se trata de castigarle. Usted tiene que saber eso. Y para todos nosotros, incluida la ciudad, se trata finalmente de impedir que personas como usted sigan imponiendo sus creencias a otros. No espero que lo entienda, pero es algo que debería entender si no lo entiende aún".

Ella tomó su portafolios y sacó algo familiar.

La cruz de madera que le había dado a Steven antes de que el hombre muriese.

"Esta cruz le va a costar".

La puerta al lado de ellos se abrió y salió un ayudante del sheriff del condado.

"Están listos para ustedes".

Al menos el ayudante parecía que tenía un poco de compasión para la situación.

Ellos se pusieron de pie y Bobby se estiró su uniforme. La mujer simplemente le miró sin ningún tipo de empatía o entendimiento.

Era el mismo tipo de mirada que cambió el destino de la humanidad hace dos mil años.

Él entró en la sala, sabiendo que Dios caminaba con él.

LACEY

Era como un interruptor que lo apaga todo.

Habían caminado por la acera débilmente iluminada después de que un taxi los dejara cerca del apartamento de Lacey. Desde que Carlos había compartido su historia, un silencio se había apoderado de ellos. Ella había cambiado de tema para hablar de otras cosas, había intentando bromear, incluso había permitido que el silencio durara mucho más de lo que le hubiera gustado, pero nada funcionó.

Él se ha cerrado y yo no puedo hacer nada al respecto.

Había una parte de ella que gritaba en su interior cuanto más se acercaban a la puerta del edificio de su apartamento. Ella no quería llegar porque sabía lo que él iba a decir.

Lo mismo que siempre decían.

Lacey intentaba decirse que esto era distinto, que Carlos no era así, que esta era una situación totalmente diferente. Sin embargo, esa honda inseguridad que soplaba a su alrededor como los vientos de Chicago susurraba que quizá tenía algo que ver con ella. Quizá cuando las personas la conocían, no se quedaban muy impresionados. Veían lo que ella era y sentían una gran decepción que les hacía retirarse.

Detenlo, Lacey. No.

Pudo ver su rostro bajo el resplandor de la farola de la calle junto a la que estaban. Había oscurecido rápidamente, pero ni siquiera habían hablado aún de la cena. La comida había sido muy fácil y placentera. Pero eso había sido antes de hablar del pasado. Antes de desenterrar y exponer la herida.

"¿Te quieres quedar a cenar?", preguntó ella a su callado amigo. "Sé preparar un delicioso sándwich de crema de cacahuate y mermelada".

Ella quería que las cosas fluyeran y no quería regresar allí, aunque todo dentro de ella quería decirle a Carlos que entendía. Que lo *comprendía*. Ella no había estado en Afganistán y no había visto a personas morir enfrente de ella, pero Lacey sí conocía lo que era la guerra y el dolor. Uno no tiene que ir al extranjero para ver horrores en su vida. No es necesario ver sangre para sentir la pérdida de un ser querido.

"Es mejor que no lo haga", dijo en un tono débil.

"¿Por qué no? Dime, ¿qué es lo que anda mal?".

"Nada. No eres tú. Es solo…no recuerdo lo que es sentir otra cosa que no sea vergüenza".

Ella se acercó para que él pudiera ver su rostro mirándole con ojos sinceros.

"Carlos, puedes superar esto. Yo puedo ayudarte…".

"Ese es el problema. Nadie puede ayudarme".

No hacía mucho, Lacey había dicho eso de sí misma. Ella también lo había pensado. Pero había estado sola y no había visto el increíble poder de la coincidencia.

En el cual no creo.

"El encontrarnos no fue un error", dijo ella.

"No, pero tarde o temprano, lo será".

Ella tomó sus manos y siguió intentando sacarlo de él: ese temor, esa vergüenza y esa oscuridad que había sobre todo ello.

"Tú eso no lo sabes", dijo ella. "Por favor. Durante toda mi vida, todo aquel que me ha importado me ha dejado. No lo hagas tú también".

"Lacey, me preocupo por ti, realmente me importas. Por eso

tengo que hacerlo. Tú te mereces alguien mejor. ¿En cuanto a mí respecta? Ahora mismo estoy muy dañado".

Él no esperó a ver u oír su respuesta, sino que simplemente tiró de ella y la envolvió en un abrazo. Todo su cuerpo parecía estar muy rígido, muy tenso. A ella le pareció encajar bien en esos brazos, su jersey suave e incluso un corazón más suave quizá era algo bueno para él. Lacey podía romper los lugares duros. Ella sabía que había un alma amable y buena en lo más hondo de su interior. Ya lo había visto.

Carlos la retuvo durante un buen rato, y por un momento, Lacey pensó que quizá él había cambiado de idea. Sin embargo, finalmente se alejó y la miró hacia abajo con esa mirada.

Esa era una mirada de despedida.

Ella lo sabía bien. La había visto muchas veces en su vida.

"Lo siento", dijo él mientras se giraba para alejarse.

Detenle. Atrápale. Hazle volver.

"Todos estamos dañados, ya sabes", le gritó ella a la silueta que desaparecía en la oscuridad.

Enseguida se había ido, incapaz de ver el rostro de ella escondido entre sus manos, poco dispuesto a quedarse ahí con sus brazos alrededor de ella.

Dejándola, como todos los demás hicieron finalmente.

JOE

La luz ya había desaparecido, dejando el frío resplandor de las luces del hospital encima de ellos, pero eso no le importaba a Joe. Había suficiente luz en esta sala. Solo que no estaba seguro de cuánto tiempo duraría.

"¿Está segura de que no tiene que regresar para estar con Lily?".

Samantha movió su cabeza. "Llamé a los Newton mientras la enfermera te revisaba. Dijeron que Lily está más que bien. Dijeron que probablemente serían necesarias tres alarmas de incendios para distraerla de la casa de muñecas con la que estaba jugando".

Joe se rió. Se la imaginaba de rodillas, jugando con la casa imaginaria y la gente imaginaria. Esa era la belleza de ser un niño. Se puede soñar con tener el hogar perfecto con la familia perfecta. Lo único que entraba en la casa de muñecas eran los juguetes de su interior. Lily no sabía que parte de hacerse mayor era que el corazón se te rompe.

"¿Lamenta algo, Joe?".

Quizá Samantha había detectado algo de melancolía en su rostro. Él asintió.

"Solo lamentos, pero ninguna queja".

La tos apareció y le tomó por un rato, sacudiéndole y haciéndole cerrar sus ojos con el traqueteo. Cuando abrió sus ojos,

Samantha estaba ahí sentada con una mirada de afirmación y compasión.

"Esos lamentos me hicieron arrodillarme", dijo él. "Y con eso recibí el perdón. Pero sabe, realmente me hubiera gustado pedirle una cita".

Un matiz de color pasó por el rostro bondadoso de ella mientras le regalaba una sonrisa. Era algo dulce de ver. Muy diferente del terror que había llenado su rostro la primera vez que él la conoció en el hospital.

"¿Entonces cree que diría que sí?", preguntó Samantha.

Él se rió por el comentario. En otro mundo, quizá se habían encontrado y sentado en algún lugar teniendo la misma conversación. Quizá ella no estaría en la calle y él quizá no estaría cerca de las puertas de la muerte.

Pero nunca nos habríamos encontrado entonces.

Ella se acercó más a la cama.

"Joe. No le conozco desde hace mucho, pero ningún hombre jamás nos ha tratado mejor. Así que considere mi respuesta como un 'sí' rotundo. Efectivo a partir de este momento".

"Entonces, ¿*esta* es nuestra primera cita?".

Ella asintió cándidamente.

"De acuerdo", dijo él. "Pero solo si me deja pagar la cuenta".

Él esperaba recibir otra sonrisa de ella, pero eso pareció hacerle sentir ganas de llorar.

"Oye, lo siento. No pretendo bromear. Solo que a veces es más fácil".

Samantha asintió y entendió. "Solo desearía… desearía que hubiera algo que yo pudiera hacer".

Ella aún no tiene ni idea.

"Hay algo que puede hacer", dijo Joe.

"¿Qué es?".

"¿Podría ver a Lily por última vez? Lo entenderé si la respuesta es no".

Él no tuvo que esperar a que ella dijera nada. La respuesta estaba en sus ojos.

Esa mirada…Fue una de las mejores. De las que uno recuerda durante el resto de sus días. De las que uno se lleva a la tumba.

PRETTY BOY

Una voz le dijo que corriera. Que saliera de ahí. Le dijo adiós a Abue. Eso bastó. No había nada para él en ese lugar.

Mi hermano.

Sintió algo en su bolsillo. Algo que le habían dado y algo que había cambiado su vida. Un pequeño regalo, un símbolo de un regalo mucho mayor. La cruz de madera le urgía a ignorar el temor que tenía dentro y hacer lo que tenía que hacer.

Era ver a Criminal por última vez, aun sabiendo que era peligroso.

Pretty Boy sabía que su hermano estaría escondido en el taller de desguaces. Nepharious y sus hombres seguramente no conocían ese lugar. Aún no. Pero pronto lo descubrirían.

Una oportunidad.

Eso es lo que Pretty Boy se dijo a sí mismo. Lo único que podía hacer era decirle a su hermano la verdad de lo ocurrido ahora.

Las luces del garaje estaban encendidas pero había calma. Solo veía un auto. Pretty Boy se preguntaba si Criminal se habría ido en alguno de los otros autos, separándose para salvar su vida. Sin embargo, sabía en su interior que su hermano no haría eso. No era solo el dinero lo que le haría quedarse. Este era su lugar, su vecindario, su vida. Nada iba a obligar a Criminal a irse. Nada salvo una bala.

"Mira quién está aquí, el hijo pródigo", dijo la voz desde la puerta lateral del garaje. "¿Tienes mi dinero?".

"No", le dijo Pretty Boy a su hermano.

Criminal tenía aspecto de no haber dormido desde que ocurrió todo. Llevaba la misma ropa de la otra noche, con barba de varios días cubriendo su rostro y bolsas debajo de sus ojos. Parecía un animal listo para atacar.

"Pregunta capciosa, P.B. Tuve que ir yo a buscarlo".

Sacó la bolsa de debajo de una mesa y después la abrió, mostrándole a Pretty Boy todo el dinero que aún estaba ahí.

El pastor...

"¿Qué hay con el pastor? ¿Lo tocaste?".

Su hermano le dio una sonrisa demoniaca. "Demasiado tarde si lo hice".

Por un instante, Pretty Boy sintió que su corazón se hundía y se despedazaba en el suelo. Pero entonces Criminal se rió.

"No, aún está de pie".

"¿Cómo lo supiste?", le preguntó Pretty Boy.

"Skeezer y Lester. Te vieron entrando a la iglesia mientras yo te buscaba. Buscando a mi hermano, el cual se estaba escondiendo de mí. Skeezer me llamó".

"Solo son adolescentes".

"No importa. Son listos".

"¿Cómo 40 Ounce y Little B?".

Criminal ignoró el comentario. "¿Sabes lo que le dije a Skeezer? Le hablé de nuestra tía. ¿Te acuerdas, la que se salvó con ese tele predicador? ¿Recuerdas lo primero que hizo? Fue y le dio a ese hombre todo el dinero que tenía. Les dije que las ovejas siguen al pastor. Así que imaginé que el pastor tendría el dinero. ¿Y sabes qué? Tenía razón".

Las palabras resonaron en el gran espacio abierto. Pretty Boy no decía nada mientras su hermano caminaba hacia él, dejando ver claramente su enojo.

"¿Qué pasa contigo?", le gritó a Pretty Boy, y añadió algunos improperios. "¿Despúes de todo lo que hemos pasado? ¿De todo lo que he hecho por ti? Vivir juntos, morir juntos".

Pretty Boy no quería volver a oír nunca más en toda su vida este estúpido dicho.

Criminal le dio un empujón y lo estampó contra la pared, maldiciéndole de nuevo. Pretty Boy pudo oler el licor en el aliento de su hermano. Esa no era la razón de su furia. Esa venía estuviera o no el whisky.

"Y después de todo, ¿qué haces?", gritó Criminal, con su mano contra el pecho de Pretty Boy. "¿Vas y me *robas*? ¿Delante de todos?".

"No es así".

Más maldiciones y una presión mayor contra su pecho. "¿Entonces cómo es? Encontraste a Jesús y de repente te crees que eres mejor que todo esto?".

"No".

"¿Acaso Jesús va a pagar las facturas, va a comprarte un auto, te va a sacar de este barrio?".

Podría si quisiera.

"Escúchame", dijo Pretty Boy, moviéndose y saliéndose del agarre de su hermano. "Ahora veo las cosas diferentes de cómo lo hacía antes y quiero compartirlo contigo".

Criminal se rió, usando maldiciones cada vez más coloridas, con su enojo cada vez más cínico y peligroso. "Así que estás intentando salvarme".

Pero Dios mostró su gran amor por nosotros enviando a Cristo a morir por nosotros mientras éramos aún pecadores.

"Todos necesitamos ser salvos", dijo Pretty Boy.

"¿Y tu Jesús va a hacer eso?".

"Sí. Lo hizo por todos nosotros. Para que *pudiéramos* ser salvos".

Su hermano se limitó a mover su cabeza en un gesto de indignación e incredulidad. "Sí, bueno, yo no moriría por Él".

Criminal caminó de nuevo hacia donde estaba la bolsa en el suelo. Miró a su alrededor, con la vista hacia el suelo, pensando las cosas.

"¿Por qué regresaste aquí?", finalmente preguntó Criminal. "Sabes lo que voy a hacer ahora. ¿O pensabas que simplemente te iba a perdonar?".

Pretty Boy le miró por un momento. Se imaginó a su hermano solo con diez años, pasándole la pelota de baloncesto mientras jugaban en la cancha de la calle. Antes de que la vida les entregara una sentencia con pistolas, y pandillas, y la ausencia de Dios. Antes cuando no había GPS para sacarles de este antro.

No es posible que lo hagas. No es posible.

Él así lo creía. Pero incluso más que eso, Pretty Boy creía en la verdad. Esa verdad que Abue les había estado diciendo durante toda su vida.

"Yo ya fui perdonado", dijo Pretty Boy. "Pero no por ti, C. Quieres perdonarme para regresar a lo que hacíamos. Pero Jesús me perdonó para que no tenga que hacerlo. Y tú tampoco, amigo, eso es lo que intento decirte…no tenemos que ser los que éramos antes".

La maldición de Criminal rebotó por las paredes y el techo en donde estaban. Escupió sus palabras a Pretty Boy.

"Basta de hablar de Jesús, P.B. Lo digo en serio".

"No puedo y no lo haré. Él te ama. De una forma que ninguna persona en esta tierra puede amarte".

Las palabras habían sido demasiado para Criminal. Maldecía mientras se avalanzaba y agarraba los brazos de Pretty Boy con ambas manos, empujándole de nuevo contra la pared. Su brazo se retorció y sus dedos se apretaron mientras Criminal contemplaba lacerarle y hacer lo que mejor hacía.

Una explosión de metal reventado y la puerta abriéndose de golpe contra la pared se oyeron detrás de Criminal. Su hermano se giró mientras Pretty Boy ya podía ver la cara que aparecía por la puerta, como un lobo filtrándose en la noche.

"¿Se acuerdan de mí?", les preguntó Nepharious.

Tenía una SIG 9 mm en su mano y parecía un tanto más consciente y vivo que la última vez que le vio Pretty Boy.

Criminal estaba ahí de pie, con ambas manos vacías, su cuerpo mostrando incertidumbre en cuanto a qué hacer. Pretty Boy se alejó de la pared y se puso unos dos pasos detrás de su hermano.

Nepharious se acercó a ellos, apuntándoles con la pistola a la cabeza.

"¿Pensaban que podrían robar mi dinero? Se equivocaron".

Nepharious sonrió y entonces Pretty Boy se movió. Su brazo se asió del costado de Criminal. Se puso delante de él justo cuando se produjo el sonido de la pistola y siguió oyéndose, retumbando en toda la tienda.

Pero Dios mostró su gran amor...

El gran dolor infiltrante robó el aliento de Pretty Boy cuando las balas entraron por su espalda. Dos balas. Todo se quedó paralizado mientras caía en los brazos de su hermano.

Los disparon cesaron cuando los ojos de Criminal se abrieron y sus brazos le sostuvieraon por un instante. Mientras Pretty Boy se desplomaba en el suelo de cemento, pudo oír los pasos de su hermano. Después oyó un ruido de metal, probablemente la pistola, chocando contra el suelo. Más ruido y luego pasos. Todo mientras el mundo goteaba como el aceite que sale del motor de un auto.

No sentía la mitad de su cuerpo. Nada. El dolor era tan agudo que no podía ni siquiera entenderlo. Y mientras tanto su cabeza seguía reproduciendo versículos de la Biblia una y otra vez, como si las palabras estuvieran vivas y misteriosamente le estuvieran arropando como un vendaje.

Criminal se agachó sobre él de repente, acurrucándole un momento, con lágrimas en los ojos. La incredulidad cubría su rostro, pero no ese tipo de incredulidad furiosa de antes. Esta era de impacto, sorpresa y agobio.

Dios mostró su gran amor y yo puedo hacer lo mismo.

"P.B. aguanta, ¿me oyes?", gritaba Criminal.

La boca de Pretty Boy parecía aturdida, sus músculos sobresalían de su piel, sus alientos se fundían. A la vez intentaba meterse la mano en el bolsillo de sus tejanos.

Cristo murió por nosotros en la cruz. Murió por nuestros pecados.

Criminal volvió a maldecir mientras Pretty Boy asió la cruz de madera y después intentó ponerla en las manos de su hermano.

"No, no, no, no, P.B., no…".

"Cree", dijo Pretty Boy.

Él vio los ojos abiertos de Criminal y mover la cabeza, y abrir la boca e intentar con todas sus fuerzas sonreír ante eso antes de que el mundo se volviera negro.

Después vio otra imagen de Criminal. Esta vez sonriendo. Esta vez con la mirada humilde y quebrantada. Esta vez mirando como el hermano que siempre supo que tenía.

Vivir juntos. Morir juntos.

Pretty Boy estaba haciendo con él la última parte, la de morir.

Dios, permite que se lleve a casa la parte del vivir. Por favor, Dios.

La eternidad finalmente tomó su mano y tiró de él hacia delante.

U*n pastor ora.*

Las calles parecen borrosas. Matthew conduce el pequeño auto por las largas calles mientras Grace se sienta en el asiento de atrás con Maggie. Él puede oír los gruñidos de dolor y desea poder hacer algo.

Señor ayúdale, sé con ella. Guárdale, por favor Dios.

"Creo que hay algo mal", grita la joven.

Él mira hacia atrás y ve a Grace en estado de pánico, con su brazo alrededor de Maggie y sus ojos en él.

"¿Puedes llevarnos más rápido?", pregunta con una orden.

"No es seguro".

"No importa, hazlo. Está en apuros".

Él acelera. El hospital no está lejos, tan solo al otro lado del puente, solo un poco más adelante.

Las oraciones no cesan, al igual que el auto y al igual que los edificios y las farolas que pasan de largo.

Un soldado se rinde.

Decidir dejar el primer y último atisbo de esperanza que encontró atrás. Decidir subirse al primer vehículo que recogiera a un autoestopista a esta hora de la noche. Decidir subir en el camión Kenworth y decirle al conductor que le llevara a cualquier lugar.

Sencillamente lejos de este lugar.

Carlos sabe que necesita moverse para escapar de esta nube, esta negra cubierta, este pavimento agrietado de su alma.

En lo más hondo mientras el camión se mueve por las calles hacia la autopista y fuera del estado, Carlos sabe que nunca será libre y nunca estará fuera de este estado.

Los grilletes del ayer permanecerán. Pero al menos nadie

más tendrá que saberlo. Al menos puede intentar mantenerlos escondidos de nuevo.

La guerra se ganó en el momento en que decidió no hacer una cosa. Había ondeado la bandera blanca que teñiría para siempre el resto de su vida. Cualquiera que fuera esa vida.

Un criminal huye.

Dejando el cuerpo de su hermano en el frío piso del garaje junto con su corazón, Criminal comienza a echar el cierre al garaje. Sin embargo, alguien más le espera.

Otro polvorín de balas recorre el espacio. Criminal no duda sino que acelera hacia la salida de emergencia y sale del edificio, y luego, sabiendo que no le han alcanzado, sigue corriendo.

Por la calle hacia algo que él sabe que nunca estará bien.

Lejos de lo único que siempre quiso proteger en su vida y que de repente se le escapó de las manos.

Jadeando y corriendo, Criminal no tiene nada que perder y planea hacer algo y cualquier cosa para salir de esto.

Una mujer ora.

Sola ahora, de nuevo, en un apartamento vacío, en una habitación vacía, con un corazón vacío, Lacey oye el repentino chaparrón en el exterior. Ella tirita en su sofá, abrazándose las piernas con sus brazos, luego metiendo sus manos en los bolsillos de su sudadera, intentando simplemente cubrir cada parte de su piel. Simplemente intentando esconder cada parte de sí misma que puede.

Entonces palpa algo con su mano.

Lo toma y lo saca, y luego lo mira. Y se da cuenta de que él puso esto en su bolsillo. Que él quería que tuviera esto por alguna razón.

¿Por qué, Carlos?

La luz tenue aún deja ver el contorno de la cruz de madera

en su mano, esta diminuta pieza liviana que tiene. La mira fijamente, estudiándola, sintiéndose regañada por ella.

Fe. Creer. Dios y Jesús, y el Cielo, y la esperanza, y todas esas cosas maravillosas de las que la gente habla y comenta en Twitter y Facebook. Muy dulce hasta que la vida succiona todo en ti y entonces, ¿con qué te quedas? ¿Con *qué*?

Ella no entiende esta cruz y al hombre que se la dio.

¿Por qué?

Su cuerpo tirita, así que decide intentarlo. No preguntar, sino atreverse. Demandar.

Alza su mirada más allá del techo y de las nubes tormentosas hacia algún lugar que no puede ni comenzar a imaginarse ni tampoco comenzar a creer en ello. Pero ¿por qué no? ¿Por qué no?

"Dicen que eres Dios", dice llorando, asiendo fuerte la cruz. "Por favor, muéstrame. Muéstrame".

La lluvia cae y la tormenta continúa, y ella espera con lágrimas de duda y desesperación.

Un médico duda.

Bobby conduce lentamente, sin muchas ganas de dirigirse a casa, tomando el camino más largo para llegar hasta la autopista. Piensa en la vista, donde nada pareció ir bien. Donde los rostros solo le miraban, preguntándose cómo pudo ser tan necio. Afuera en el estacionamiento, la abogada que había conocido llamada Andrea salió detrás de él en un brillante BMW negro y bajó la ventanilla. Y lo único que pudo decir fueron tres palabras de despedida.

"Se lo dije".

Lo mismo que le había dicho su esposa. Lo mismo que otros en el departamento le habían advertido. Que dejara pasar esto. Que cerrara su boca. Que no hiciera una montaña de un grano de arena. Que se olvidara de todo y avanzara.

Pero todo esto no se trata de esconderse, no se trata de mantenerse callado, no se trata de tapar.

"Y después les dijo: 'Id por todo el mundo y predicad el evangelio a toda criatura'".

Él sabe que es un paramédico, un marido y un padre. Pero más que eso, es un creyente. Armado y equipado para hablar a la gente de las Buenas Nuevas.

Sin embargo, la lluvia que cae de repente y la noche que oscurece rápidamente ponen un signo de interrogación, tan rápido como las señales de las calles que está pasando. Bobby sabe que necesitará decirle todo a Elena. Y no le va a gustar mucho.

Una madre hace un gesto de dolor.

Temerosa, sabiendo que algo va mal, que su bebé está en peligro.

Maggie no siente lo rápido que van y no ve las calles por las que están pasando. Apenas puede oír o sentir a Grace junto a ella intentando consolar y aplacar su dolor.

Lo único que siente es el agudo dolor que recorre su viente y su abdomen y cada centímetro de ella.

"Vas a estar bien. Todo va a salir bien".

Apenas puede oír la voz cerca de ella mientras abre y cierra sus ojos, pensando solamente en ver a su dulce bebita. Maggie sostiene su vientre, esperando y gritando, y temerosa de haber esperado demasiado. Temerosa de que esto sea todo culpa suya.

Esto es su culpa y su juicio, y finalmente Dios haciendo su tarea.

Un abuelo hace de copiloto.

La tormenta de repente detiene su viaje al hospital. A J. D. no le gusta conducir de noche, pero al menos aún puede, al contrario que Teri. Llevan a Lily al hospital a petición de un hombre agonizante llamado Joe.

Hace solo dos noches habían ido a ese mismo hospital después de un susto de ataque al corazón. Ahora se dirigen allí de nuevo, sintiendo que todo el mundo ha cambiado.

J. D. mira hacia atrás para ver la sonrisa de Lily, su amanecer en esta noche oscura. Es algo digno de ver.

"Estoy impaciente por que conozcan a Joe", les dice ella. "Él es especial. Ya lo verán".

Teri se da la vuelta en el asiento del acompañante. "Sabes que está muy enfermo, ¿verdad cariño?".

"Sí. Eso es lo triste. Pero no te preocupes. He estado orando por él".

Esa sinceridad es de las que puede ganar una guerra, y provocar un avivamiento, y producir un milagro. Esa fe sencilla y pura de un niño. El tipo de fe de la que Jesús hablaba.

Apártense de sus pecados y háganse como un niño.

Inocente y llena de fe, y deseosa de correr hacia Dios.

J. D. quiere conocer a este Joe. También quiere orar por él.

CRIMINAL

Martilleando el pavimento. Jadeando y resoplando. Las piernas ardiendo y los pulmones boqueando. Criminal corría en la lluvia. Incapaz de procesar todo plenamente. Tan solo sabía que tenía que seguir corriendo y seguir vivo.

Si se detenía estaría muerto. Nepharious le seguía, y probablemente la única razón por la que no había atrapado a Criminal era por el hecho de que el tipo aún llevaba la bolsa del dinero. Además, aún tenía algunas de las heridas de la otra noche.

El odio te da un combustible que nunca pensaste que tenías.

Había un trecho de edificios abandonados hacia los que corría, después otra calle cruzó sin molestarse en revisar el tráfico que se acercaba. Criminal vio los arcos del puente en el horizonte como algún tipo de halo oscuro. Sabía que si podía llegar al puente alto que cruza la parte sur del río Chicago estaría a salvo. En el otro lado había una zona de reciente construcción con algunas áreas adineradas donde personas como Criminal, Nepharious y sus colegas no se meterían. Los policías les verían de forma prominente como pulgares ensangrentados. Nepharious finalmente dejaría de seguirle.

Parecía estar muy lejos. Como Pretty Boy. Y Abue. Y 40 Ounce. Y Little B. Y todos los demás que conocía. La vida que un día tuvo. El niño que fue una vez.

Pretty Boy no se había dado cuenta de que había estado

haciendo todo esto por su hermano. Para ayudarle, para *ayudarles*, a salir de este infierno. Para intentar comenzar otra vida. Al menos para P.B. Para lanzar ese asunto de la música. Para ayudarle a avanzar y a sacarle de ahí. Era por él, y tenía la motivación correcta aunque no estuviera en el lado correcto de nada bueno.

"*Cree...*".

La palabra de su hermano seguía con él como las huellas que le seguían.

Iba a estar muerto al final de esta noche. Eso es lo que pensaba Criminal. El dinero no estaba. P.B. ya no estaba. Y Criminal también iba camino de irse.

Cruzó otra calle, saltando el bordillo para asegurarse de no tropezar, después continuó esprintando por la rampa, pegado al carril dirección norte del puente. Iban corriendo en sentido contrario al tráfico, con los autos pasando a toda velocidad por su derecha mientras él corría.

Cree, solo cree, hermano.

Criminal no pudo evitar reducir un poco el paso. Cada músculo dentro de él le dolía, y sabía que las noches sin dormir y las heridas de la otra noche no le ayudaban mucho. Era fuerte pero no estaba en forma. Eso enseguida resultó muy obvio cuando la empinada cuesta le obligó a tambalearse.

Se dio la vuelta por un instante.

Nepharious estaba incluso más cerca.

Las luces les alumbraban como focos de atención por todos lados.

Él sabía que su enemigo no iba a detenerse. Que no iba a dejarle ir sin importar a dónde se dirigiera Criminal.

Nada en lo que creer.

Solo en sí mismo.

Criminal vio un hueco, así que lo tomó, saltando a los dos carriles del tráfico e intentando adelantar cruzando.

Oyó el ruido de los frenos, y un vehículo patinando de repente se detuvo e hizo sonar la bocina. Criminal se detuvo cerca del medio de los cuatro carriles, después oyó el grito detrás de él.

"¡Tiempo de arder!", gritó alguien.

Fue como un fantasma siguiéndole y advirtiéndole de lo que venía.

Después los disparos se produjeron en la noche. Criminal comenzó a correr pero sintió una bala impactando en su brazo. Cayó de rodillas, más luces venían, más autos pisando sus frenos.

Viene, está demasiado cerca, va a...

El vehículo chirrió y dio un bandazo hacia el otro lado del puente, derecho hacia Nepharious, golpeando al tipo y catapultándolo junto a la barandilla del puente. La bolsa de dinero explotó, enviando billetes a flotar por todo el río.

Criminal aún estaba arrodillado, viendo más autos viniendo, girando, chocándose.

Un BMW plateado se desvió a las aceras y se incrustó contra un auto detenido, enviándole al otro carril. Un pequeño Prius que se acercaba en la otra dirección no puedo evitar al vehículo que se le avalanzaba, girando brúscamente con los frenos pisados, y dio una vuelta de campana, quedando el auto con las ruedas hacia arriba.

Un camión que venía intentó parar, con los frenos chirriando, pero dio de costado al Prius volcado y lo puso a dar vueltas por el puente.

Criminal veía todo esto, viendo la mano de Dios protegiéndole de algún modo mientras Satanás mismo movía el resto de las piezas, para causar un efecto devastador.

Sorprendente cómo un grupo de vidas de repente se cruzan en ese puente muy tarde en la noche bajo los atentos ojos de Dios.

Todos conectados por una cosa.

Dos líneas. Horizontal y vertical. El diseño más simple del mundo convirtiéndose en el más profundo.

La cruz conectando, y combinando, y cercando, y finalmente cuidando.

La persona sobre la cruz sabiéndolo.

El hombre, el Dios Hijo, se apegó a esas dos líneas solo por ellos.

Rogando estar ahí por ellos y tomando el temor, el dolor, la ira, la preocupación y el lamento.

Muriendo por esas cosas, por ellos, por todas esas piezas rotas que nunca pueden estar completas sin Él.

Dos líneas.

La persona agonizante clavada a ellas.

Jesús.

Nombre sobre todo nombre.

El abismo y la ascensión.

La mano en la herida.

Todos podemos saber y a todos se nos permite saber. La única pregunta es: ¿lo haremos?

¿Permitiremos que esas piezas rotas no sean restauradas, pegadas de nuevo en su sitio y en lugar de eso haremos la vista gorda?

Estos temores, estas preguntas y estas piezas estaban a punto de quedar unidas en un singular evento...

J. D.

J. D. aún agarra el volante, mirando hacia delante por un momento a los vehículos esparcidos a lo largo de todo el puente, exhalando y luego mirando a Teri.

"Hemos estado a punto", dice él.

Ambos giran para asegurarse de que Lily está bien. Tenía el cinturón de seguridad abrochado y estaba sentada en el asiento trasero en un asiento de niños, con una mirada de sorpresa en su rostro, abrazada a su oso.

Él ve algo más en la ventana trasera.

Un auto. No se detiene. Las luces se aproximan.

Antes de poder decir o hacer nada, un estridente ruido corta el aire.

Su cuerpo se tensa.

Metal contra metal, chocando y moviendo el auto. De repente están en el aire, hasta que otro resonante batacazo les impulsa, después les estira.

Entonces J. D. puede sentirlo y lo sabe.

Ya no están enteramente en el puente.

El vehículo ha traspasado uno de los guardarraíles, y ahora está comenzando a colgar.

Así como sus vidas.

CARLOS

El camión aminora y el conductor señala hacia el puente a la distancia. Carlos puede ver las llamas iluminando la carnicería.

"Detenga el camión", le grita al conductor.

"¿Qué?".

"¡Detenga el camión!".

Abre la puerta de golpe y no espera a que el camión se detenga del todo. Carlos ha visto un auto volcado, otro vehículo colgando por un lado de un guardarraíl roto, otro auto está incendiado. Las siluetas se mueven alrededor como zombies.

No hay ningún tipo de epifanía dentro de él para actuar. Ningún pensamiento del tipo *este es tu momento, Carlos*. Ninguna música triunfal, y no se lo piensa dos veces. Comienza a correr a toda velocidad hacia el puente y está a la mitad de distancia de allí cuando se da cuenta de que este es el Puente Alto sobre el río. El mismo hacia donde se dirigía. El mismo sobre el que él mismo había estado.

El mismo lugar donde había conocido al ángel llamado Lacey.

J. D.

Aunque J. D. está todavía tan quieto como una roca, su cuerpo aún en *shock* tras haber sido golpeado y luego avalanzado otra vez contra el lado del puente, puede sentir el movimiento del auto. La bolsa de aire ha explotado y no puede ver por delante. Sin embargo, puede sentir la inclinación hacia delante, con la parte trasera inclinada hacia arriba como algún tipo de subibaja.

Sus brazos estirados hacia Teri para asegurarse de que está bien. Ella tose, su bolsa de aire también está abierta.

"¿Estás bien?".

Ella consigue decir un no ahogado entre sus toses. Después comienzan los lloros en el asiento de atrás. Él se gira y ve a Lily aún ahí, ahora despeinada y con los ojos hinchados. Ella llama a su mamá.

"No pasa nada, cariño".

J. D. está calmado y habla lentamente. Sabe que no es un buen lugar para dar rienda suelta a las emociones. Tienen que salir del vehículo, empezando por la niña. Un dolor agudo recorre su pierna derecha. Sabe que no es nada bueno, pero no dirá ni una palabra al respecto.

"Escucha", dice J. D., mirándola hacia atrás. "¿Puedes abrir tu puerta y salir? ¿Con mucho cuidado?".

Lily lo intenta pero no puede mover la puerta.

"¡Está atascada!", grita ella.

Lily se desabrocha el cinturón de seguridad y luego avanza hacia el frente del vehículo con ellos. El auto comienza a inclinarse hacia delante un poco más.

"No, Lily, quédate ahí atrás", ordena Teri, sosteniéndola atrás con su mano. "Intenta no moverte, ¿de acuerdo?".

J. D. puede ver ahora lo que hay delante de ellos. La oscura noche y el reflejo del agua debajo de ellos.

Muy abajo.

Él observa a Teri, quien le da la misma mirada de gravedad.

No les queda mucho tiempo. Pero no se pueden mover, ya no.

GRACE

La cabeza de Maggie descansa sobre las piernas de Grace en el asiento de atrás del accidentado Prius. La niña aún respira con dificultad y llora, con su rostro gesticulando de dolor. Al otro lado de la puerta abierta, Matthew se arrodilla, intentando ayudar, pero parece inseguro.

Grace puede ver a Maggie retorciéndose de dolor, pero no puede detenerlo.

"Matt, hay demasiada sangre", dice atragantadamente. "Está teniendo una hemorragia".

"Lo sé, lo sé".

Su voz es tan desesperada como su situación. El olor a gasolina y humo les envuelve a todos. La gente a su alrededor está llorando y gritando, y lanzando nombres al aire.

Las rodillas de Maggie ceden y ella llora y grita mientras Grace le ayuda subiéndole el vestido. Este no es momento para la modestia. Tienen que hacer algo. Lo que sea.

"Tenemos que llegar al hospital", dice Grace.

"No tenemos tiempo. El bebé ya viene, puedo ver su cabecita".

"No puedo hacerlo", grita la joven.

Grace le toma de la mano y la aprieta lo más fuerte que puede.

"*Tienes* que hacerlo, Maggie", ordena con sus labios hablando al oído de la chica. "Tu bebita quiere ver a su mami".

Maggie sigue llorando entre las bocanadas de aire y los profundos resoplidos. Grace mira a su esposo, que parece listo y a la vez impotente.

La gasolina y el humo parecen empeorar.

Dios ayúdanos, por favor, Dios.

CARLOS

"¡Ayúdenme, por favor, ayúdenme!"

Un interminable estallido de terror de alguna voz invisible gritaba en el puente. Carlos corre hacia ella hasta que llega al fuego. Las llamas parecen rodear al auto.

"Aléjese, va a explotar", le grita alguien mientras pasan corriendo en dirección contraria.

Los segundos pasan rápido como un conjunto de disparos que iluminan el cielo nocturno.

Carlos se agacha y puede ver a través de la llamarada naranja y roja. Una cabeza. Alguien atrapado dentro del auto. Cristales rotos cerca de ellos. Todos están pidiendo ayuda a gritos.

Él no lo duda.

Ya ha perdido bastante tiempo en esta vida dudando. Suficientes momentos lamentando esa duda. Y no va a esperar nada más.

Dejando el miedo atrás, Carlos se lanza y atraviesa las llamas mientras se dirige hacia el auto, abriendo la puerta para liberar al hombre atrapado dentro.

BOBBY

El auto patina hasta detenerse justo en la base del puente. A Bobby no le habían llamado para acudir a este lugar. Había estado intentando saber qué decir cuando llegase a casa y había conducido lenta y cuidadosamente solo para llegar a esta matanza y caos. Todo de repente se aceleró, y el médico dentro de él se apresuró a entrar en acción, saliendo a toda prisa del auto y después dándose una fuerte carrera hasta arriba del puente.

Él analiza la escena y ve a un hombre negro arrodillado en medio de la calle, intentando moverse, pero tomándose de su lado, obviamente herido en algún grado.

Un auto pende de un hilo al borde del puente, ahí sostenido de algún modo, atascado, pero no por mucho tiempo.

Otro vehículo está volcado. Hay llamas alrededor del vehículo. Entonces ve el BMW plateado.

Andrea. La abogada.

Ahora corre incluso más deprisa, dirigiéndose hacia las llamas, intentando ir a la zona más peligrosa para intentar ayudar. Intentar salvar las vidas y sacar a la gente de aquí.

J. D.

"Teri, escúchame".

La voz de J. D. es casi tan débil como un susurro. Es como si temiera que hablar alto fuera a causar que el auto se volviera a mover.

"Tenemos que sacar a Lily del auto. Ahora. Y yo no me puedo mover. Mi cinturón se ha atascado".

Teri asiente. Ambos están intentando mantener la calma, especialmente por la niña que no ha dejado de llorar pero que no se está quieta.

"Ve. Está bien. Lentamente".

Teri se mueve entre los asientos con el mayor cuidado posible. El movimiento vuelve a inclinar el auto hacia delante.

Ella se detiene y espera.

BOBBY

Bobby ve el rostro aturdido y sangriento mirándole fijamente pero sin ver nada. Es la abogada, la que parecía tan impoluta y pomposa en el juicio. Ahora parecía un animal desgreñado y herido.

Alguien desde detrás se aproxima corriendo hacia ellos, gritando que se aparte. Andrea no parece oír o ver, ni darse cuenta incluso de nada.

"Andrea", llama Bobby intentando captar con ello su atención, para intentar conseguir que se mueva.

Él sigue corriendo hacia ella, después la toma y la envuelve entre sus brazos, asiéndola y sacándola hasta un SUV cercano. Una bola de fuego explota del auto y hace temblar el suelo.

Bobby ahora está escudando a Andrea, mirando a su alrededor e intentando tramar un plan para saber qué hacer después.

La cara asustada, desarreglada, le mira. La mujer está aún en estado de shock.

"¿Estás bien?", le pregunta Bobby.

Andrea solo puede asentir. Eso es suficiente para él. Él se pone en pie rápidamente y después se dirige hacia el auto que se balancea que parece estar moviéndose de nuevo, escurriéndose más hacia delante.

J. D.

J. D. puede sentirlo. Sabe lo que va a ocurrir mientras coloca una mano en el volante. Con la otra mano, toma la mano de Teri. La mira con una mirada que le dice que está bien y que la ama.

El auto comienza a inclinarse incluso más, deslizándose más, lentamente pero sin pararse.

Lily llora y llama a su madre, y Teri está jadeando.

Entonces el golpe seco en la parte posterior del auto detiene el movimiento.

J. D. mira y puede ver alguien en el maletero del Hyundai, con sus brazos y su pecho colgados de él, después todo su cuerpo comenzando a escalar por él. J. D. ve la cabeza durante un instante, la cabeza rapada que le hace pensar en el ejército. Después la silueta está colgando por la ventanilla trasera.

El movimiento ha cesado. Por un segundo o dos. Después el auto tiembla y sigue deslizándose hacia delante.

BOBBY

Bobby está casi ahí cuando ve la alta y delgada silueta en la chaqueta de piel saltar a la parte trasera del vehículo oscilante como una especie de superhéroe. Sin embargo, no es Batman ni Superman, sino su cuñado.

Pero qué...

"¡Aguanta, Carlos!", grita él, sin intentar entender la situación, solo pensando en las cabezas que puede ver dentro del auto.

Estira su cuerpo y se da contra la parte posterior del Hyundai junto a Carlos. Ahora Bobby está de pie sobre el maletero, moviendo todo su cuerpo e intentando hacer que el vehículo regrese al puente.

El sonido de gritos salen del interior del auto. Hay una niña en el asiento de atrás.

Bobby intenta saltar y después volver empujar el auto de nuevo. Pero aun así los dos no están consiguiendo hacer mucho.

Otra silueta aparece de repente junto a él. Otra está detrás de él, otro hombre se lanza contra el lado del maletero.

Hay más. Están ayudando.

Con quizá media docena de personas ahora ayudando a sostener el auto, Bobby oye decir a su cuñado que tengan cuidado. Entonces comienza a patear la ventanilla trasera, intentando romper el cristal.

Se producen más gritos cuando finalmente el cristal cede.

Bobby mira hacia arriba y solo puede ver a Carlos mirando hacia abajo al parabrisas medio roto.

"Está bien", le dice Carlos a la voz que gritaba atrás. "Dame la mano".

Hay gruñidos y voces alrededor de ellos. El auto aún está siendo sostenido pero continúa moviéndose un poco.

"Tengo miedo. No quiero".

Una voz en el asiento delantero dice algo que Bobby no puede oír. Después una mano pequeña sale del asiento trasero. Carlos la saca y luego se la pasa a Bobby. Él no se aparta de la parte posterior del auto, pero cuidadosamente se la entrega a otro hombre que esperaba a tomarla.

Carlos se agacha y mira en el interior del auto.

"Ahora le toca a usted", le dice a la mujer del asiento delantero.

J. D.

Teri mira a J. D. y mueve su cabeza. "No, no puedo. No te dejaré, J. D. No lo haré".

J. D. aún la tiene tomada de la mano y la aprieta. Fuerte.

"No te pido que lo hagas", le dice a su esposa. "Ahora sal. Estaré justo detrás de ti".

El temor la mantiene paralizaba en su asiento delantero junto a él. Teri está moviendo su cabeza, con lágrimas en sus ojos, toda una vida de lamento y angustia en este auto, incapaz de salir.

Ella no le cree. Nunca le creyó, y eso ha sido parte del problema.

Nunca me cree porque ni yo mismo he creído en mí.

Calmado, controlado, ahí con ella, J. D. simplemente dice: "Cariño, en treinta y seis años, ¿alguna vez te he mentido?".

Teri sigue mirando, aún con incertidumbre, aún temerosa de hacer un solo movimiento.

El auto se vuelve a inclinar hacia delante.

"No podemos sacarla, se escurre", dice una voz desde atrás.

El hombre que hay en el asiento trasero, el que sacó a Lily, les grita.

"¡Si lo vamos a hacer tiene que ser ahora!".

J. D. está desesperado. "Por favor, Teri".

Él la besa.

Ella suspira, aún llorando, aún con terror.

"Te amo, viejo", dice Teri.

Ambos saben que probablemente sean las últimas palabras que se dirán entre ambos.

Consiguen tirar de Teri y sacarla del Hyundai. El hombre que le ayuda ahora se mete entre los asientos para poder ver a J. D.

"Has terminado aquí, hijo", dice J. D, al extraño con el cabello rapado. "Mi cinturón está atascado. Y tengo la pierna rota".

El hombre se acerca hasta J. D. e intenta soltar el cinturón. Tira de él y le da tirones fuertes pero no cede.

"Está atascado", grita el hombre a la parte posterior del vehículo. "El cinturón está atascado".

BOBBY

Aún añadiendo peso a la parte trasera del vehículo, Bobby oye a Carlos darles el veredicto acerca del conductor. Rápidamente revisa la zona, mirando a las personas que tiene a su alrededor.

"Necesitamos un cuchillo. ¿Alguien tiene un cuchillo?".

Nadie pasa al frente, así que pone una rodilla en tierra y después sube a la parte posterior del vehículo. Un vidrio roto le provoca un corte en la pierna pero lo ignora mientras sigue actuando.

Llega hasta el asiento e intenta soltar el cinturón atascado con Carlos. Ninguno de los dos puede soltarlo.

Movimiento.

El auto...

"Tienen que salir de ahí los dos. Ahora".

El hombre detrás del volante es un hombre mayor, probablemente cerca de los setenta años. Bobby está impresionado de estar tan calmado en medio de esta tormenta.

Tiene otra idea. Bobby se desliza detrás del asiento del conductor y entonces hace fuerza contra la puerta abollada.

"Un último recurso", gruñe. "Si consigo que funcione. Vamos, venga...".

¿Dónde está la palanca? ¿Dónde está?

La encuentra y tira, la palanca para reclinar el asiento del conductor hacia atrás. El anciano grita de dolor cuando el cinturón comienza a soltarse. Bobby se pone sobre el respaldo y mira por encima del hombre, que está sudando y respirando con dificultad.

"Tiene una pierna rota", Carlos le recuerda a Bobby.

"Entonces esto le va a doler", dice Bobby. "Empieza a tirar de él hacia atrás. Tenemos que deslizarle por debajo del arnés".

Los dos hombres tiran del cuerpo atrapado, asiéndole de sus axilas y dando tirones.

Por un momento no parece que vaya a funcionar.

Entonces, de repente comienza a moverse. Y mientras le liberan, el conductor simplemente hace muecas de dolor y mantiene su boca cerrada, aún sudando y retorciéndose de dolor pero sin gritar.

Enseguida el cuerpo es sacado por la ventanilla trasera con la ayuda de los demás.

El auto...

No voy a salir de aquí.

Bobby está en el asiento de atrás, Carlos comenzando a salir por la ventanilla trasera, cuando el auto vuelve a sacudirse.

Todo ocurre a la vez.

Elena.

Carlos está encima de él, de pie, estirándose hacia él, después tomando su mano y tirando de él.

Se está precipitando a salir del auto hasta que no puede sentir nada y siente que está en el aire, y entonces Bobby sabe que se está cayendo hacia su muerte por el puente…

Hasta que siente la superficie dura del puente, respirando y mirando hacia arriba para ver que el auto ya no está.

Bobby entonces mira a su lado y ve a Carlos detrás de él.

Sin aliento y aún intentando asimilar todo lo ocurrido, solo puede pensar en una palabra que decirle al hombre que salvó su vida.

"Gracias".

Es del todo insuficiente, pero es algo. Carlos tan solo mueve su cabeza, con la respiración aún acelerada y temblando.

"De nada", dice Carlos.

Si pudiera contarle a la hija de Maggie lo que ocurrió esa noche, le diría esto.

Diría que lo único que quiso siempre su madre fue que ella viviera. Que respirase. Que tuviese una vida que fuera mejor que la suya.

Maggie fue valiente en esos momentos finales. Más valiente de lo que yo había sido. De hecho, más valiente de lo que estaba siendo ahí, intentando ayudarle a empujar lo mejor que sabía, para soportar el dolor, para que lo lograse.

Mi esposa fue la que realmente le animó. Creo que el hombre que hay en mí estaba sencillamente demasiado impactado y asustado como para saber qué hacer.

El lloro, y la respiración, y el sudor, y la sangre, y después de repente, tuve el gran honor de cargar esta preciosa y dulce vida en mis manos. Estaba temblando, pero a la vez no la soltaría.

Ni tampoco Maggie.

Lo primero que dijeron sus labios fue preguntar si su bebé estaba bien. Ella preguntó cómo era, y después quiso verla.

La propia vida de Maggie se estaba apagando. Sin embargo, ella de repente no parecía estar interesada ni lo más mínimo ni preocupada por ella. Solo quería ver a su bebe y cargarla...

La vida de la joven madre, el diminuto guiño de la vida que desgraciadamente tuvo, de repente parecía haber merecido la pena cuando cargó a su bebe. La decisión que había tomado desde el principio había sido validada. Ella estaba ahí. Era real. Y su lloro, también era muy real y muy alto.

El bebé había sobrevivido al accidente de forma milagrosa.

En esos primeros momentos, cuando Maggie miró a su bebé con una mirada que parecía ser consciente del regalo que había recibido, que nos habían dado a *todos* nosotros, nos dijo su nombre.

Fe.

Incluso mientras Grace y yo intentábamos atenderla, intentamos encontrar una forma de llevarla al hospital, aún con la esperanza de que llegara una ambulancia, Maggie solo podía hablar de su bebé.

Le dijo esto a Grace.

Le recordó a Grace cómo ella había querido estar ahí cuando naciera su hija. Después le dijo a Grace que lo acababa de hacer.

Maggie quería saber sobre la certeza del cielo mientras cargaba a su pequeña Fe. Me preguntó si era una mentira o si era cierto. Quería saber si iba a ver a Jesús ese día.

"Le he aceptado en mi corazón. Prométeme que Él me aceptará a mí".

Las últimas palabras que le dije a Maggie fueron las siguientes:

"Con todo mi corazón, con toda mi alma, te lo *prometo*. Él lo hará".

Si le pudiera decir algo a la niña de Maggie, le diría que su madre murió cargándola en sus brazos, cuidando de ella. No cerró sus ojos mientras la luz que había en ellos se apagaba. Mis manos finalmente te tomaron y te pusieron en unos brazos que no te soltarían.

Dos mujeres recibieron regalos esa noche. También un hombre.

Quizá, eso espero, cuando Fe sea mayor, seremos capaces

de contarle toda la historia. Podremos contarle cómo nos topamos con su madre biológica de la forma más milagrosa. Cómo Dios verdaderamente nos dio este regalo en la noche más oscura.

Solo me puedo imaginar lo que Maggie vio después de dejar a su bebé atrás. Sé que ella dejó de estar triste. Dejó de tener miedo. Dejó de ser joven y estar sola.

Un día estoy seguro de que vamos a mirar a Fe y ver a esa joven hermosa llamada Maggie dentro de ella.

JOE

Había lugares, y momentos, peores para morir. Joe lo sabía, y por eso estaba agradecido.

El resplandor blanco y hueco de las luces encima de ellos no importaba, ni los sonidos agudos de las máquinas a las que estaba conectado que le rodeaban. Lo que importaba era que aunque el dolor parecía estar tragándoselo entero, seguía habiendo alguien a su lado.

"Lily está de camino, Joe".

Él miró a Samantha desde su cama, con su espalda descansando en ella y su cabeza apoyada en la almohada. Esta no era la forma de hablar a una señorita. Deseaba poder tan solo estar sentado frente a ella como hacía la gente normal. Hablar y conocerse, tanto a ella como a Lily, y poder reírse y mirar hacia un mañana. No obstante, eso era para otra persona en otra historia.

Una enfermera llamada Elena había estado entrando en la habitación con más frecuencia que otras enfermeras, revisando para ver si alguno de los dos quería algo, preguntando si había algo más que ella pudiera hacer. Parecía tener un espíritu amable esta enfermera. Al igual que Samantha.

Pudo sentir que Samantha no se estaba tomando esto a la ligera. La tristeza parecía destilar de su rostro como algún tipo de alfombra empapada cuando se aprieta.

"Está bien, ya sabe", dijo él. "No tengo miedo. Sé a dónde voy".

Ella asintió pero no parecía animarse lo más mínimo. Samantha parecía luchar por contener las lágrimas, y la única forma en que podía hacerlo era guardando silencio.

Joe vio destellos en su mente de forma súbita. Su hija cuando era joven. Los rizos en su cabello. Una mujer llamada Noemí a la que una vez quiso tanto. El rostro del hombre al que mató, no el rostro que vio esa noche, sino el que la familia se aseguró de mostrarle en el juicio cuando fue sentenciado.

Las cuatro pequeñas paredes de su celda. La forma en que esos uniformes nunca dejaban de oler incluso después de lavarlos. Los tatuajes de odio que se acordaba que se hizo. El predicador que nunca dejaba de hablarle. El sentimiento de las rodillas desnudas sobre el suelo de cemento de esa celda la mañana temprano cuando finalmente rindió todo y de forma increíble recibió *todo*.

Lamentaba esas decisiones y a la vez aún se sentía humillado por saber que todo ello le llevó a esa gran decisión. Y que eso guió a muchas otras cosas brillantes y momentos de esperanza.

Incluso este momento.

Joe miró a Samantha y sonrió.

"Sabe, durante toda mi vida, solo he tenido miedo a una cosa. Fue a morir solo".

Con toda la fuerza que tenía, que no era mucha en este momento, Joe se acercó y tomó su mano.

"Gracias…por estar aquí".

Samantha comenzó a llorar, su mano libre se acercó para limpiar sus mejillas.

Por un momento, los ojos de él se cerraron. Era difícil luchar contra ellos. Joe lo sabía. Sencillamente lo sabía.

"Dígale a Lily que lo siento", dijo lentamente. "Dígale que no pude esperar".

Y con eso cerró sus ojos y dio su último aliento. Esta vida dura y llena de cicatrices finalmente se terminó, un doloroso guiño que lleva a una eternidad de ojos abiertos del todo ante el asombro y la gloria.

ELENA

Los gritos de la mujer se habían convertido en gimoteos después de diez minutos. Elena había intentado consolarla, pero ella también sabía que lo mejor era dejar que pasara el duelo a su forma. La muerte actúa en los corazones de formas distintas. Nunca había un antídoto o una receta o sugerencia que nadie pudiera ofrecer. El tiempo era lo único que funcionaba.

Ella nunca había llegado a conocer bien a Joe, aunque le había visto en la iglesia siempre que ella había ido. Le había parecido siempre un hombre muy agradable, pero Elena también sabía que al pastor le gustaba aceptar a personas con problemas. Poco se imaginaba que le vería morir delante de ella.

La puerta se abrió y el doctor entró en la habitación portando un portapapeles. Miró fijamente el monitor de ECG. Elena miraba al Dr. Farell para ver su reacción, pero no hubo ninguna. Ninguna alarma ni sorpresa ante el silencio de la máquina, ninguna decepción por la línea blanca plana, ninguna compasión por la mujer que había junto a la cama intentando controlar sus emociones.

"¿Cuánto tiempo ha pasado desde el código?", le preguntó el Dr. Farell.

"Doce minutos".

Él miró su reloj. "Pongamos las veintiuna treinta y cinco".

El doctor hizo su trabajo, escribiendo la hora en el certificado de defunción de Joe. Elena se sintió angustiada, pero no había nada que pudiera hacer.

"Causa de la muerte: septicemia estafilococo no identificada", dijo el doctor en voz alta mientras escribía en la hoja. "Factores contribuyentes: leucemia prolinfocítica, fase cuatro".

Elena pudo oír el bolígrafo garabateando la firma del doctor. Después le pasó el portapapeles a Elena y casualmente echó una mirada al cuerpo inerte sobre la cama. Pudo ver los ojos del Dr. Farell mirando a la mesita de noche junto a la cama y quedarse fijo en ella por un momento con incredulidad.

Ella no se había dado cuenta hasta ahora. Ahí estaba.

La cruz de madera.

El doctor solo pudo mover su cabeza, para irse después sin decir más.

La cruz...

Parecía que esta cosa le había estado siguiendo a Elena desde que las habían repartido. Siguiéndola o bien como algún tipo de cachorro perdido, o como algún tipo de nube tormentosa acampando sobre su alma.

Deja que esta mujer tenga su duelo.

Ella se alejó de la cama y comenzó a irse, pero a la vez algo volvió a tirar de ella hacia dentro. Elena pensó en Carlos por alguna razón. Verle alejarse en la oscuridad, sin darse la vuelta, rehusando quedarse.

Avanzó de nuevo hasta el final de la cama para poder ver a la mujer. Con los ojos rojos e hinchados, alzó la mirada hacia Elena.

"¿Hay algo que pueda hacer por usted?", empezó a preguntar, pero entonces algo la interrumpió.

La interrumpió la máquina de ECG.

No.

Los repentinos sonidos le hicieron mirar a Joe, y después a la máquina, y luego a ambos.

Algo no está bien.

La mujer la miró con incredulidad, con asombro ante lo que estaba ocurriendo. Pero Elena no lo sabía.

La máquina volvió a quedarse plana.

¿Lo hemos visto bien?

Ambas estaban en silencio, mirando el cuerpo enorme y quieto sobre la cama, barba de varios días blanca y gris en su rostro, ojos cerrados. Parecía contento.

Entonces de repente se movieron sus labios.

No, no, ¿qué estoy viendo?

Un susurro en la sala mortalmente en silencio.

"Tú eres el Cristo, el Hijo del Dios viviente".

Elena no podía respirar. Su cuerpo temblaba, sus ojos no podían pestañear, su boca de repente estaba entreabierta.

Entonces el monitor del corazón habló por ellas, con pitidos altos, firmes y repentinos que seguían produciéndose y no cesaban. Uno después de otro, tras otro, tras otro.

La mujer seguía mirando a Elena, queriendo y rogando saber qué estaba pasando. Ella estaba sin habla, con sus ojos llenándose de nuevo. El color había desaparecido del rostro de la mujer, y Elena sabía que ella probablemente estaría igual.

Todas las constantes vitales. Todo es sencillamente...

"Normal", dijo Elena en voz alta para asegurarse de que no estaba soñando.

Tragó y su boca se le quedó seca. Elena de repente tuvo miedo. No podía moverse y no sabía *qué* hacer.

El pulso de Joe era constante. De alguna forma era fuerte.

No es posible.

Entonces abrió sus ojos. Joe abrió sus ojos. Un hombre muerto de repente volvió a mirarles.

Muévete, llama al doctor. Haz algo antes de que le vuelvas a perder otra vez.

Pero Elena simplemente no pudo durante un segundo. Ella solo…esto no podía estar sucediendo. Ella no estaba siendo testigo de esto. Cosas como estas *no ocurren hoy día.*

Joe solamente las miraba con asombro e incertidumbre. Pero sin duda las estaba mirando, con sus ojos fuertes moviéndose de la enfermera a su amiga junto a su cama.

"¿Qué…ocurrió?", les preguntó la mujer a ambos.

"Algo bastante asombroso", susurró Joe.

Esto bastó para que Elena comenzara a moverse, saliendo de la habitación y luego corriendo por el pasillo para llamar al doctor.

Fue al puesto de enfermeras y les dijo que llamaran al Dr. Farell, y preguntó dónde podía estar y luego fue corriendo hacia las escaleras, sabiendo que el ascensor tardaría demasiado. Casi se choca con un paciente que caminaba lentamente por el pasillo, y se disculpó pero no se detuvo.

Su piel parecía estar viva y aún le parecía que no podía respirar bien. Una parte de ella casi parecía volar bajando esas escaleras mientras giró en el rellano para encontrarse con otro tramo.

¿Qué acabo de ver ahí arriba?

Y las imágenes llenaban su mente: el hombre hablando, y la mujer mirando a Elena asombrada, y luego la cruz de madera en la mesita.

¿Podría ser?

Abrió la puerta de un tirón y entonces vio al doctor cerca de las puertas del ascensor.

"Doctor, hay algo que debe ver".

Respirando con dificultad y finalmente parándose junto a él, pudo ver su mirada molesta y curiosa.

"Es Joe Philips".

Él asintió. "¿El del certificado de muerte que acabo de firmar?".

Elena había recuperado su compostura. Estaba de pie erguida y pudo asentirle al Dr. Farell como él solía hacer, como diciendo *sí por supuesto y sé algo que usted no sabe.*

"¿Por qué?", preguntó el doctor. "¿Me faltó algo?".

Ella se rió.

Creo que nos faltó a ambos. Creo que nos ha faltado algo desde hace mucho tiempo.

"Se podría decir que sí", le dijo ella.

Ella sabía que solo había una forma en que podía decirle al doctor lo que había ocurrido. Tenía que enseñárselo. Los hombres como él no lo creerían de no ser así.

Las personas como *ellos* tenían que ver en lugar de creer.

Tengo que ver a Bobby. Tengo que hablar con Bobby.

"Por favor... venga conmigo", le dijo al doctor.

BOBBY

La primera persona que había visto en todo este caos, el hombre de color arrastrándose por el centro de la calle alrededor de la matanza, de algún modo aún estaba vivo. Bobby había entrado en modo paramédico, ya que varios de sus compañeros de trabajo habían llegado al lugar. Ahora estaba observando al hombre inconsciente en la camilla y sosteniendo una vía intravenosa de solución salina sobre él. Le estaban subiendo a la ambulancia.

Dos agujeros de bala y aún respira.

Quienquiera que fuera ese tipo y cualquiera que fuera su historia, se iba a despertar y saber que era muy, muy afortunado. Aunque Bobby sabía que la suerte no tenía nada que ver con eso.

Cuando el hombre estuvo a salvo en la ambulancia, Bobby regresó para ver quién más necesitaba ayuda. Varias personas estaban atendiendo a los heridos. Mientras miraba el puente, con las luces azules y rojas de la sirena moviéndose como una especie de salón de baile, observó varias cosas.

Cerca del motor en llamas, una mujer estaba sentada sobre una plataforma de chapa lagrimada en la parte trasera cargando un bebé. Un paramédico, un hombre llamado James a quien conocía y respetaba, estaba observando al bebé. Bobby sabía que la mujer y el bebé, quizá *su* bebé, estaban en buenas manos con James.

Cerca, un hombre estaba de pie junto a una camilla con los ojos cerrados.

Está orando.

El cuerpo en la camilla tenía una manta por encima, y Bobby sabía lo que eso significaba.

En ese momento suspiró.

Descanse en paz.

Después miró y vio un grupo de policías rodeando a un hombre con una mirada que daba miedo llevado con esposas hacia un auto patrulla. El mundo no era justo, y cosas como estas se lo recordaban a Bobby constantemente. Quienquiera que estuviera en esa camilla probablemente no se mercía estar ahí. Este hombre esposado muy probablemente sería el que merecía estar ahí.

Entonces nuevamente, todos merecemos esas esposas. Todos merecemos la muerte.

No podía juzgar porque no conocía las historias. Solo tenía que limitarse a orar por todos ellos y dar las gracias por aquellos que sobrevivieron. Como ese precioso bebé.

Bobby comenzó a caminar hacia James y la mujer con el bebé, pero le detuvo una persona con una manta amarilla de los Servicios Médicos de Urgencias sentada en la acera.

"Oye", le llamó una voz débil.

Él miró hacia la voz y entonces vio a la abogada. Las rubias ondas del cabello estaban lisas, su maquillaje casi había desaparecido, una mirada de impacto en su rostro. Mientras se acercaba a ella, esta le miró confundida.

"Tú…tú me salvaste la vida", dijo ella. "¿Por qué?".

Una parte de él quería decir lo obvio, que era su trabajo. Pero había muchas personas a las que intentar ayudar y rescatar en este puente. Y la verdad estaba justo ahí enfrente de él. Este era otro de esos momentos divinos, y tenía que decir exactamente lo que quería su corazón.

"Mateo 5:44".

Andrea aún parecía confundida, buscando con sus ojos poder entender. Bobby continuó.

"Permítame ahorrarle el trabajo", le dijo con una sonrisa. "'Amen a sus enemigos y oren por los que les persiguen'".

Él pensó en la vista anterior, cómo les había pedido un favor antes de irse, cómo había recuperado lo que le habían dado. Bobby metió su mano en su chaqueta y sacó la cruz de madera, y se la entregó a ella. Ella la tomó sin dudarlo, aún asombrada y de repente sin palabras.

"Estaré orando por usted, Andrea".

Su voz, su mirada, su todo le decía a ella que esto era sincero, que lo que le había dicho no era alguna frase piadosa para quedar por encima de ella. Y Bobby creía que ella sabía que así era. Tan solo le ayudó, quizá verdaderamente le salvó la vida, para que ella supiera lo que él sentía.

Había salvado su vida temporal aquí en este lugar lleno de muerte y oscuridad. Lo que él esperaba era que de algún modo, de alguna manera, esto fuera una oportunidad para guiarla a otro lugar de salvación. El lugar por el que tantos levantaban sus cejas, se burlaban y simplemente no creían. Un lugar demasiado bueno para ser cierto. Y aun así lo era.

Quizá ella algún día sabría. Bobby sabía que esta noche era un recordatorio para él. Una confirmación de que había hecho lo correcto con el hombre agonizante hacía días. Que estaba haciendo lo correcto ahora.

J. D.

"¿Estás bien?".

Una voz tan inocente no parecía encajar en esta escena de destrucción, muerte y desesperación. Le recordó a J. D. que Dios aún estaba con ellos, que estaba cuidando de ellos y les amaba.

A veces Él habla mediante las voces de los pequeños.

"He pasado por cosas mucho peores", le dijo J. D. a Lily mientras una mujer de la flotas de ambulancias le aseguraba en su camilla en ese puente.

Teri y Lily estaban junto a él. Parecían estar bien y, J. D. no podía estar más agradecido por ello. Pensar que habían conducido con la niña y que había sido *su* auto el que casi les mata a todos, era demasiado. El accidente no había sido culpa suya, pero pensar en tener que decirle a una madre…

Gracias, Señor. Gracias.

Miró hacia abajo y pudo ver al joven que le había rescatado agarrando una bolsa de otro hombre. Lo único que le había podido preguntar al hombre fue si era militar. El hombre respondió que era un cabo. J. D. había respondido que él había estado en Vietnam.

J. D. gritó al hombre para llamar su atención. El soldado se acercó caminando hasta él.

"Lo que usted hizo fue un acto heroico, Cabo. ¿Con quién estaba usted?".

"Primer Batallón, Sexto Regimiento de Marines".

El hombre lo dijo con orgullo.

No es de extrañar que aún estemos vivos. Gracias a Dios por los Marines.

"¿Cómo se llama?", preguntó J. D.

"Carlos, señor. ¿Es usted parte de la 'Máquina Verde', señor?".

También es inteligente. Sabe su historia como debe.

"Cero-Tres por un tiempo en una ubicación conocida como A Shau Valley. Habría sido usted útil allí".

Carlos se rió. "Sin problemas, señor. Pero estoy contento de haberme perdido esa ocasión".

"Sabia elección, hijo. Aun así, no estoy seguro de poder transmitirle lo agradecido que estoy".

J. D. estiró su mano y el Marine la estrechó.

"No dejamos a los nuestros tirados, ¿no es así, señor?".

Parece... aliviado.

"Hablando de eso, hay alguien a quien debo ver", dijo Carlos.

J. D. le dio un afirmante *ve y hazlo, hijo* con la cabeza.

Mientras subían a J. D. en la ambulancia, Lily preguntaba qué le iban a hacer.

"¿Qué tal si dejas que te lleven al hospital?", le preguntó a la niña. "¿Has estado alguna vez en una ambulancia?".

Ella movió su cabeza negativamente.

"Bueno, pues sube para que nunca más tengas que estar en una. ¿Te parece bien?".

JOE

Él no sabía qué decirle a Samantha cuando seguía preguntándole cómo y qué ocurrió y dónde fue. Él simplemente sonrió y después le dijo lo que pudo.

"Estoy aquí", dijo Joe.

No sabía qué decir porque aún estaba procesando todo. No había sido algún tipo de luz guía llamándole. No vio a nadie volando a su alrededor, ni alas revoloteando, ni puertas doradas. No escuchó la voz de Morgan Freeman.

Lo que sentía ahora, y lo que pensaba que acababa de sentir, fue este sentimiento abrumador de asombro. Un tipo de asombro que te aplasta el alma, te arrodilla, te deja sin aliento y te ciega. Un temor, sí, pero un tipo de temor glorioso. De los que te asustan hasta que sientes esa mano sobre tu hombro pidiéndote que mires hacia arriba, diciéndote que las coas van a salir bien. Como el que un niño puede sentir cuando se pierde entre una multitud, y después de repente e inexplicablemente encuentra a su padre junto a él en el bordillo *esperando*. El sentimiento de lo que sería estar arropado por sus brazos, seguro de nuevo, seguro y absolutamente *amado*.

La puerta se abrió y la enfermera entró seguida del doctor.

Ah, Dr. Farell. Ahora esto va a estar bien.

El doctor tenía una mirada distinta ahora, una que Joe nunca había visto. Era un asombro total y profundo.

Está poniendo la boca en la palabra boquiabierto.

"Imposible", dijo el doctor mirando directamente a Joe. "Usted estaba muerto. *Muerto*. Durante más de doce minutos".

Samantha no se movía, ni tan siquiera miraba al doctor. La enfermera solo miraba y esperaba a que el Dr. Farell hiciera algo. El doctor se apresuró corriendo a revisar las máquinas. Toqueteó la configuración, convencido de que estaban rotas. Pero tan solo logró confundirse más y se quedó perplejo al darse cuenta de que los monitores no parecían estar mal.

Por un momento, el doctor no parecía ser un doctor. Parecía un hombre normal, asustado súbitamente e inseguro de todo.

"Quiero un panel de sangre completo de inmediato", ordenó el doctor de repente, recuperándose al fin. "Conteo de glóbulos blancos y rojos. Hematocritos. Hemoglobina y volumen de plaquetas. Funciones de las transaminasas ALT y AST del hígado. Y una identificación definitiva de la infección".

Elena comenzó a conseguir algunas de las herramientas para analizar la sangre. Joe simplemente se reía y miraba al doctor.

"No van a encontrar nada, doctor".

"Es un milagro", dijo Elena, con su expresión de asombro aún muy patente.

El doctor miró a la enfermera con su arrogancia habitual. "Los milagros no existen".

La enfermera se detuvo y simplemente miró al Dr. Farell. "¿Tiene usted una teoría mejor...*doctor*?".

Joe observó algo que nunca antes había visto, algo que probablemente ocurrió en este hombre educado y asertivo. El Dr. Farell seguía en silencio, inseguro de tener una respuesta, incapaz de decir *algo*.

Joe decidió llenar el silencio.

"Tienen ojos y no ven. Tienen oídos y no escuchan".

El doctor miraba airado, enojado ahora. "No me hable como si yo fuera un idiota".

"De acuerdo, doctor", dijo Joe con una simple sonrisa que no pudo evitar. "Pero el hombre cuyo certificado de muerte firmó usted está sentado aquí hablándole. ¿Y usted no cree en los milagros? Solo estoy diciendo que quizá sería buena idea que usted lo reconsiderase".

Joe se acercó a la mesita de noche y tomó la cruz de madera. Después miró al doctor y se la ofreció.

Joe no estaba intentando ser un sabelotodo. Realmente, no sabía nada. Tan solo sabía lo que era ser salvo.

Ser salvo y luego volver a ser salvo.

El doctor miró la cruz y después tan solo huyó la mirada. Así de fácil.

LACEY

Ya era tarde, pero Lacey no quería ir a su habitación vacía y meterse en su cama fría. Su mente se aceleraría como lo estaba haciendo ahora. Quizá podía también sentarse en la oscuridad de este salón. Esperando, como lo había hecho durante toda su vida.

Vagando, ojos cerrados, preguntándose, mucha curiosidad, muchas dudas.

Tantas dudas que cuando oyó los golpes en la puerta, no se lo creyó.

Hasta que volvió a oír los golpes. Entonces los ojos de Lacey se abrieron y se dio cuenta de que era real. Era real y no se iba.

¿Estoy soñando?

Sabía que no. El frío en el aire, la tristeza en el apartamento, el nudo en su estómago. Quizá era su vecina Pam interesándose por ella.

Lo siento, no he comido cerdo agridulce aquí esta noche.

Abrió la puerta y le vio.

Carlos.

Una sonrisa en su rostro, la bolsa marinera en su brazo. Parecía el hombre que había conocido esa primera noche.

"¿Te apetece tomar un café?", preguntó Carlos de manera informal. "Yo invito esta vez".

Cosas así no le ocurrían a ella.

¿Realmente está ocurriendo?

Ella respondió abrazándole, escondiendo su rostro de las lágrimas que de repente aumentaban en ellos.

"Has vuelto", dijo ella. "No puedo creerlo. Él te trajo de vuelta. Nunca regresa nadie".

Lacey pensó en la cruz que Carlos le había dejado. Pensó en su oración. Después pensó en su padre. En su Padre celestial.

"Gracias, Señor".

ELENA

En la pequeña capilla del hospital, con unas pocas sillas mirando a una cruz en la pared, Elena se sentó con sus ojos cerrados, orando. Al menos intentando orar. Intentando saber cómo decir palabras al hacedor de las mismas. Intentando entender cómo alguien como ella podía ser escuchada, especialmente después de ignorar a Dios durante toda su vida.

¿Cómo puede alguien que acaba de hacer eso, cómo puede Dios de hecho querer que *vaya a Él, cómo puede Él interesarse?*

No había *ninguna* explicación médica para lo que había ocurrido. Y aunque se habían escrito tantos milagros en la Biblia, Elena nunca había visto ninguno en toda su vida. No creía que de verdad existieran. Quizá había dudado de los milagros, como dudaba de que Jesús hubiera venido a morir en la cruz por ella.

No quiero dudar más.

Pensó en la historia de Tomás cuando dudó. Elena había merodeado por la iglesia lo suficiente como para conocer la historia. El discípulo que rehusó creer que Jesús había resucitado de la tumba, que necesitó verle para creer. Cuando Jesús finalmente apareció, dijo: "Benditos los que crean sin verme".

Yo quiero creer. Quiero ser bendecida. Quiero saber sin lugar a duda que soy amada, que le pertenezco. Que puedo ayudar a que este mundo sea un poquito mejor mostrando eso.

Como Bobby…

La puerta que había detrás se abrió, y una oración no dicha aún de repente fue respondida. Su marido estaba ahí de pie en la entrada a la capilla, con su uniforme manchado y desgastado, su rostro cortado y sucio.

"¿Qué te ha ocurrido?", preguntó ella.

"Es una larga historia. ¿Qué estás haciendo aquí?".

"Orando".

Él se acercó a ella y después se sentó a su lado. "¿Oh?".

"Bueno, no orando exactamente. Es más bien una disculpa".

Solo decir esa última palabra a su esposo hizo algo. Fue como sacudir una jaula lo suficiente como para que se abriera la puerta.

"Esta noche, vi un milagro", dijo Elena. "Un milagro en la vida real, en carne. Y me hizo darme cuenta de cómo me he estado comportando. Como si el Dios que hizo eso de algún modo no estuviera ahí a nuestro lado".

Él simplemente la miraba, amándola, escuchándola.

"Me sentí avergonzada", continuó Elena. "Y entonces me di cuenta de que no quería seguir viviendo así. Quiero darle a Jesús toda mi vida. Toda. No quiero retenerle nada".

Bobby la abrazó. Ella pudo oler el humo en él, y se preguntaba qué habría ocurrido. Cuando él volvió a mirarla, parecía estar lleno de lamento.

"Yo soy el que debería estar disculpándose", el dijo. "He estado tan ocupado compartiendo mi fe con todo el mundo que de algún modo te perdí de vista. Por favor, Elena, perdóname".

"Claro", dijo ella encogiéndose de hombros. No estaba de acuerdo, pero no le importó esta disculpa. Era bueno simplemente entenderse el uno al otro y volver a ser un equipo.

Bobby se inclinó y la besó. Fue uno de esos besos que no estaba lleno de romance, sino más bien de reconciliación. De esos besos que las parejas que lo consiguen finalmente se dan.

Un beso que le recordaba a ella que Bobby estaba ahí, que la amaba, que verdaderamente eran uno.

"¿Quieres orar conmigo?", le pidió finalmente Bobby.

"Con gusto".

Se arrodillaron juntos e inclinaron sus cabezas. Después Bobby le dio con el codo para llamar su atención.

"Ah...me encontré con tu hermano", dijo él.

Esto era probablemente lo último que Elena esperaba oír de Bobby.

El humo. El uniforme hecho jirones. Ahora Carlos.

Tenía que haber una conexión.

"¿De verdad? ¿Está...cómo está?".

Bobby simplemente asintió confiadamente y con una sonrisa. "Bien. Está muy bien".

Ella sintió que él la tomaba de su mano, después cerró sus ojos y oyó las palabras de él mientras oraba.

Esto no era algo muy familiar. Sin embargo, le parecía que estaba bien.

Como el hombre llamado Joe que había muerto y después había vuelto a vivir, Elena se veía humillada, agradecida y viva. Muy viva.

ANDREA

La enfermera le había dicho a Andrea que estaba bien, que la revisión rutinaria tras el accidente había sido necesaria. No había fracturas ni contusiones; solo algunos cortes, heridas y chichones. Podía salir de la sala de exámenes del hospital, pero Andrea pidió ver al doctor. Seguro que el Dr. Farell estaría ocupado, pero no demasiado ocupado para verla.

La enfermera se equivocó, sin embargo. Andrea no estaba bien. Llevaba mucho tiempo sin estar bien.

Su mente regresó al puente y a todo lo que había ocurrido. Lo rápido que iba conduciendo después de la vista en el juicio esa noche. Cómo resultó que su auto terminó cruzando el puente, un camino que normalmente no tomaba para ir de regreso a casa. Cómo casi murió en el impacto, después cómo se las arregló para estar vagando y aturdida antes de que alguien corriera para rescatarla.

Alguien que resultó ser el candidato *menos* probable para ser su Superman.

Este hombre, este paramédico que supuestamente era bueno en su trabajo, un esposo y padre de dos niños, había puesto toda su carrera en juego, ¿por qué? Por esta pequeña baratija que ahora tenía en su mano. Una diminuta cruz de madera.

Por alguna razón, parecía algo muy, pero que muy pesado en su mano.

313

Andrea había cepillado la fe de Bobby de una forma en que había cepillado también todo en su vida. Sus padres le habían dado todo lo que quiso y más. Las cosas en la vida le habían resultado muy fáciles. Las puertas siempre se le habían abierto. Ella tan solo seguía caminando, apresurándose y corriendo mientras crecía, creyendo que en algún momento, tendría suficiente éxito, respeto, dinero y relaciones para entonces quizá descubrir eso del matrimonio y la familia, y lo de fueron felices y comieron perdices.

Estoy corriendo a ninguna parte, lastimando a la gente por el camino, ignorando tantas cosas de la vida mientras voy.

No había forma en que Andrea se pudiera detener *jamás* a ayudar a alguien que estuviera intentando arruinar su vida. Si ella hubiera sido Bobby, simplemente se hubiera girado en otra dirección. Alguien como el Dr. Farell hubiera hecho lo mismo. Es difícil ayudar a los que te ayudan, pero ¿a las personas que no te ayudan?

Esta cruz te va a costar.

Andrea había dicho esas palabras, pero ahora de repente resonaban en su corazón.

Sacó su iPhone del bolso y buscó en Google las siguientes palabras: **la cruz de Jesús**.

Una de las primeras páginas web le llevó a una serie de versículos bíblicos. Hizo clic en un pasaje conocido y lo volvió a leer.

"Pues Dios amó tanto al mundo que dio a su único Hijo, para que todo el que crea en él no se pierda, sino que tenga vida eterna".

Andrea conocía Juan 3:16, de la forma en que casi se había convertido en un lema, como el eslogan de Nike de "Just Do It" (Solo hazlo). Lo había oído muchas veces, y sin embargo…Esta noche, le parecía estar empujándola para sacarla de un largo sueño.

Volvió a leer todo el pasaje en distintas versiones, lo cual era fácil de hacer en línea. Una versión parafraseada lo decía de otra forma, algo así como "cualquiera que confía en él queda absuelto; cualquiera que rehúsa confiar en él ya hace mucho que está bajo una sentencia de muerte sin saberlo. ¿Y por qué? Por el fallo de esa persona en no creer en el único Hijo de Dios cuando se lo presentaron".

Absuelto. Sentencia de muerte.

Era de Juan 3:18, un versículo que no recordaba haber leído nunca.

Esas eran palabras en su universo, unas que antes entendía.

Una sentencia de muerte...

La cortina cerca de la mesa donde estaba sentada se abrió de golpe. El Dr. Farell apareció, con una mirada de preocupación en su rostro.

"¿Estás bien?", preguntó él, poniéndose a su lado.

Ella podía ver que había estado corriendo por ahí, seguramente lidiando con gente del accidente junto a los demás pacientes que cuidaba ya. Aunque el término *cuidar* no era precisamente el más indicado.

"La verdad es que no", dijo ella, sorprendiéndose incluso a sí misma. "No lo estoy".

Los ojos de él se estrecharon, mirándola de arriba abajo. "¿Qué te ocurre? ¿Estás herida?".

Él comenzó a poner una mano en la cabeza de ella para examinarla, pero ella la retiró.

"Dime algo. ¿Qué tipo de persona arriesgaría su vida por alguien que acaba de arruinarlo?".

El doctor la miró, después miró hacia un lado mientras suspiraba.

"Andrea...mira, ha sido una noche muy larga. Para todos. ¿Por qué no te llevo a casa?".

Como siempre, no había oído una palabra que ella había

dicho. Estaba demasiado acostumbrado a dar instrucciones y recetar en vez de escuchar.

"No", le dijo ella, sabiendo que esta no era una palabra que él oía muchas veces. "Creo que me equivoqué, Thomas. Y creo que tú también".

Sus ojos fríos y calculadores no ofrecieron ninguna compasión ni empatía, sino que casi parecían albergar lástima.

"Honestamente Andrea. ¿Qué te ocurre?".

"No lo sé", dijo mientras se ponía de pie. "Quizá yo soy la que tengo complejo de Dios".

Ella se fue dejando al Dr. Farell solo en la sala. Mientras recorría los blancos pasillos del hospital, parecía como si hubiera dos caminos que se abrían enfrente de ella tan claros como el día.

Uno llevaba a la muerte. El otro llevaba a la absolución.

Quizá había alguien a quien podía llamar para ayudar. Quizá incluso alguien que *ya* la había ayudado.

Quizá estaría dispuesto…

No.

Ella sabía que Bobby estaría dispuesto. Su trabajo era ayudar a mantener vidas en condiciones de emergencia.

Esto encaja en esa descripción.

Quizá, con suerte, ella encontraría lo que es una verdadera absolución.

JOE

¿Y ahora qué?

Pero su pregunta de repente la respondió el sonido alto y penetrante de Lily que entraba corriendo en la sala gritando a su mami.

Joe veía mientras Samantha literalmente saltaba y abrazaba a Lily. La madre estaba llorando, de nuevo. Les habían informado del accidente. Que todos estaban bien *pero...*

Pero las cosas podían no haber estado tan bien.

Samantha de repente se había sentido culpable y preocupada, aunque le aseguraron que todo estaba bien, que Lily estaba bien.

Primero me muero yo, y luego su hija casi se muere.

Fue una noche que habría enviado a una mujer más débil a su tumba. Pero Joe sabía que Samantha era fuerte. Ella era muy fuerte. Simplemente necesitaba algo de ánimo y un poco de mejor suerte. Y Joe iba a ser todo eso y algo más. Con el favor de Dios.

"Lily, cariño", dijo Samantha entre lágrimas. "Estaba preocupada por ti. Estaba *muy* preocupada. ¿Estás bien?".

"Estoy bien, mami. Pero debías haberlo visto. Tuve una gran aventura. Realmente te lo perdiste".

Samantha no pudo evitar la risa mientras miraba a Joe. Su mirada decía *nosotros también tuvimos una gran aventura.*

"Estoy segura de que sí", le dijo Samantha a Lily.

La niña serpenteó para salir de su madre y después se precipitó deprisa hacia la cama, saltando a ella aunque su madre le había dicho que tuviera cuidado.

Me acabo de morir. ¿De qué te preocupas?

Lily le rodeó con sus brazos. Él pudo sentir su suave carita contra su espinosa barba. A ella parecía no molestarle.

Puso su boca en su oído y luego susurró un secreto que obviamente había estado esperando a contarle.

"Tenías razón", dijo Lily. "La jarra funcionó. Se cumplió mi deseo".

Cuando vio esos ojos brillar de nuevo, Joe solo pudo sonreír. Ahora se emocionó y no quería que ellas vieran llorar a un hombre tan grande y fuerte. De ninguna manera. Pero él sabía algo.

Lily no era la única que había conseguido su deseo.

Dios fue bueno. Incluso, y especialmente, cuando no tenía por qué serlo.

La pesada oscuridad de la noche planeaba fuera de las paredes del hospital, pero dentro contemplábamos un pequeño milagro. Estábamos de pie en un rincón de la UCI de la sección de maternidad del hospital, viendo a Fe. Yo estaba agarrado a Grace y simplemente mirábamos la diminuta bebé conectada a tubos y sensores. Una lámpara encima de su iluminada incubadora brillaba como si se tratara de una máquina bronceadora. Tenía el cabello rizado, como lo tenía su madre.

Esta era la primera vez que estábamos ahí de pie, aunque no sabíamos que sería la primera de muchas veces. La situación no parecía buena, y a la vez todo parecía parte de algún plan divino. Tomar lo roto e imperfecto y arreglarlo.

Recuerdo estar ahí de pie, agarrado de Grace, pensando en Maggie, después pensando en Fe. Entonces sacando la cruz del bolsillo de mi pantalón y mirándola.

Me volví a acordar de esa historia perfecta y completa. La que comenzó cuando Dios se hizo hombre, nació en un establo hace muchos años. La que casi terminó cuando todo parecía perdido en esa cruz.

Me doy cuenta ahora de que la vida a veces puede darnos recordatorios de esa historia perfecta, aunque nuestras historias estén tan estropeadas e imperfectas.

Ahora, en la quietud de mi estudio, terminando este capítulo de esta historia, conozco más detalles. Y veo cosas que destacan con mucha claridad.

Recordatorios de esa historia perfecta.

El regalo de la vida de un recién nacido, como la niña que

tuvo Maggie. Una bebé llamada Fe. Ahora es un bebé mayor, y es la hija que Grace y yo amamos más de lo que nunca nos imaginamos que fuera posible.

Está la sangre que fue vertida. La noche del accidente, la gente que resultó herida. Personas como J. D. Newton.

Está el sentimiento de abandono, como el que oí de una joven llamada Lacey. Ella recientemente comenzó a asistir a la iglesia con su novio y sus familiares.

Está la muerte. El chico llamado Pretty Boy que entró en mi oficina con una bolsa de dinero. La madre llamada Maggie que dio su último aliento delante de mí.

Después está el milagro. La resurrección. Un hombre regresando a la vida como a Joe Philips le ocurrió en el hospital.

Lo veo ahora, y lo único que puedo hacer es sentarme con humildad y lágrimas corriendo por mis mejillas.

Esa historia completa, perfecta.

Jesús, nacido como un bebé humano frágil.

Jesús, quien derramó su sangre.

Jesús, quien gritó para saber por qué su Padre celestial le había desamparado.

Jesús, quien dio su último aliento.

Jesús, quien regresó a la vida con un mensaje y una promesa.

Jesús llegando a la cruz y venciéndola.

Sé que hay personas que dudan. Escépticos. Almas cínicas que prefieren ver las oscuras cicatrices en vez del amanecer. Los que dicen que es demasiado simple, demasiado tonto, demasiada sacarina para su gusto.

Pero ¿quién inventaría una historia así? ¿Acerca de un Dios que lo entregó todo para hacerse hombre y morir por la gente que rehusó creer en Él?

La cruz no es algo demasiado bueno para ser cierto. La

sangre la manchó. La muerte colgó sobre ella. El dolor la dejó. Pero Jesús resucitó sobre todo eso.

Cada día, personas pasan junto a la cruz. Yo también lo hice.

Lo único que se necesita para cambiar una vida es una sencilla pregunta. Eso es lo único que yo necesité.

EPÍLOGO

CREEMOS

No estoy seguro de que alguno de nosotros llegue a ver alguna vez el cuadro completo. Verlo como Dios lo ve, por así decirlo. Sería más fácil si pudiéramos. Nos ayudaría a recorrer el camino que tenemos por delante. Sin embargo, tenemos que batallar y dejar que el amor invada esos lugares oscuros y angustiantes.

AGARRANDO LA CRUZ en una mano esposada al lateral de la cama del hospital, Criminal mira al suelo y recuerda. La mira y ve a su hermano, y promete cambiar. Cambiar *todo*. Detener lo que estaba haciendo al margen de donde vaya después de esto. Hacer finalmente lo que Pretty Boy le dijo que hiciera. Ser el hombre que Abue siempre quiso que fuera.

Cuando llegó la policía, le preguntaron si él era el tipo que se llamaba Criminal. Lo único que puede hacer es aferrarse a esta cruz en su mano. Hace una pausa antes de responder.

"Lo era", dice él.

• • •

ES COMO SI fuéramos niños pequeños sentados en el suelo. Alzando la vista para contemplar la parte de atrás de un tapiz que está siendo entretejido. Para nuestros ojos, a veces parece feo. Los colores son un revoltijo, y no se ve que nada tenga sentido.

CARLOS Y LACEY están sentados el uno frente al otro, con sus platos de comida de la cena de toda la noche casi sin tocar, y sus ojos apenas sin moverse.

Ninguno puede creer que estén ahí. Sonriéndose el uno al otro.

Después de contar la historia sobre el accidente en el puente y los milagros que se produjeron, Carlos escucha a Lacey hablar sobre su propio milagro, el de su oración.

"Es una locura", le dice Carlos.

"¿No te dije yo antes eso mismo?", dice Lacey.

"Entonces ¿qué hacemos ahora?", pregunta él.

Lacey no responde durante unos instantes, pensando, mirando a su alrededor en el concurrido restaurante.

"Orar", finalmente dice. "Creo que ese es el punto de inicio. Y después... sí".

Sus ojos se mueven a la cruz que hay en el centro de la mesa. Les pertenece a ambos.

PERO UN DÍA ya no estaremos sentados en el suelo. Daremos la vuelta alrededor de la obra maestra, y la genialidad de la obra maestra de Dios será clara. En el centro de todo, veremos la cruz.

GUIANDO A SU persistente y terco esposo por el pasillo en la silla de ruedas que la enfermera le dio reticentemente, Teri empuja hacia la madre y la hija que les esperan fuera de la habitación del hospital.

La alegría en el rostro de Lily. Es el tipo de resplandor de un niño que el mundo finalmente apaga. Pero Teri y J. D.

de hecho reflejan esa sonrisa. E incluso Samantha tiene una mirada de gran alivio en su rostro.

"¿Ves, mami?", grita Lily. "Dios realmente nos ama".

La fe de un niño.

Samantha finalmente libera su propio gozo mientras carga a Lily en sus brazos. "Sí, así es cariño. Realmente nos ama".

Ellos abren la puerta de la habitación de Joe. Él les está esperando.

PERO EN ESE inmenso tapiz, también veremos el único hilo, el único en género y color, que nuestra propia vida ha añadido a la obra.

BOBBY GIRA EL pomo y abre la puerta frontal de un empujoncito mientras Elena le sigue, entrando en el callado refugio del salón. Él guía la puerta hasta cerrarla y echa el pestillo. Está dolido del agotamiento y la pequeñas heridas del accidente. Pero la mayor parte del dolor lo tiene cuando piensa en la joven madre que perdió su vida anoche. Sabe que está en un lugar mejor, y sí es bueno saber eso, pero la tristeza aún nublará sus días durante algún tiempo.

Él y Elena se toman un tiempo para estar callados en la cocina. Antes de subir al piso de arriba, Elena le detiene.

"Quiero ver a los niños".

Están a salvo durmiendo en la habitación que comparten, como la madre de Elena, que duerme en la habitación de invitados.

"Claro", dice Bobby.

Él la sigue por las escaleras y entran en el cuarto de los chicos. El resplandor naranja de la luz de noche en la esquina de la habitación es suficiente para ver a los dos chicos en su litera.

Elena se queda ahí contemplándolos, sonriendo, pensando, y después cerrando sus ojos para orar de nuevo. Bobby está a su lado viendo esto, sorprendido momentáneamente, después se acerca más a ella y le pone el brazo por encima.

"Quiero que lo sepan", dice ella en un susurro. "Quiero que crezcan y lo sepan".

"Yo también", responde él. "Yo también".

ESE ÚNICO HILO, sin el que toda la historia de algún modo estaría incompleta.

MATTHEW OBSERVA MIENTRAS la enfermera amablemente le entrega el bebé a Grace. De todas las sorpresas y bendiciones inesperadas, esta casi supera a todas. La tragedia que dio este regalo…es demasiado. Pero por el momento, él ve a su esposa cargando a Fe con una mirada profunda de consuelo en su rostro.

Él no dice nada. No puede. Para alguien que siempre está lleno de palabras, o bien para un sermón o para animar o ayudar a alguien, Matthew sencillamente no encuentra ninguna.

"¿Qué piensas?", finalmente le pregunta Grace.

Él empieza a decir algo, pero después mueve su cabeza y se limpia las lágrimas de sus ojos.

Las palabras llegarán finalmente. Por ahora, Fe es suficiente.

ESE ÚNICO HILO en ese inmenso tapiz…

Personalmente, no puedo aguantarme el deseo de ver su obra maestra.

ACERCA DEL AUTOR

Travis Thrasher es el autor éxitos de ventas de más de treinta obras de ficción en varios géneros, desde historias de amor al suspense sobrenatural y casi todo lo que hay entre medias. Estas obras incluyen colaboraciones con cineastas, músicos y pastores, como *Paper Angels,* coescrito con Jimmy Wayne, y *Letters from War* con Mark Schultz. También ha escrito varios derivativos de novelas, incluyendo *Home Run* y *The Remaining*; ha colaborado en series de libros con la familia Robertson de *Duck Dynasty;* y coescrito una obra de no ficción llamada *The Brainy Bunch*. Antes de ser autor a tiempo completo, Travis fue director de relaciones con autores de Tyndale House Publishers y trabajó con muchos autores de superventas del *New York Times*. Travis y su esposa, Sharon, viven en Chicago y tienen tres hijas. Para más información sobre Travis, visite www.travisthrasher.com.